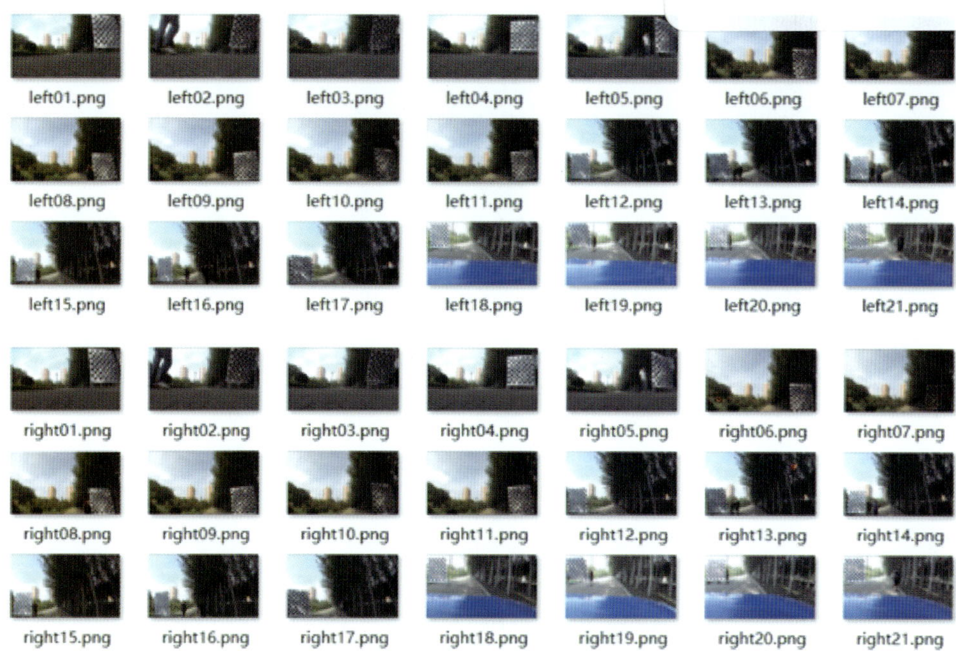

图 3.4 左右摄像机标定图片

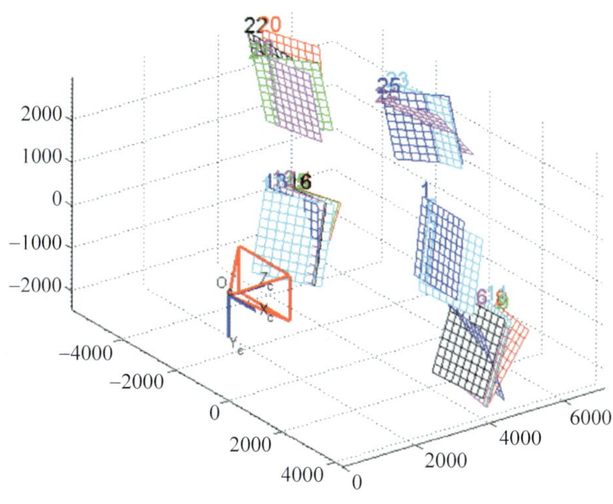

图 3.5 重建标定外参

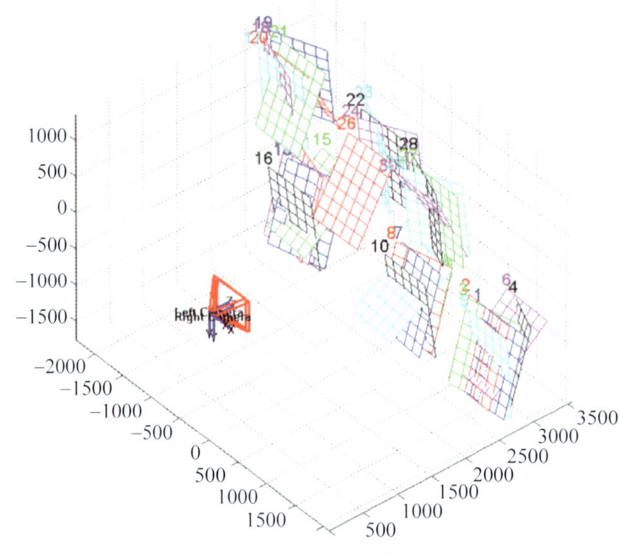

图 3.6　重建相对外参

(a)　　(b)

图 6.2　方框滤波效果

(a) 原图；(b) 方框滤波效果图

(a)　　(b)

图 6.8　双边滤波效果

(a) 原始图像；(b) bilateralFilter 处理图像

图 6.10　增加亮度

图 6.11　提升更高亮度

图 6.12　改变对比度

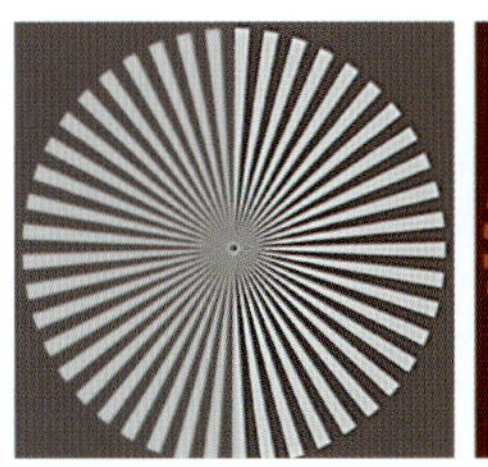

图 6.13　图像锐化

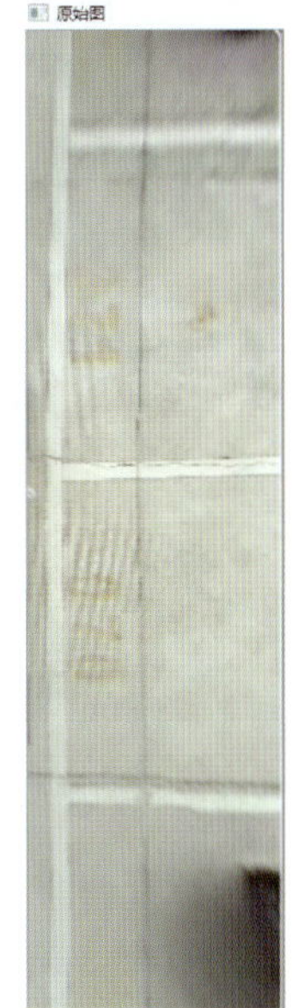

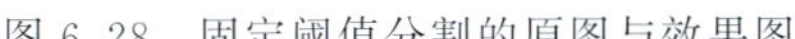

图 6.28　固定阈值分割的原图与效果图

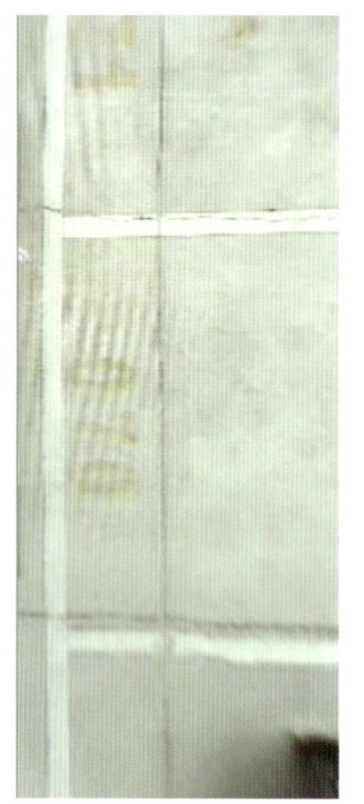
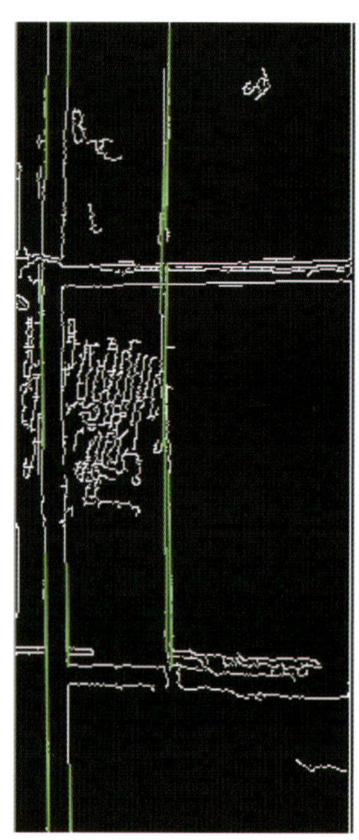

图 6.33　累计概率霍夫变换原图及效果图

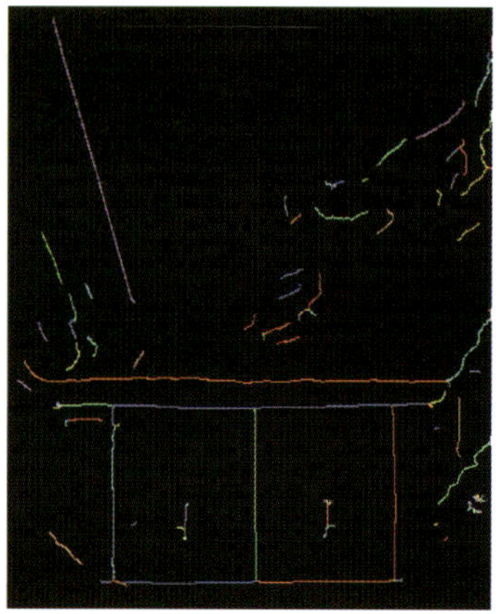

图 6.34　高斯线检测效果图

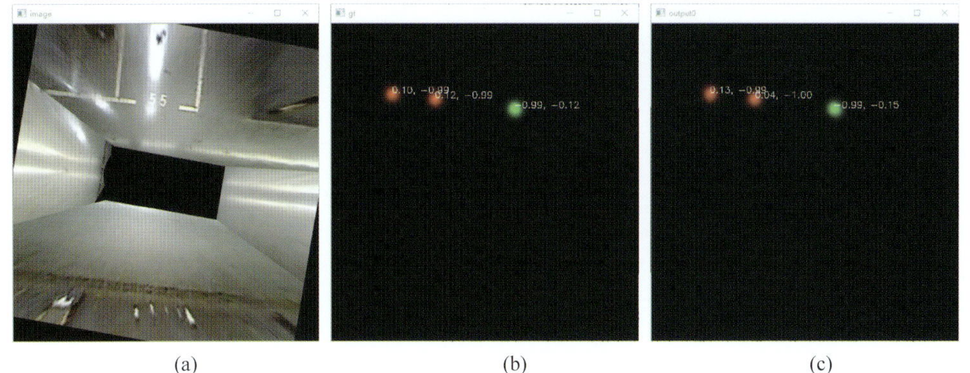

(a) (b) (c)

图 7.19 实验结果图

(a) 输入图像；(b) 真实值；(c) 检测结果

图 7.21 数据样本

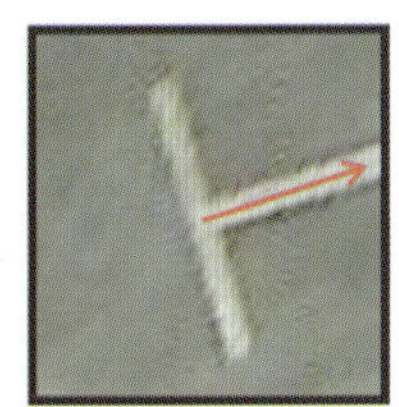

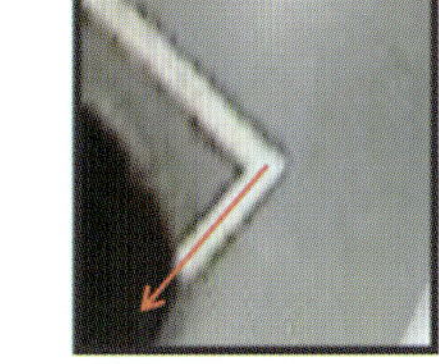

图 7.22 标记点方向

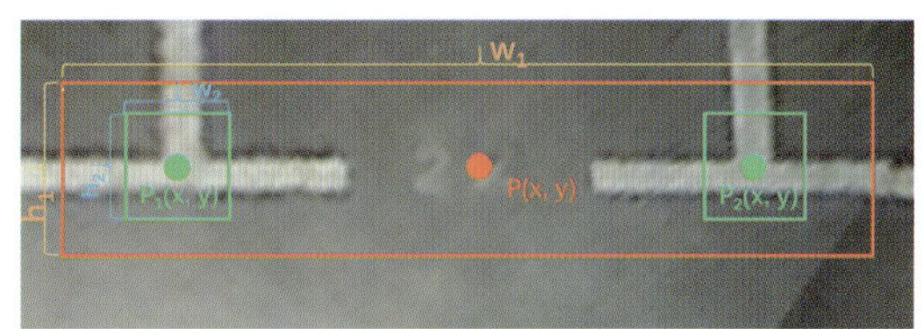

图 7.23 车位头与标记点

自动驾驶

停车位检测技术

桑海峰 李荣达 常睿 单凯强 李佳◎著

清华大学出版社
北 京

内容简介

本书主要介绍基于360°全景系统的停车位检测与识别技术，从自动驾驶的环境感知开始，介绍了车载图像采集系统，摄像机标定技术，视觉测距原理，360°全景图像生成原理等基础知识，然后分别描述了基于传统检测技术和基于深度学习的停车位检测方法，并通过范例实践验证，可为具备一定基础的人员提供相关技术的开发指导。

本书可供从事自动驾驶汽车相关工作的工程技术人员参考和使用。

图书在版编目(CIP)数据

自动驾驶停车位检测技术/桑海峰等著. —北京：清华大学出版社，2021.6
ISBN 978-7-302-58215-1

Ⅰ. ①自…　Ⅱ. ①桑…　Ⅲ. ①汽车驾驶—自动停车装置　Ⅳ. ①U463.61

中国版本图书馆 CIP 数据核字(2021)第 099072 号

责任编辑：许　龙
封面设计：傅瑞学
责任校对：王淑云
责任印制：丛怀宇

出版发行：清华大学出版社
网　　址：http://www.tup.com.cn，http://www.wqbook.com
地　　址：北京清华大学学研大厦 A 座　　**邮　　编**：100084
社 总 机：010-62770175　　**邮　　购**：010-62786544
投稿与读者服务：010-62776969，c-service@tup.tsinghua.edu.cn
质量反馈：010-62772015，zhiliang@tup.tsinghua.edu.cn
印 装 者：三河市吉祥印务有限公司
经　　销：全国新华书店
开　　本：170mm×240mm　　**印　张**：11.75　　**插　页**：3　　**字　　数**：248 千字
版　　次：2021 年 6 月第 1 版　　**印　　次**：2021 年 6 月第1 次印刷
定　　价：58.00 元

产品编号：091155-01

前言

FOREWORD

自动驾驶汽车是一种通过计算机系统实现无人驾驶的智能汽车，它是人工智能的集中体现。自动驾驶技术是一项复杂的系统工程，其主要包括三大方面的技术：环境感知、决策与规划、控制与执行。自动泊车系统是各项自动驾驶或者驾驶辅助功能中民众需求最广泛的系统，而停车位检测是自动泊车系统的首要任务。目前，关于停车位检测主要有两种方式：一种是利用超声技术实现的空间车位检测；另一种是通过摄像头实现的车位线检测。本书主要介绍基于360°全景系统的停车位检测与识别技术。

全书共分为7章。第1章简要介绍了自动驾驶环境感知技术，并对停车检测技术的发展进行了概述。第2章介绍了用于图像采集的摄像头，包括镜头及其重要参数、传感器的类型、摄像头与计算机的接口，并着重介绍了车载摄像头的工作原理与应用。第3章介绍了摄像机标定技术，详细描述了张正友标定法的基本概念和原理，给出了标定实验。第4章分别介绍了单目、双目摄像机的测距原理。第5章介绍了图像变换与拼接，基于此基础描述了鸟瞰图转换原理，最后介绍了360°全景图像生成原理，为停车位检测打下基础。第6章介绍了基于机器视觉的停车位检测，检测算法主要是基于传统的线检测技术实现的，提供了具体的检测流程和实现代码。第7章介绍了通过深度学习检测关键特征点的方式进行停车位检测，描述了算法实现流程并给出了具体的代码。

近年来，无人驾驶技术的发展日新月异，本书中所提及的算法和技术必将不断更新和被超越，作者撰写本书是希望能让初学者和相关研究者对自动驾驶中的停车位检测技术有初步的、概念性的了解，达到抛砖引玉的目的。

本书由沈阳工业大学桑海峰、李荣达、常睿、单凯强、李佳共同编写，在编写过程中沈阳工业大学仪器科学与技术学科还有多位同学参与其中，包括王金玉、张萌、李伟钊、李共鸣、王海峰、何泽阳、韩东岳等。在此谨向他们致以深切的谢意。

无人驾驶技术涉及学科众多，知识面广泛，由于编者水平和编写时间有限，书中难免存在局限和不妥之处，恳请各位读者批评指正。

编　者

2021年1月

目录

CONTENTS

第1章

自动驾驶环境感知概述

近年来，随着电子技术、互联网、人工智能等学科领域的迅猛发展，汽车产业也面临着安全化、智能化、互联网化的深刻变革。未来汽车不仅是人们出行的代步工具，更是集智能驾驶、车联网于一身，融合各领域先进技术的智能移动终端。21世纪最具颠覆性的技术之一就是无人驾驶技术，无人驾驶汽车利用智能车辆环境感知技术通过车载传感系统感知道路环境，并根据感知所获得的道路、车辆位置和障碍物信息，自动规划行车路线并控制车辆到达预定目标。

从技术角度看，智能汽车关键技术具体可分为感知、决策和控制三个维度，如图1.1所示。具体包括：车载环境信息采集与处理，包括车外环境感知（停车位、车道线、行人、障碍物、交通标志等）、车内环境感知（车辆位置、车辆状态、驾驶人状态等）；基于采集信息的驾驶决策，包括换道并道、冲突避让、路径规划、路线导航等；基于生成决策的驾驶控制，包括横向、纵向、垂向以及集成控制。在此背景下，汽车的安全性和智能性引起了人们前所未有的重视。所以智能车辆的外部环境感知技术就显得尤为重要，它就像智能车辆的"眼睛"，为智能车提供所有需要的信息。

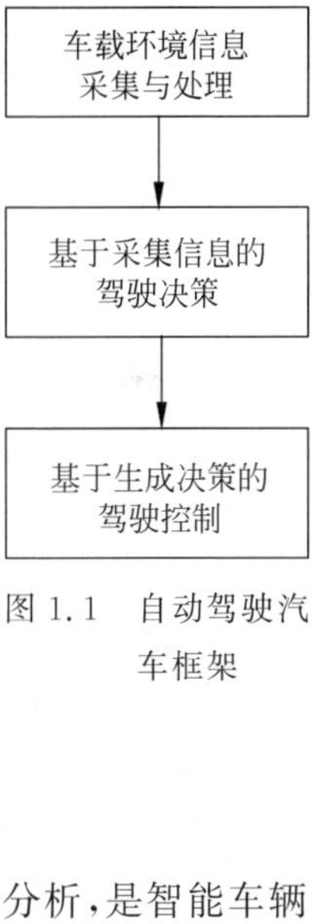

图1.1　自动驾驶汽车框架

1.1　自动驾驶环境感知的背景

自动驾驶的第一步就是环境信息和车内信息的采集、处理与分析，是智能车辆自主行驶的基础和前提。环境感知作为第一环节，是智能驾驶车辆与外界环境信息交互的关键，其核心在于使智能驾驶车辆更好地模拟并最终超越人类驾驶员的感知能力，感知并理解车辆自身和周边环境的驾驶态势。智能驾驶车辆通过硬件传感器获取周围的环境信息。环境感知主要包括三个方面：路面、静态物体和动态物体。对于动态物体，不仅要检测到物体的位置，而且要对其轨迹进行跟踪，并根据跟踪结果，预测物体下一步的位置。这方面涉及道路边界检测、车辆检测、行人检测等技术，所用到的传感器一般都会有激光测距仪、视频摄像头、车载雷达等。

一般认为，环境感知需要遵循近目标优先、大尺度优先、动目标优先、差异性优先等原则，采用相关感知技术对环境信息进行选择性处理。环境感知的检测和识别等任务主要是通过机器学习和计算机视觉技术实现的，也就是自动驾驶汽车智能的体现。

基于视觉传感器的无人驾驶技术发展迅速，Mobileye 公司致力于研究基于视觉传感器的车道线识别、车辆检测、行人检测等系统，该系统可应用于所有型号的汽车，且识别精度较高，该系统是高级驾驶辅助系统（advanced driver assistance systems，ADAS）的重要组成部分。

谷歌、百度和阿里研发的无人驾驶汽车都在高级辅助驾驶系统中应用视觉传感器来感知车外环境。当前，为了改善交通安全状况，百度、谷歌和特斯拉等公司都在致力于研究基于视觉传感器的智能驾驶及 ADAS 等相关工作，视觉感知环境是智能汽车不可缺少的一部分。

基于视觉传感器的环境感知系统相比于雷达等具有丰富的图像信息。ADAS 根据采集的图像信息智能地识别交通场景和预测交通状况，在一定程度上为驾驶员分担了部分工作，保证驾驶安全和降低交通事故的发生及伤害。因此，越来越多的研究机构和高校致力于研究基于视觉传感器的 ADAS。计算机视觉的光学传感器成本低、集成度高，图像处理算法适应性强，视觉传感器被广泛应用于高级辅助驾驶系统中，依靠视觉传感器感知行驶车辆的实时路况及驾驶员状态信息，为决策系统提供了依据。因此，基于视觉传感器的车外环境感知系统具有一定的应用价值和研究的必要性。

2006 年以后，图形处理器 GPU 性能飞速增长，使得计算机的计算性能大幅提升，与此同时，互联网的飞速发展积累了大量数据。数据量与强大的计算力相结合，促使深度学习或者说神经网络再度爆发。

深度学习被认为是一种有效的环境感知问题的解决方案，被称为第三代神经网络。神经网络试图通过模拟大脑认知的机理，解决各种机器学习的问题。深度学习是近年来在人工智能领域的重大突破之一，它在语音识别、自然语言处理、计算机视觉等领域都取得了不少成功。深度学习在视觉感知中的巨大进展，为自动驾驶环境感知提供了丰富的技术储备。

深度学习尤其是卷积神经网络在自动驾驶技术发展中有着巨大的应用前景。卷积神经网络在环境感知中的传感感知技术中发挥关键作用。一般的卷积神经网络包括四种类型的神经网络层：输入层、卷积层、池化层和输出层。卷积神经网络的层数随任务定制，可以包含十几层甚至上百层，一般层数越多性能也会越好，随着网络层数和节点数的增加，可以表达更细、更多的识别物的特征，为性能的提高打下基础。但是训练网络的难度和需要的数据量就相应变大。一般情况下，我们需要根据任务的特性和拥有的数据量来设计相应的网络结构。

在自动驾驶环境感知中，自动泊车又是智能汽车中比较重要的一个环节。为了保障泊车过程的安全性，辅助驾驶员掌握泊车过程中车辆周围的盲区情况，各类泊车辅助产品应运而生，这方面的研究一直是汽车智能安全技术发展的热点之一。

1.2 停车位感知的背景及方法

环境感知是硬件设备(即感知设备)和软件算法(即感知技术)的统一体。硬件设备是感知的物理基础，主要指各种车载传感器，包括激光雷达、毫米波雷达、机器视觉系统、红外传感器、超声波传感器、惯性系统、多传感器信息融合系统、多源信息交互系统等。一般而言，原始数据的质量越高，后续数据处理与分析模块的难度就越低，而获取高质量的数据离不开性能优异的车载传感器。

智能交通系统(ITS)能够有效解决当前城市场景中我们所面临的各种交通问题，其发展历程最早可以追溯到1939年纽约世界博览会上展出的一套能够在车辆和道路基础设施之间通信的交通通信系统，这就是智能交通系统的雏形。之后在20世纪80年代至90年代中期，各国相继制定了智能交通系统的战略发展计划，从90年代中期到现在，智能交通系统进入了一个高速发展期。各个发达国家和大型科研机构都开展了大量智能交通系统相关的研究项目。我国90年代在智能交通领域开始起步，在第2版的《智能交通系统体系框架》中的智能公路和安全辅助驾驶服务领域中，列出了自动驾驶和安全辅助驾驶的相关内容。辅助泊车系统是安全辅助驾驶系统的重要组成部分，该系统根据安装在车辆周围的各种传感器，及时向驾驶员反映车辆周围的状况。最为广泛应用的辅助泊车系统为泊车雷达系统，通过警示声音告知驾驶员车辆与周围障碍物之间的距离，进一步发展的泊车影像系统以及全景视觉辅助系统则是利用摄像头将车辆周围环境通过可视化的方式提供给驾驶员，以帮助驾驶员准确获取车辆周围环境信息，提高泊车过程中的安全性。自动泊车系统是普通辅助驾驶系统的升级和延伸，主要通过安装在车辆上的各类传感器系统来感知车辆周围环境信息，根据传感器系统提供的信息计算出有效停车位信息，以及车辆与车位间的相对位置，从而确定泊车初始位置，再根据传感器信息进行环境建模，生成车辆泊车路径，准确地将车辆行驶至停车位。自动泊车系统能够在保证泊车安全的前提下，减少驾驶人员的泊车时间和操作流程。然而如何进一步提高自动泊车的精确度和准确性是该领域内研究的重要方向。

泊车辅助系统是智能交通系统中安全辅助驾驶领域的重要组成部分，国内外各大厂商和研究机构都在积极致力于开发和完善泊车辅助系统，早在60多年前，凯迪拉克公司推出的Packard Cavalier轿车，就具备简单的泊车辅助系统，通过在车辆后备厢下部底盘安装一个行驶方向与车辆行驶方向垂直的单个轮胎，能够在驾驶车辆与前后停放的车辆距离较近时，驶出停车位置。多年来，经过不断的研究探索，泊车辅助系统的发展十分迅速，并且取得了显著的成果，大部分量产车型已经将基本的泊车辅助系统作为车辆的标准配置，处在高速发展中的泊车辅助系统将不断为驾驶人员提供更加准确、便捷、安全的泊车体验。

自动泊车系统是在普通泊车辅助系统的基础上进一步完善泊车功能，能够通过安装在车辆周围的传感器元件（如摄像头、超声波雷达等），准确测量出车辆与目标停车位之间的距离以及目标停车位的位置和尺寸大小，再通过计算目标停车位与车辆的位置及角度，生成一条车辆行驶的路径，车辆自动控制转向系统和驱动系统使得车辆能够准确停放至目标停车位中。2005 年，雪铁龙公司推出了 C3 City Park 自动泊车系统，系统首先根据安装在车身周围的传感器对目标停车位进行检测，当检测到可用停车条件后，驾驶员启动自动泊车功能，车辆完成自主泊车入位。2007 年，丰田公司在雷克萨斯 LS 系列车型中推出了 IPA 自动泊车系统，该系统利用安装在车身四周的超声波雷达探头和车载后视摄像头，通过驾驶员在车载大屏中手动选择合适的停车位置，从而完成自动泊车。2009 年，奔驰公司也在其 B 级车型上推出了 APA 主动式停车辅助系统，该系统配备了 10 个超声波雷达探头用来监测车身与周围障碍物体之间的距离和角度，从而判定车身周围是否有符合标准的空停车位，当选定候选停车位后，再通过车载 ECU 计算出车辆泊车路径，车辆根据生成的泊车路径自动泊车入位。2014 年，丰田公司推出了第二代智能停车辅助系统 IPA2（intelligent parking assist 2），该系统能够配合丰田智能间隙声呐系统（intelligent clearance sonar，ICS），可以实现联动的自动刹车，与第一代智能停车辅助系统 IPA 相比，该系统能够在目标停车位前后空间狭小的环境下完成自动泊车。其中，自动泊车系统（automatic parking system，APS）的主要功能包括车位识别、轨迹规划与路径跟踪控制，其具体原理为：驾驶员通过系统的人机交互界面启动泊车系统后，驾驶车辆低速行驶，此时车载环境感知传感器（如超声波雷达、视觉传感器等）开始工作，探测车辆周边的车位情况，并确定车位的相对位置以及尺寸信息；然后由系统控制单元判定车位是否可用并规划出合理可行的泊车路径，随后车辆的控制权交给泊车控制器，由控制单元向车辆执行机构发出控制信号，同时利用车辆传感器信息实时计算车辆的估计位姿，估计位姿与规划轨迹的误差作为跟踪控制的反馈信息实现轨迹准确跟踪，控制车辆按预定的轨迹泊入车位。

目前停车位感知中的泊车辅助产品有以下几种：

1. 雷达系统

雷达系统是一种主动型传感器，利用微电磁波探测目标距离、速度、方位等。雷达不需要复杂的设计与繁复的计算。雷达系统的使用不受光线、天气等因素干扰，无论是白天还是黑夜、晴天或者下雨，雷达系统都能够正常运转。由于雷达是靠电磁波反射原理来工作的，会导致相近的不同雷达间电磁波相互干扰而影响工作效能。但是，由于雷达在准确提供远距离的车辆和障碍物信息方面有着得天独厚的优势，因此在车辆的防碰撞系统中有着广阔的应用前景。

2. 超声波传感器

超声波传感器通过接收由超声波探头发出并经过停车位反射的超声波来感知停车位的占用情况。按其工作原理可分为两种传播：时间差法和多普勒法。由于超声波检测器采用悬挂式安装在停车位正上方或者正前方，与需要地面埋设的感应线圈检测器相比具有很多优点：①不需要破坏地面，也不受地面变形的影响；②使用寿命长、可移动、架设方便。其不足之处是容易受环境影响，探头下方通过的人或物会产生反射波，容易造成误检；而且和感应线圈检测器一样每个停车位都需要安装检测装置，初期投入比较大，停车位多会带来通信和计算压力。

3. 红外线传感器

红外线传感器一般采用反射式检测技术。反射式检测器探头由一个红外发光管和一个红外接收管组成，其工作原理是由调制脉冲发生器产生调制脉冲，经红外探头向停车位上辐射，当停车位上有车时，红外线脉冲从停车位反射回来，被探头的接收管接收，经红外解调器解调，通过选通、放大、整流和滤波后触发器输出一个检测信号。这种检测器具有快速准确、轮廓清晰的检测能力。其缺点是工作现场的灰尘、杂物会影响检测器的正常工作。

4. 机器视觉识别系统

机器视觉识别系统是指智能车辆利用 CCD 等成像元件从不同角度全方位拍摄车外环境，根据搜集到的视觉信息，识别近距离内的车辆、行人、交通标志等。与雷达系统相比较，机器视觉识别系统价格低廉，一辆车上可以安装多处，监测范围更大，搜集道路信息更为全面，通过对其所得的图像进行处理可以识别、检测周围路况，这也是主动型传感器无法替代的。所以机器视觉识别系统在智能车辆研究领域得到广泛的应用，成为最受欢迎的传感器之一。

图 1.2 为目前主流的车载全景辅助泊车系统。

图 1.2 全景下的辅助泊车系统

参考文献

[1] 王建，徐国艳，陈竞凯，等. 自动驾驶技术概论[M]. 北京：清华大学出版社，2019.
[2] 陈慧岩，熊光明，龚建伟. 自动驾驶汽车概论[M]. 北京：北京理工大学出版社，2014.

第2章

图像采集传感器

自动驾驶汽车是一种通过车载计算机系统实现无人驾驶的智能汽车系统,而环境感知作为基础环节,需要通过多种车载传感器来采集周围的信息。车载传感器就如同自动驾驶汽车的"眼睛",目前应用于自动驾驶汽车的车载传感器有很多,其中视觉是人类驾驶汽车获取环境信息的主要途径之一,较之其他类型的传感器,摄像机获取的信息更为直观,接近人类视觉,也更为丰富。本章较为详细地介绍摄像机的相关知识。

2.1 镜头

镜头是一种光学设备,用于聚集光线在摄像机内部成像。镜头的作用是产生锐利的图像,以得到被测物的细节。

简单地讲,镜头就是在其一端收集物体的光线,将光线在另一端汇聚为实像,并投影到接收面的设备。此时,汇集光线的点称为焦点,镜头中心到焦点的距离称为焦点距离(焦距,这里指薄透镜)。成像原理如图 2.1 所示。

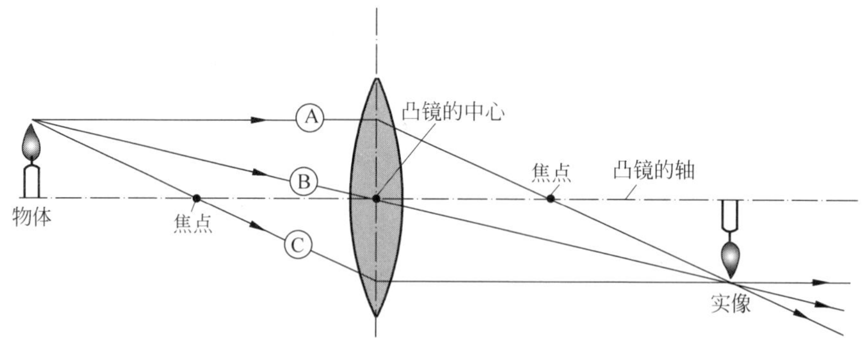

图 2.1　镜头成像原理

当镜头为凸镜时,焦点距离将根据镜头的厚度(膨胀)程度不同而各不相同,膨胀程度越大,焦点距离越短。

2.1.1　镜头的结构

镜头由多个透镜、光圈和对焦环组成。镜头中的玻璃镜片是镜头的核心,光圈控制与对焦机构是镜头的另外两个重要机构。镜头的光圈可以分为固定光圈和可变光圈,其中可变光圈又可分为自动光圈和手动光圈。同样,对焦机构也有手动和自动之分。如图 2.2 所示,使用时由操作者观察摄像机显示屏来调整可变光圈和焦点,以确保图像的明亮程度及清晰度。

2.1.2　镜头的焦距和视场

如果忽略光的波动特性,可以将光看作在同类介质中直线传播的光线。图 2.3 表示了针孔摄像机的成像模型。左端物体在右边像平面上成像。像平面相当于方盒子的一个面,这个面的对面是针孔所在的面,针孔相当于投影的中心。针孔摄像机所成的像为物体的倒像。

图 2.2　镜头的组成

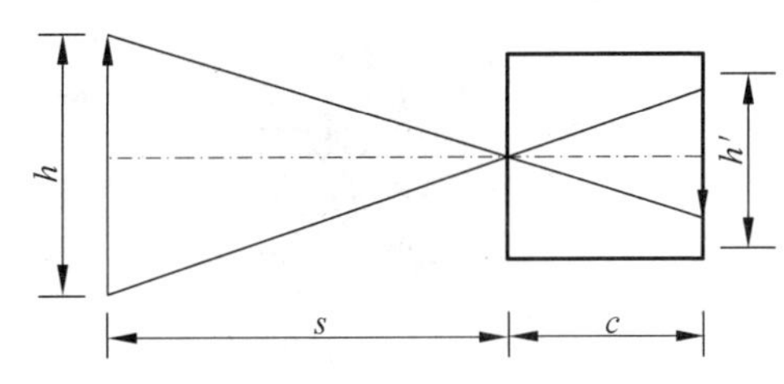

图 2.3　针孔摄像机成像模型

从投影中心左右两侧的相似三角形可以得到像的高度:

$$h' = h\frac{c}{s} \tag{2-1}$$

式中:h 为物体高度;s 为物体到投影中心的距离;c 为像平面到投影中心的距离;c 称作摄像机常数或主距。从式(2-1)可以看出,增加主距 c,像高 h' 也会增加;反之,如果增加物距 s,则就会减小 h'。

1. 工作距离

工作距离指的是镜头第一个面到所需成像物体的距离,它与视场大小成正比。有些系统工作空间很小,因而需要镜头较小的工作距离,但有的系统在镜头前可能需要安装光源或其他工作装置,因而必须有较大的工作距离保证空间。通常 FA (factory automation)镜头与监控镜头相比,一个重要区别就是小的工作距离。

2. 焦距

焦距是指镜头的光学中心(光学后主点)到成像面焦点的距离。平行光通过镜头后汇聚于一点，这个点就是镜头的焦点。焦距不仅描述镜头的屈光能力，且可作为图像质量的参考。一般镜头失真随着焦距的减小而增大，因而选择测量镜头时不要选择小焦距（小于 8mm）或大视场角的镜头。在光学系统中，以镜头为顶点，以被测物体通过镜头的最大成像范围的两边缘构成的夹角叫作视场角。视场角的大小决定了镜头的视野范围，视场角越大，视野就越大，光学倍率也就越小。焦距越长，视场角就越窄；焦距越短，视场角就越宽。

FA 镜头中有代表性的镜头为焦点距离为 8mm、16mm、25mm、50mm 等规格的镜头。

根据拍摄对象所需的视野和焦点距离，可以求出对焦位置＝WD（工作距离）。

WD 和视野的大小由镜头的焦点距离和 CCD 的尺寸决定。

例如：焦点距离为 16mm 镜头，CCD 尺寸 3.6mm 时，如果把视野设为 45mm，则 WD 变为 200mm，如图 2.4 所示。

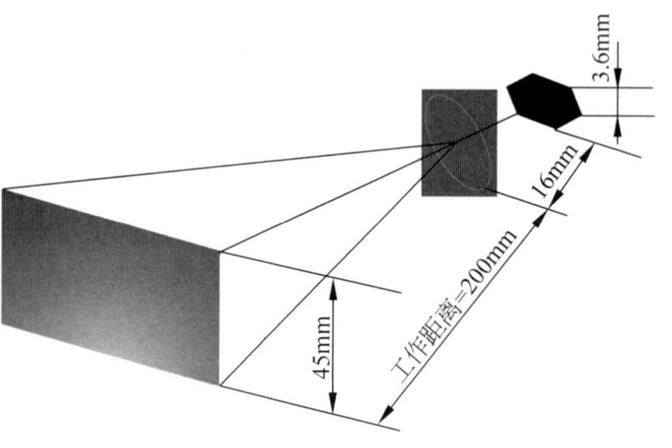

图 2.4　工作距离的计算示例图

2.1.3　镜头的景深和光圈

1. 景深（DOF）

镜头对着某一物体聚焦清晰时，都可以在胶片或者接收器上成相当清晰的像，在这个平面（对准平面）沿着光轴的前面和后面一定范围的点也可以结成眼睛可以接受的较清晰的像点，把对准平面的前面和后面的景物经透镜能成清晰像的距离叫作摄像机景深。景深表示在垂直镜头光轴轴线的同一平面内的点满足图像清晰度要求的最远位置与最近位置的差值。

光轴平行的光线射入凸透镜时，理想的镜头应该是所有的光线聚集在一点后，再以锥状扩散开来，这个聚集所有光线的一点就叫作焦点。在焦点前后，光线开始聚集和扩散，点的影像变成模糊的，形成一个扩大的圆，这个圆就叫作弥散圆。

在现实中，观赏拍摄的影像是以某种方式（比如投影、放大成照片等）来观察的，人的肉眼所感受到的影像与放大倍率、投影距离及观看距离有很大的关系，如果弥散圆的直径小于人眼的鉴别能力，在一定范围内实际影像产生的模糊是不能辨认的。这个不能辨认的弥散圆就称为容许弥散圆。在焦点的前、后各有一个容许弥散圆。

以持照摄像机拍摄者为基准，从焦点到近处容许弥散圆的距离叫前景深，从焦点到远方容许弥散圆的距离叫后景深。摄像机景深示意图如图 2.5 所示。

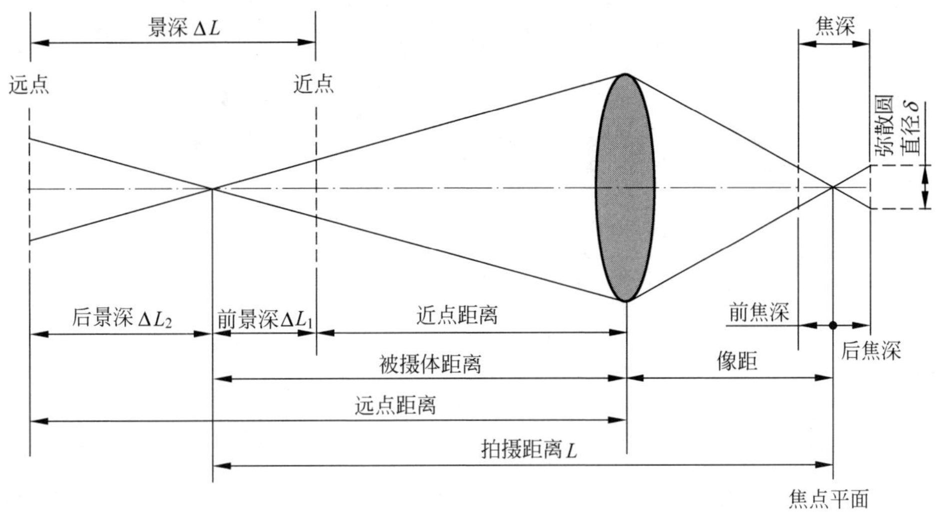

图 2.5　景深示例图

景深与镜头使用光圈、镜头焦距、拍摄距离以及对像质的要求（表现为对容许弥散圆的大小）有关。这些主要因素对景深的影响如下（假定其他的条件都不改变）。

- 镜头光圈：光圈越大，景深越小；光圈越小，景深越大；
- 镜头焦距：镜头焦距越长，景深越小；焦距越短，景深越大；
- 拍摄距离：距离越远，景深越大；距离越近，景深越小。

2. 光圈系数

光圈系数是镜头的重要内部参数，它就是镜头相对孔径的倒数，光圈系数的标称值数字越大，也就表示其实际光圈就越小。一般的厂家都会用 F 数来表示这一参数。镜头的光圈排列顺序是：1、1.4、2.0、2.8、3.5、4.0、5.6、8.0、11、16、22、32 等。F/♯的大小是通常通过改变光圈调整环的大小来设置的。随着数值的增大，其实际光孔大小随之减小，而其在相同快门时间内的光通量也就随之减小，如图 2.6 所示。

光圈可以控制镜头的进光量，也就是光照度，还可以调节景深，以及确定分辨率下系统成像的对比度，从而影响成像质量。一般采用 F/♯来表示光圈，通常情况下都将光圈设置在镜头内部。公式表示为

$$F/\# = EFL/DEP \tag{2-2}$$

式中：EFL 为有效焦距；DEP 为有效入瞳直径。式(2-2)广泛运用于无穷远工作距的情况。在机器视觉中，由于工作距离有限，物体与透镜非常接近，此时 F/♯更精确

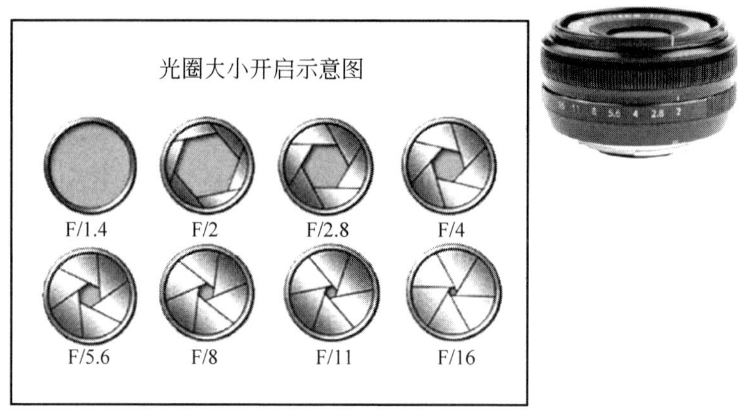

图 2.6 光圈大小开启示意图

地表示为

$$(F/\#)_w = (1 + |m|) \times F/\# \tag{2-3}$$

F/#的正确计算对光照度和成像质量有着不可忽视的影响。同时,与数值孔径NA也是密切相关的,这一点在显微镜和机器视觉上显得尤为重要:

$$NA = \frac{1}{2F/\#} \tag{2-4}$$

随着像元尺寸的持续减小,F/#成为限制系统成像质量的重要因素,因为它影响景深和分辨率成反比的关系,景深增大,分辨率就降低。所以根据具体环境选取F/#大小也成为一个重要的技术指标。

3. 分辨率

分辨率(resolution)又称鉴别率、鉴别力、分析力、解像力和分辨本领,是指摄影镜头清晰地再现被摄景物纤微细节的能力。镜头的分辨率是指在成像平面上1mm间距内能分辨开的黑白相间的线条对数,它的单位是"线对/毫米"。显然,分辨率越高的镜头,所拍摄的影像越清晰细腻。它的优点是可以量化,用数据表示,使结果更直观、更科学、更严密。

分清传感器水平或者垂直方向上的像素大小,及该方向上物体的尺寸,可以计算出每个像元表示的物体大小,从而计算出分辨率,有助于选择镜头与传感器的最佳配合。

分辨率表示了镜头的解像能力,单位为1p/mm。光学系统的分辨率取决于传感器的像素。分辨率的最终确定,还取决于所选取的相应镜头的成像质量。

2.1.4 镜头的像差

像差指镜头不能准确地按比例再现被摄体的影像。通俗地说,像差就是影像清晰度差或有“失真”现象。除了复色光之间存在的色差之外，镜头的单色像差可以分为 5 种，分别是影响成像清晰度的球差、彗差、像散、场曲以及影响物像相似度的畸变。

1. 球差

球差是由于镜头的透镜球面上各点的聚光能力不同而引起的。从无穷远处来的平行光线在理论上应该会聚在焦点上。但是由于近轴光线与远轴光线的会聚点并不一致，会聚光线并不是形成一个点，而是一个以光轴为中心对称的弥散圆，这种像差就称为球差。

球差的存在引起了成像的模糊，而从图 2.7(a)可以看出，这种模糊是与光圈的大小有关的。小光圈时，由于光阑挡去了远轴光线，弥散圆的直径就小，图像就会清晰。大光圈时弥散圆直径就大，图像就会比较模糊。必须注意，这种由球差引起的图像模糊与景深中的模糊完全是两回事，不可混为一谈。球差可以通过复合透镜或者非球面镜等办法在最大限度下消除。在照相镜头中，光圈数增加一挡(光孔缩小一挡)，球差就缩小一半。我们在拍摄时，只要光线条件允许，可以考虑使用较小的光圈来减小球差的影响。光圈数的增大也是有限制的，到一定程度后就会达到衍射极限而无法分辨。在设计中采用高折射率或者其他附加的镜头可以起到减小球差影响的效果，但是可能导致镜头尺寸和重量过大、成本过高。

2. 彗差

彗差是在轴外成像时产生的一种像差。从光轴外的某一点向镜头发出一束平行光线经光学系统后，在像平面上并不是成一个点的像，而是形成不对称的弥散光斑，这种弥散光斑的形状像彗星，从中心到边缘拖着一个由细到粗的尾巴，首端明亮、清晰，尾端宽大、暗淡、模糊。这种轴外光束引起的像差就称为彗差。彗差的大小既与光圈有关，也与视场有关。在拍摄时也可以采取适当减小光圈来减少彗差对成像的影响，如图 2.7(b)所示。

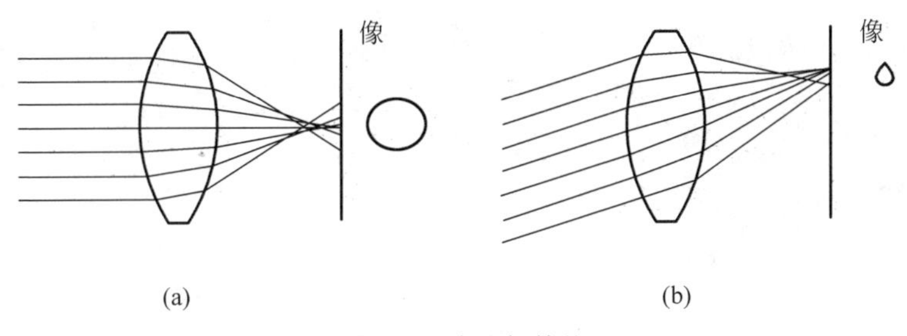

图 2.7 球差与彗差

(a) 球差；(b) 彗差

3. 像散

像散也是一种轴外像差。与彗差不同，像散仅与视场有关。由于轴外光束的不对称性，使得轴外点的子午细光束（即镜头的直径方向）的会聚点与弧矢细光束（镜头的圆弧方向）的会聚点位置不同，这种现象称为像散。像散可以对照眼睛的散光来理解。带有散光的眼睛，实际上是在两个方向上的晶状体曲率不一致，造成看到的点弥散成了一条短线，如图 2.8 所示。

像散也使轴外成像的像质大大下降。即使光圈开得很小，在子午和弧矢方向仍然无法同时获得非常清晰的像。在广角镜头中，由于视场角比较大，像散现象就比较明显。降低像散的方法主要有两种：①采用对称结构；②降低轴外视场光线的入射角。

4. 场曲

场曲是当拍摄垂直于光轴的平面上的物时，经过镜头所成的像并不在一个像平面内，而是在以光轴为对称的一个弯曲表面上，这种成像的缺陷就是场曲。场曲是一种与孔径无关的像差。靠减小光圈并不能改善因场曲带来的模糊，如图 2.9 所示。

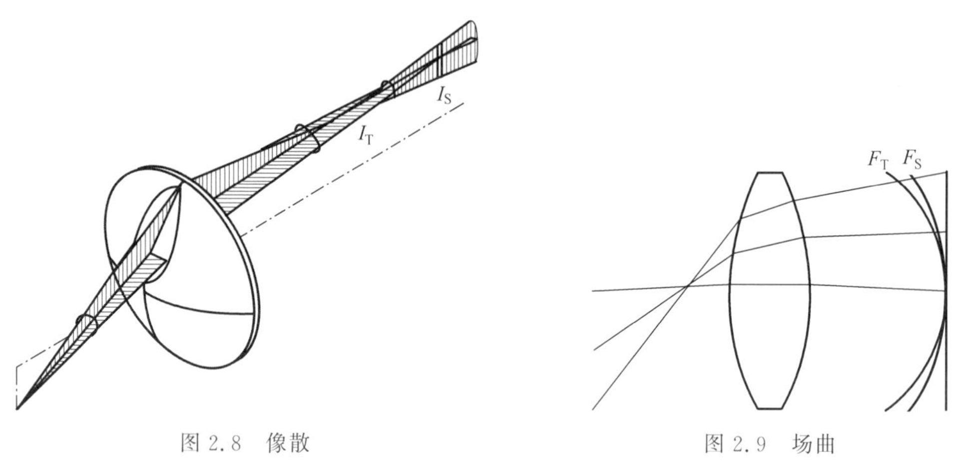

图 2.8 像散　　图 2.9 场曲

用存在场曲的镜头拍照时，当调焦至画面中央处影像清晰，画面四周影像就模糊；而当调焦至画面四周影像清晰时，画面中央处的影像又开始模糊，无法在平直的像平面上获得中心与四周都清晰的像。

因此在某些专用摄像机中，故意将底片处于弧形位置，以减少场曲的影响。由于广角镜头的场曲比一般镜头大，在拍团体照（经常使用广角镜头）时采用略带圆弧形的站位排列，就是为了提高边缘视场的像质。

5. 畸变

畸变是指物所成的像在形状上的变形。畸变并不会影响像的清晰度，而只影响像与物的相似性。由于畸变的存在，物方的一条直线在像方就变成一条曲线，造成像的失真。畸变可分为枕形畸变和桶形畸变两种。造成畸变的根本原因是镜头像场中央区的横向放大率与边缘区的横向放大率不一致。如图 2.10 所示，如果边缘放大率

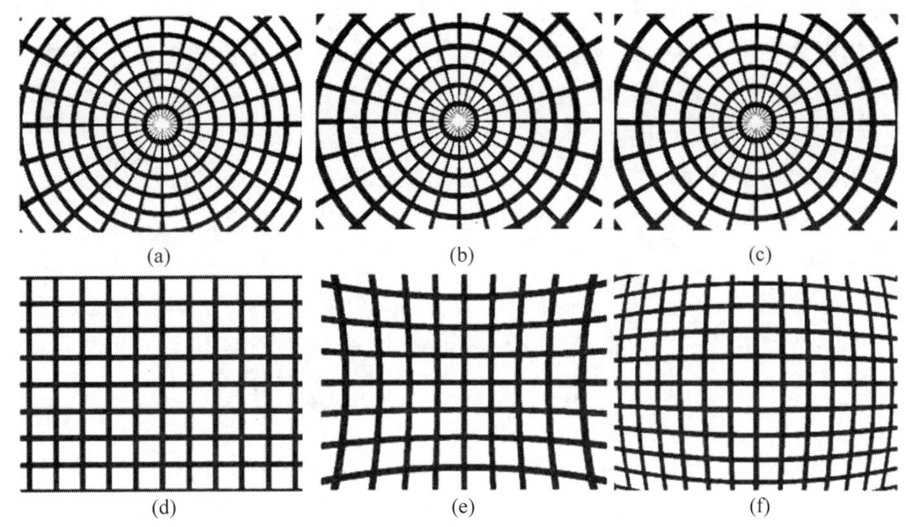

图 2.10 畸变

(a)、(d) 无畸变图像；(b)、(e) 枕形畸变图像；(c)、(f) 桶形畸变图

大于中央放大率就产生枕形畸变；反之，则产生桶形畸变。

畸变与镜头的光圈 F 数大小无关，只与镜头的视场有关。因此，广角镜头的畸变一般都大于标准镜头或长焦镜头。无论是哪一种镜头，哪一种畸变，缩小光圈都并不能改善畸变。

特别要注意镜头的畸变像差与透视畸变并不是一回事。镜头的畸变是镜头成像造成的，在设计镜头时可以采取各种手段（如非球面镜）来减小畸变。透视畸变是由视点、视角、镜头指向（俯仰）等因素决定的，这是透视的规律。无论是何种镜头，如果视点相同、视角相同、镜头指向相同，产生的透视畸变是相同的。

2.1.5 镜头的类型

（1）标准镜头：指视角 30°左右，焦距长度接近摄像机画幅对角线长度的镜头。在 2/3 英寸 CCD 摄像机中，标准镜头焦距定为 16mm；在 1/2 英寸 CCD 摄像机中，标准镜头焦距定为 12mm；在 1/3 英寸 CCD 摄像机中，标准镜头焦距定为 8mm。

（2）广角与超广角镜头：视角 55°以上，广角与超广角镜头的焦距短于标准镜头，而视角大于标准镜头。对摄像机来说，焦距在 30mm 左右、视角在 70°左右称为广角镜头；焦距在 22mm 左右、视角在 90°左右称为超广角镜头。

（3）远摄与超远摄镜头：视角 20°以内，远摄与超远摄镜头的焦距长于标准镜头，而视角小于标准镜头。对摄像机来说，焦距在 20mm 左右、视角在 12°左右的称为远摄镜头；焦距在 300mm 以上、视角在 8°以下的称为超远摄镜头。

（4）鱼眼镜头与反射式镜头：鱼眼镜头是一种极端的超广角镜头，它利用镜头的畸变获取极大的视角，视角在 180°左右，因其巨大的视角类似鱼眼视角而名。反射式镜头又称折反射式镜头，实际上是一种超远摄镜头，外观特征是短而胖，比相同焦距的远摄镜头短一半左右，重量也较轻，因而手持摄像机拍摄显得灵活、方便。

(5) 变焦镜头：焦距有一定变化范围，它的镜头焦距可在较大的幅度内自由调节，起到了若干只不同焦距的定焦镜头的作用。有手动变焦和电动变焦两类，可对所监视场景的视场角及目标物进行变焦距摄取图像，适合长距离变化观察和摄取目标。变焦镜头的特点是在成像清晰的情况下，通过镜头焦距的变化来改变图像大小与视场大小。

(6) 微距镜头、透视调整镜头与皮腔镜头：微距镜头又称巨像镜头，是能产生巨像效果的一种镜头。透视调整镜头又称移轴镜头，是用于调整影像透视效果或景深效果的特殊镜头。皮腔镜头是指采用软管式皮腔连接摄像机的镜头。

(7) 针孔镜头：镜头端头直径仅几毫米，可隐蔽安装。针孔镜头或棱镜镜头适用于有遮盖物或有特殊要求的环境中，此时标准镜头容易受损或容易被发现，采用针孔镜头或棱镜镜头可满足类似特殊要求，比如在工业窑炉及精神病院等场所。

2.2 摄像机

摄像机的作用是将通过镜头聚焦于像平面的光线生成图像。摄像机中最重要的组成部件是数字传感器。本节将主要讨论 CCD(charge-coupled device)和 CMOS (complementary metal-oxide semiconductor)两种重要的传感器技术。两者的主要区别是从芯片中读出数据的方式(即读出结构)不同。还将讨论如何评测一架摄像机的性能。最后还会提到摄像机中包含的能够产生向计算机传输的视频信号的电路，也包含了在外部触发信号控制下的图像采集电路。

2.2.1 CCD 传感器

以图 2.11 所示的线阵摄像机这种最简单的情况来描述 CCD 传感器的结构。CCD 传感器由一行光线敏感的光电探测器组成，光电探测器一般为光栅晶体管或光电二极管。本节的讨论不涉及光电探测器所包含的物理问题，仅把光电探测器看作能将光子转为电子并将电子转为电流的设备。每种光电探测器都有最多可以存储电子数量的限制，常取决于光电探测器的大小。曝光时光电探测器累积电荷，通过转移门电路，电荷被移至串行读出寄存器从而读出。每个光电探测器对应一个读出寄存器。串行读出寄存器也是光敏的，必须由金属护罩遮挡以避免读出期间接收到其他光子。读出的过程是将电荷转移到电荷转换单元，转换单元将电荷转换为电压，并将电压放大。转移门电路及串行读出电路是电子耦合设备。每一个 CCD 最多由 4 个门组成，这些门在一定方向上传输电荷。电荷转换为电压并放大后，就可以转换为模拟或数字视频信号。对于数字视频信号，是由模拟电压通过模/数转换器(ADC)转换为数字电压的。

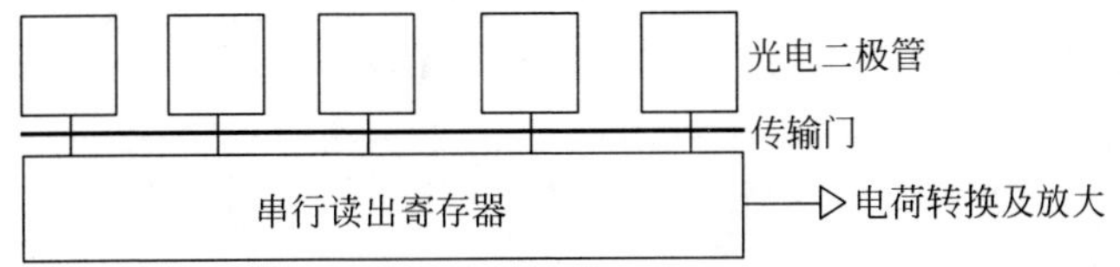

图 2.11 线阵 CCD 传感器

线阵传感器只能生成高度为 1 行的图像，在实际中用途有限，因此常通过多行组成二维图像。为得到有效图像，线阵传感器必须作相对于被测物体的运动。一种方法是将传感器安置在运动的被测物（如传送带）上方。第二种办法是被测物不动而传感器相对被测物运动，如印制电路板成像。平板扫描仪的原理也是同样的，平板扫描仪是由一个传感器和一个集成光源组成的。

图 2.12 表示了线阵传感器扩展为全帧转移型面阵传感器的基本原理。其中，光在光电探测器中转换为电荷，电荷按行的顺序转移到串行读出电路寄存器，然后与线阵传感器的方式一样转换为视频信号。

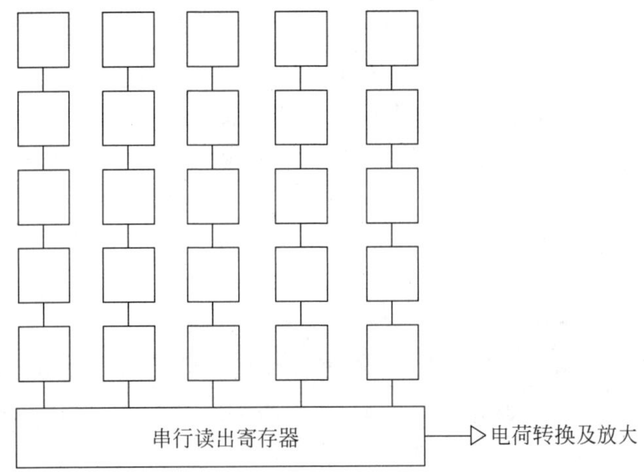

图 2.12 全帧转移型面阵 CCD 传感器

最后一种 CCD 传感器是如图 2.13 所示的隔列转移型传感器。除光电探测器外（通常情况下为光电二极管），这种传感器还有一个带有不透明的金属屏蔽层的垂直转移寄存器。图像曝光后，累积到的电荷通过传输门电路（图 2.13 中没有显示）转移到垂直传输寄存器。电荷通过垂直转移寄存器移至串行读出寄存器，然后读出形成视频信号。

CCD 摄像机具有体积小、重量轻、灵敏度高、寿命长、抗振动及不受电磁干扰等特点，这也正是 CCD 摄像机比以前的摄像管式摄像机具有的最大优点。

衡量 CCD 摄像机性能的技术指标主要有以下几个方面。

（1）清晰度：一般多指水平清晰度。电视监控系统水平清晰度要求彩色摄像机

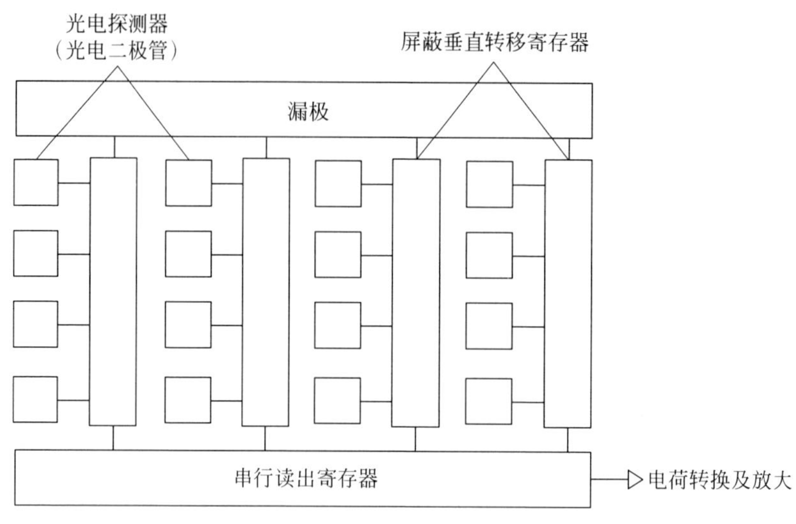

图 2.13 隔列转移型 CCD 传感器

在 300 线以上，黑白摄像机在 350 线以上。

（2）灵敏度（也称最低照度）：灵敏度用勒克斯（lx）表示。如某一摄像机的最低照度为 0.1lx，一般灵敏度 0.1lx 以上的摄像机为普通型；0.1lx 以下的摄像机为星、月光级高灵敏度型，也称作电子增感摄像机或夜视型摄像机。

（3）信噪比：摄像机的图像信号与其噪声信号之比，用 S/N 表示。S 表示摄像机在假设元噪声时的图像信号值，N 表示摄像机本身产生的噪声值（比如热噪声），二者之比即为信噪比，用分贝（dB）表示。信噪比越高越好，典型值为 46dB。

（4）视频输出：一般用输出信号电压的峰-峰值表示，多为 1～1.2Vp-p，即 1～1.2V 峰-峰值负极性输出，且为 750 复合视频信号，采用 BNC 接头（同步头朝下）。

（5）CCD 靶面尺寸：CCD 摄像机靶面小，将能降低成本，因此 1/3 英寸及以下的摄像机将占据越来越大的市场份额。

除了上述几种技术指标外，摄像机的供电电源分为直流和交流两种供电型式，常见的交流供电电压有 110V 和 220V，直流供电电压有 24V、12V 和 9V。摄像机与镜头接口形式有 C/CS 型之分。扫描制式基本有两种：PAL-B 和 NTSC。

另一个值得重视的指标是同步方式。现代的 CCD 摄像机大多采用相位可调线路锁定的同步方式，即以交流电源频率（50Hz）作为用于垂直同步的参考值而代替了摄像机的内同步发生器。在切换摄像机输出时，图像元滚动，不会造成画面失真。此外还有一个外部调整的相位控制（±90%），所以可获得非常精确的同步。

2.2.2 CMOS 传感器

如图 2.14 所示，CMOS 传感器通常采用光电二极管作为光电探测器。与 CCD 传感器不同，光电二极管中的电荷不是顺序地转移到读出寄存器，CMOS 传感器的每一行都可以通过行和列选择电路直接选择并读出。这方面,CMOS 传感器可以当作随机存取存储器。如图所示,CMOS 每个像素都有一个自己的独立放大器。这种类型传感器也称作主动像素传感器(APS)。CMO 传感器常用数字视频作输出。因此,图像每行中的像素通过模/数转换器阵列并行地转化为数字信号。

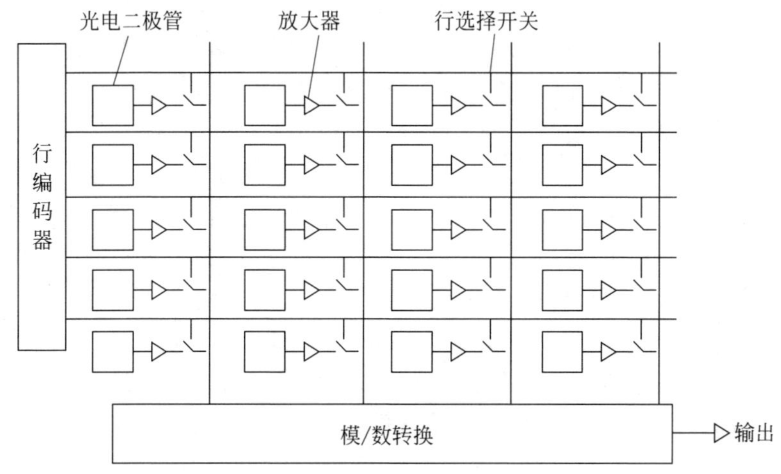

图 2.14 CMOS 传感器

2.2.3 彩色摄像机

CCD 和 CMOS 传感器对于近紫外(200nm)至可见光(380~760mn)直至近红外(1100nm)波长范围都有响应。每个传感器都是按其光谱响应函数对于入射光作出响应。传感器产生的灰度是传感器所能感应的所有波长范围内入射光积累后按传感器光谱响应的结果。传感器的光谱响应范围要比人眼范围广许多。在有些应用中可以利用红外闪光灯照明,在传感器上使用红外通过滤镜使可见光得到抑制,仅使红外光到达传感器。由于人眼对于红外光没有响应,使用红外闪光灯可以不要屏蔽。另外,尽管传感器对紫外也有响应,但是由于通常情况下镜头是玻璃制作的,阻止紫外光,因此通常不需要特殊滤光片滤掉紫外,当需要紫外响应时,需要特殊的镜头。

2.3 摄像机与计算机接口

2.3.1 通用串行总线 USB

USB 是英文 universal serial bus(通用串行总线)的缩写,是一个外部总线标准,用于规范计算机与外部设备的连接和通信,是应用在 PC 领域的接口技术。1996 年发布 USB1.0 规范时,USB 的初衷是取代各种串口和并口。因此,它被设计成支持较低的传输速率：1.5Mb/s 和 12Mb/s，也就是 0.1875Mb/S 和 1.5Mb/s。此规范访问外围设备，如键盘、鼠标和大容量存储设备的速度一般，访问扫描仪的速度较慢，而对于像网络摄像机这种视频设备只能采集低分辨率和低帧率的图像。USB2.0 支持的传输速率可高达 480Mb/s，USB3.0 支持超高速率可达到 5Gb/s，对机器视觉有很大的吸引力。

USB 是轮询总线。每个总线都有一个主控制器发起所有的数据传输，通常为与设备连接的计算机端的 USB 设备。当一个设备接到总线上时，就会从主控制器申请一定的带宽。主控制器周期性查询所有设备。连接的设备可以响应需要传输的数据或表示没有数据需要传输。USB 体系结构定义了 4 种数据传输类型：①控制传输用于设备首次接到总线时的配置。②批量传输通常用于打印机、传真机等大量数据传输，批量传输带宽为其他三种传输类型剩余的带宽。③中断传输为有限延时传输，通常有事件通知，比如键盘和鼠标的输入。对于以上三种传输模式，数据不会有丢失的情况。④等时传输可以使用预先商定的 USB 带宽和预先商定的传输延时。为了达到要求的带宽，数据包可以有传输错误，也可以被丢掉，而且不会重传数据修正错误。视频数据常用等时传输方式或批量传输方式。

2.3.2 千兆以太网

20 世纪 70 年代计算机网络界出现了作为局域网物理层的以太网。最初实验性的以太网可以提供 2.94Mb/s 的速率。1985 年以太网第一次被标准化为 10Mb/s。目前以太网标准 IEEE 802.3 定义了速率为 10Mb/s、100Mb/s(高速以太网)、1Gb/s (Gigabit Ethernet 千兆以太网)和 10Gb/s。目前千兆网被广泛使用，实际上被用作所有局域网的物理层。千兆以太网的广泛应用以及其高速率对机器视觉很有吸引力。另外一个优点是电缆、接插件既便宜又容易得到；缺点是电缆上没有电源，因此摄像机需要额外的电源线。

以太网通信和计算机网络协议设计由 TCP/IP 模型(或因特网参考模型)的物理层和数据链路层构成，因此不直接传输应用数据。在这两层之上还有网络层用于提供一个或者多个网络可变长度数据从源到目标的功能和程序上的传输方法。通常使用因特网协议(IP)来完成。还有一层传输层，提供应用间数据的透明传输，比如应下一层的要求将数据包分段或合并。传输控制协议(TCP)和自带寻址信息的用户数据报协议(UDP)是广为人知的协议，这两个协议是组成几乎所有因特网软件的基础。TCP 提供面向连接、可靠的传输，数据以发送时同样的顺序完全到达。UDP 正相反，提供非连接、不可靠传输，也就是说，数据报可能丢失或重复，也可能以与发送时不一样的顺序到达。UDP 与 TCP 相比需要较少的管理。TCP/IP 模型的最后一层是应用层，这一层是应用程序实际发送和接收数据层。可能知名度最高的应用层协议是 World Wide Web(WWW)构成基础的超文本传输协议(HTTP)。

2006 年，机器视觉摄像机应用层协议得以标准化，并称作 GigE Vision。尽管从名字上看是千兆以太网，但是标准明确指出此标准可以用于更低或更高的以太网速度。机器视觉应用可以通过称作设备枚举的过程查询到与以太网连接的摄像机。摄像机必须向以太网发出特殊 的 UDP 广播信息，然后收集摄像机的响应。

GigE Vision 定义了称作 GVCP（GigE Vision 控制协议）的应用层协议来控制摄像机。GVCP 是基于 UDP 的，由于 UDP 不可靠，在 GVCP 中定义了可靠性和错误恢复机制。利用这一机制，GVCP 对非连接 UDP 协议建立了控制通道。控制通道通过读写摄像机的寄存器和存储器来控制摄像机。一个显著特点就是每个摄像机必须按照 GenICam 标准通过 XML 文件来描述其功能。

2.4　车载摄像机

车载摄像机由镜头、镜头模组、滤光片、CMOS/CCD、ISP、数据传输部分组成。光线经过光学镜头和滤光片后聚焦到传感器上，通过 CMOS/CCD 集成电路将光信号转换成电信号，再由图像处理器 ISP 转换成标准的 RAW 等格式的数字图像信号，通过数据传输接口传到计算机端。CMOS 具有读取信息方式简单、输出信息速率快、耗电少、集成度高、价格低等特点，是车载摄像机市场的核心。

2.4.1　工作原理

基于车载摄像机的视觉传感器系统的大致原理如下：

（1）图像处理，将图片转化为二维数据。

（2）模式识别，将图像匹配进行识别，如车辆、行人、停车位、车道线等。

（3）测量距离，利用物体的运动模式，或双目定位，估算目标物体与车的相对距离和相对速度，实现测距。

2.4.2　应用特点

摄像机能在白天使用自然光；可以识别汽车、交通灯的颜色；在光照充足的条件下，可以识别很远的物体，有更高的分辨率，而且成本较低。但是它也存在一些缺点，比如容易受到雨雪天气和光照的影响，光照的变化对其识别精度的影响较大，而且目前的摄像头技术对于静态图像中的远方物体难以识别。

2.4.3　摄像头实现的功能

相对于车载雷达等传感器，车载摄像机价格更加低廉，易于普及应用，未来单车多摄像头将成为趋势。特斯拉 Autopilot 2.0 的硬件系统中就包含 8 个摄像头，如表 2.1 所示。

表 2.1 特斯拉 Autopilot 2.0 的硬件系统

ADAS 功能	使用摄像头	具体功能介绍
车道偏离预警 LDW	前视	当前视摄像头检测到车辆即将偏离车道线时发出警报
盲点监测 BSD	侧视	利用侧视摄像头将后视镜盲区的影像显示在驾驶舱内
泊车辅助 PA	后视	利用后视摄像头将车尾影像显示在驾驶舱内
全景泊车 SVP	前视、侧视、后视	利用图像拼接技术将摄像头采集的影像组合成周边全景图
驾驶员检测系统 DM	内置	利用内置摄像头检测驾驶员是否疲劳、闭眼等
行人碰撞预警 PCW	前视	当前视摄像头检测到标记的前方行人可能发生碰撞时发出警报
车道保持辅助 LKA	前视	当前视摄像头检测到车辆即将偏离车道线时通知控制中心发出指示，纠正行驶方向
交通标志识别 TSR	前视、侧视	利用前视、侧视摄像头识别前方和两侧的交通标志

车载摄像机的前置摄像头的类型主要包括单目和双目，其中双目摄像头拥有更好的测距功能，但需要装在两个位置，成本较单目贵 50%左右。

环视摄像头的类型是广角镜头，在车四周装配 4 个摄像头进行图像拼接实现全景图，加入算法可实现道路线感知；而后视摄像头的类型是广角或鱼眼镜头，主要为倒车后置镜头。表 2.2 描述了不同类型摄像头的功能。

表 2.2 摄像头安装在不同位置的功能

<table>
<tr><th>摄像头类型</th><th>安装部位</th><th>功　能</th><th>概　要</th></tr>
<tr><td>单目</td><td rowspan="2">前视</td><td rowspan="2">FCW、LDW、TSR、ACC、PCW</td><td rowspan="2">视角一般为 45°，双目摄像头拥有更好的测距功能，但需要安装在两个位置，成本较单目贵 50%左右</td></tr>
<tr><td>双目</td></tr>
<tr><td>广角</td><td>环视</td><td>全景泊车、LDW</td><td>广角镜头，在车四周装配 4 个摄像头进行图像拼接实现全景图，加入算法可实现道路线感知</td></tr>
<tr><td>广角</td><td>后视</td><td>后视泊车辅助</td><td>广角或鱼眼镜头，主要为侧车后视镜头</td></tr>
<tr><td>广角</td><td>侧视</td><td>盲点监测、代替后视镜</td><td>盲点监测只需要使用超声波雷达，但目前也有使用摄像头代替</td></tr>
</table>

车载摄像头主要包括内视摄像头、后视摄像头、前置摄像头、侧视摄像头、环视摄像头等。目前摄像头车内主要应用于倒车影像（后视）和 360°全景（环视），高端汽车的各种辅助设备配备的摄像头可多达 8 个，用于辅助驾驶员泊车或触发紧急刹车。当摄像头成功取代侧视镜时，汽车上的摄像头数量将达到 12 个，而随着无人驾驶技术的发展，L3 以上智能驾驶车型对摄像头的需求将增加。

（1）前视摄像头：前视摄像头一般为广角镜头，分为中程摄像头和长程摄像头，安装在车内后视镜上或者前挡风玻璃上较高的位置，以实现较远的有效距离。用于距离中等或更远的场合，如在 90～250m 的距离上。能够自动检测行人、骑行者、摩托车、路边黄线、桥梁桥墩、马路牙子交通标识和信号等。

（2）后视摄像头：由于后视镜的范围有限，当另一辆在斜后方的车位于这个范围之外就“隐身”，这个范围之外的部分就叫作盲区。因为盲区的存在，大大增加了交通事故发生的概率。而在车辆两侧加装侧视摄像头可以基本覆盖盲区，当有车辆进入盲区时，自动提醒驾驶员注意，这就是盲区监测系统。

（3）全景泊车系统调用车身周围多个摄像头，助泊车开启“上帝视角”。全景泊车系统通过安装在车身周围的多个超广角摄像头，同时采集车辆四周的影像，经过图像处理单元校正和拼接之后，形成一幅车辆四周的全景俯视图，实时传送至中控台的显示设备上。

2.5 本章小结

本章主要介绍摄像机的镜头以及其重要参数、传感器的类型、摄像机与计算机的接口。着重介绍了车载摄像机的工作原理与应用。摄像头是实现众多预警、识别类 ADAS 功能的基础，能够识别丰富的环境信息。

参考文献

[1] Steger C，Ulrich M. 机器视觉算法与应用[M]. 北京：清华大学出版社，2008.

[2] 张科科，傅丹鹰，周峰，等. 空间目标可见光摄像头探索能力理论计算方法研究[J]. 航天返回与遥感，2006(04)：22-26.

[3] Danakis C，Afgani M，Povey G，et al. Using a CMOS camera sensor for visible light communication[C]//IEEE Globecom Workshops，2012：1244-1248.

[4] 邹存宇. 超广角镜头的标定及其在车载环视系统中的应用[D]. 长春：吉林大学，2016.

[5] 季顺平，秦梓杰. 多镜头组合式相机的全景 SLAM[J]. 测绘学报，2019，v. 48(10)：52-63.

[6] Forster Christian，Zhang Zichao，Gassner Michael，et al. SVO：Semidirect Visual Odometry for Monocular and Multicamera Systems[J]. IEEE Transactions on Robotics：2017，33(2)：249-265.

[7] Gavrila D M，Munder S. Multi-cue pedestrian detection and tracking from a moving vehicle [J]. International Journal of Computer Vision，2007，73(1)：41-59.

[8] 张以谟. 应用光学[M]. 4 版. 北京：电子工业出版社，2015.

第3章

传感器标定

标定传感器是自动驾驶感知系统中的必要环节，是后续传感器融合的必要步骤和先决条件，其目的是将两个或者多个传感器变换到统一的时空坐标系，使得传感器融合更具有意义，并且为后续数据的处理与计算打下良好基础，是感知决策的关键前提。任何传感器在制造、安装之后都需要通过实验进行标定，以保证传感器符合设计指标，保证测量值的准确性。

3.1 摄像机标定定义与分类

3.1.1 摄像机标定定义

在图像测量过程以及机器视觉应用中，为确定空间物体表面某点的三维几何位置与其在图像中对应点之间的相互关系，必须建立摄像机成像的几何模型，这些几何模型参数就是摄像机参数。在大多数条件下这些参数必须通过实验与计算才能得到，这个求解参数的过程就称为摄像机标定(或摄像机标定)。

计算机视觉的研究目标是使计算机能通过二维图像认知三维环境，并从中获取需要的信息用于重建和识别物体。摄像机便是三维空间和二维图像之间的一种映射，其中两空间之间的相互关系是由摄像机的几何模型决定的，即通常所称的摄像机参数，是表征摄像机映射的具体性质的矩阵。求解这些参数的过程称为摄像机标定。近年来，摄像机标定已成为计算机视觉领域的研究热点之一，目前已广泛应用于三维测量、三维物体重建、机器导航、视觉监控、物体识别、工业检测、生物医学等诸多领域。从定义上看，摄像机标定实质上是确定摄像机内外参数的一个过程，其中内部参数的标定是指确定摄像机固有的、与位置参数无关的内部几何与光学参数，包括图像中心坐标、焦距、比例因子和镜头畸变等；而外部参数的标定是指确定摄像机坐标系相对于某一世界坐标系的三维位置和方向关系，可用 3×3 的旋转矩阵 R 和一个平移向量 T 来表示。摄像机标定起源于早前摄影测量中的镜头校正，对镜头校正的研究在19世纪就已出现，第二次世界大战后镜头校正成为热点研究问题，一是因为二战中使用大量飞机，在作战考察中要进行大量的地图测绘和航空摄影；二是为满足三维测量需要立体测绘仪器开始出现，为了保证测量结果的精度足够高，首先必须校正摄像机镜头。在这期间，一些镜头像差的表达式陆续提出并被普遍认同和采用，建立起了较多的镜头像差模型，Brown 等对此作出了较大贡献，包括推导了近焦距情况下给定位置处径向畸变的表达式及证明了近焦距情况下测得镜头两个位置处的径向畸变情况就可求得任意位置的径向畸变等。这些径向与切向像差表达式正是后来各种摄像机标定非线性模型的基础。随着 CCD 器件的发展，现有的数码摄像机逐渐代替原有的摄像机，同时随着像素等数字化概念的出现，在实际应用中，在参数表达式上采用这样的相对量单位会显得更加方便，摄像机标定一词也就代替了最初的镜头校正。

3.1.2 基于是否需要标定物分类

根据是否需要标定物可分为传统摄像机标定方法、摄像机自标定方法以及基于主动视觉的标定方法，这也是目前最被广为接受的分类方法。

1. 传统摄像机标定方法

传统标定方法需要基于特定的实验条件，如一个形状、尺寸已知的标定物，通过对其图像进行处理，再经过一系列的计算和数学变换，求取摄像机模型的内、外部参数。传统摄像机标定还可分为四类。

1）利用最优化算法的标定方法

这一类摄像机标定方法可以将摄像机光学成像系统的模型假设得很复杂，但这也带来了问题，如果初始值给得不恰当，通过优化程序很难得到正确的标定结果，因为摄像机的标定结果取决于摄像机的初始给定值，优化程序非常费时，无法实时地获得标定结果。根据参数模型，最优化法又可分为：

（1）摄影测量学中的传统方法。Faig 在文献中提出的方法最具代表性，利用针孔摄像机模型的共面约束条件，假设成像模型非常复杂，并合理细致地设计成像模型，考虑成像过程中的各种可能因素，采用至少 17 个参数来描述每幅图像与 3D 空间物体的约束关系，但计算的量比较庞大。

（2）直接线性变换（direct linear transformation，DLT）法。此方法由 Abdel-Aziz 和 Karara 于 1971 年首次提出。只需通过求解线性方程便求得摄像机模型参数，这是 DLT 的优势所在。Dainis 和 Juberts 给出了利用 DLT 进行标定的结果。因在成像过程中 DLT 方法没有考虑非线性畸变问题，故其通过非线性最优化算法来提高精度。因此 DLT 虽然是通过解线性方程求得参数，但求解的过程不排除使用非线性优化算法，可以说它是对摄像测量学中传统方法的一种简化。

2）利用摄像机透视变换矩阵的标定方法

从摄影测量学中的传统方法可以看出，刻画三维空间坐标系与二维图像坐标系关系的方程一般来说是摄像机内部参数和外部参数的非线性方程。如果忽略摄像机镜头的非线性畸变并且把透视变换矩阵中的元素作为未知数，给定一组三维控制点和对应的图像点，就可以利用线性方法求解透视变换矩阵中的各个元素。严格来说，基于摄像机针孔模型的透视变换矩阵方法与直接线性变换方法没有本质的区别。

这一类标定方法不需通过最优化方法来求解摄像机参数，故可大大提高运算速度，能够实时地获得标定结果；但是同样存在缺点，即标定过程中忽略了非线性畸变，从而影响标定的精度。

3）考虑畸变补偿的两步标定法

摄影测量学中的传统方法是利用最优化算法求解未知数，其结果往往受给定初始值的影响，如果给定的初始值不恰当或不合适，就很难得到较为正确的结果。直接线性变换法或透视变换矩阵法忽略非线性畸变而直接用线性方法求未知参数，根据以上两种算法的特点，我们可以考虑先用直接线性变换法或透视变换矩阵法求解未知参数，并将其作为初始值，同时考虑畸变因素，再利用最优化算法进一步提高标定精度，这就是两步标定法。

目前最常用的两步标定法是 Tsai 在他的论文中提出的一种非常实用的两步标定法。此方法先用径向准直约束求解模型中的大部分参数，然后再用非线性搜索求解畸变系数、有效焦距等。

但是以上摄像机标定方法也存在问题：①此方法还是具有一定的局限性，并不是对所有的系统都有效；②为了提高标定精度，在提出摄像机模型时就要更多地考虑畸变产生的影响，导致计算量增加，计算时间延长；③当对两台摄像机标定后，还必须确定两摄像机之间的相对几何位置关系，这也无形中增加了需要计算的参数。

4）双平面标定方法

研究人员从另一方面对传统摄像机标定方法进行了深入的探索，他们在寻找更合理的摄像机模型，使之能全面而有效地体现整个成像过程。Martin 首先提出了双平面模型，列出了 3 种插值方法，即线性插值、二次插值和线性样条插值。在此基础上，Mald 运用双平面模型对摄像机标定做了大量的研究工作。双平面模型摄像机与针孔模型摄像机的区别在于：双平面模型摄像机不必要求投影到成像平面上的光线通过光心，给定成像平面上任意一个图像点，就能计算出两标定平面上各自的对应点，因此可确定投影到成像平面上产生该图像点的光线。对每一个标定平面而言，可用一组标定点建立彼此独立的插值公式，尽管插值公式是可逆的，但这个可逆过程需要一个搜索算法，因此所建立的模型只能用于从图像到标定平面的映射过程。

双平面标定方法的优点是使用线性方法求解有关参数；其缺点是它必须求解大量的参数，有过分参数化的倾向。

2. 摄像机自标定方法

20 世纪 90 年代初,Faugeras,Luong,Maybank 等首先提出了自标定概念,使得在场景未知和摄像机任意运动的一般情形下标定成为可能。Faugeras 等从射影几何的角度出发证明了每两幅图像间存在着两个形如 Kruppa 方程的二次非线性约束,通过直接求解 Kruppa 方程组可以解出内参数。

目前自标定方法可以分为三类,即直接求解 Kruppa 方程的自标定、分层逐步标定和基于绝对二次曲面的自标定。

1) 直接求解 Kruppa 方程的自标定

该方法利用绝对二次曲线和极线变换的概念推导出了 Kruppa 方程。围绕着求解 Kruppa 方程,文献中存在着不同的途径。Faugeras,Maybank 等最早提出的算法完全基于代数几何的概念,该算法对噪声极其敏感,普通计算机的浮点运算已不足以满足其要求。Luong 提出了较实用的求解策略,降低了对噪声的敏感度,但该策略要求拐点的提取精度达到子像素级(0.2 个像素)。这两种直接求解 Kruppa 方程的方法存在着共同的弊端:求解困难,而且是针对两两图像之间列方程,当图像数目增加时,可能解的个数呈指数增长,使得直接求解失去意义。另一类求解 Kruppa 方程的途径是间接的非线性优化算法,Zeller 等利用 Kruppa 方程计算出多幅图像上的所有点到对应极线距离之和,再利用 Levenberg2Marquardt 优化算法减小该距离,并求出相应的内参数。上述优化算法的缺点在于,待优化参数过多,且容易陷入局部最优值。

2) 分层逐步标定

由于求解 Kruppa 方程有一定的困难,有学者通过对图像序列做射影重建,并利用绝对二次曲线(面)添加约束条件进行摄像机参数的求解,这就是分层逐步标定方法。该方法在实际应用中逐渐取代了直接求解 Kruppa 方程的方法。分层逐步标定法首先要求对图像序列做射影重建,再通过绝对二次曲线(面)施加约束,定出仿射参数(即无穷远平面方程)和摄像机内参数。其中最具代表性的方法是由 Hartley 提出的一种对摄像机投影矩阵进行 QR 分解的自标定方法。该方法是在射影标定的基础上,以某一幅图像为基准做射影对齐,从而将未知数缩减 8 个(无穷远平面参数 3 个和摄像机内参数 5 个,不包括总体常数因子),再通过非线性优化算法同时解出所有未知数。缺点在于如下两点:①非线性优化算法的初值只能通过预估得到,不能保证收敛性;②射影重建时均是以某参考图像为基准,参考图像的选取不同,标定的结果也不同,不满足一般情形下噪声均匀分布的假设。

3) 基于绝对二次曲面的自标定

绝对二次曲面最早由 Triggs 引入自标定研究中,虽然其本质同 Kruppa 方程一样运用了绝对二次曲线在欧氏变换下的不变性,但当多幅图像输入并且能得到一致射影重建的情况下,该方法将更具优势。其根源在于绝对二次曲线(面)包含了无穷远平面和绝对二次曲线的所有信息,且基于绝对二次曲线(面)的自标定方法又是在对所有图像做射影重建的基础上计算绝对二次曲线(面)的,从而保证了无穷远平面对所有图像的一致性。与此相比,基于 Kruppa 方程的方法是在两两图像之间建立方程,在列方程过程中已将支持绝对二次曲线的无穷远平面参数消去,所以当输入更多的图像对时,不能保证该无穷远平面的一致性。

3. 基于主动视觉的标定方法

基于主动视觉的方法是将摄像机精确安装于可控平台,主动控制平台作特殊运动来获得多幅图像,利用图像和摄像机运动参数来确定摄像机内外参数,鲁棒性比较强而且通常可线性求解。但当摄像机运动未知或者运动无法控制的场合不能使用该方法,且该方法所需运动平台精度较高,成本也较高。此方法最经典的是马颂德教授提出的基于两组三正交运动的线性法,后李华、杨长江等提出了基于四组和五组平面正交运动的方法,利用图像中的极点信息线性标定。此外,胡占义教授提出的基于平面单应矩阵的正交运动方法和基于外极点的正交运动方法更容易实现,相比马颂德教授的方法可多求出一个内参数,即 5 个内参数。

目前,常用的主动视觉标定方法有基于摄像机纯旋转的标定方法、基于三正交平移运动的标定方法、基于平面正交运动的标定方法、基于无穷远平面单应性矩阵的标定方法和基于射影重建的标定方法等。上述方法对摄像机运动提出了不同的限制条件,如至少两次互不平行的绕光心的旋转运动、三正交平移运动以及正交平移运动等,而目前主动视觉标定方法的研究焦点是在尽量减少对摄像机的运动限制的同时仍能线性求解。

基于主动视觉的标定方法算法简单,可以获得线性解;不足之处在于必须有可以精确控制的摄像机运动平台,无法自由灵活地移动。

3.1.3 基于不同标定物分类

根据标定物的不同可分为基于三维立体靶标摄像机标定和基于二维平面靶标摄像机标定。

1. 基于三维立体靶标摄像机标定

基于三维靶标通过以形状、尺寸已知的三维物体为标定物进行标定,此方法精度很高,但是成本高、标定物精度要求高且运用不灵活,只适用于工业测量,故未被广泛应用。常用的三维物体就是正立方体,如图 3.1 所示。其典型代表为 Tsai 的方法,利用标定物的三维形状知识与相应图像间的对应关系得到一个标定参数的函数,然后对此函数优化得到标定参数。

2. 基于二维平面靶标摄像机标定

二维靶标常使用平面方格点、矩形或二次曲线为模板图案,图 3.2 是平面方格点的二维标靶。典型代表是张正友标定法。

图 3.1 正立方体标靶

图 3.2 平面方格二维标靶

3.1.4 基于模型的标定分类

基于模型的不同可以分为线性标定方法和非线性标定方法。

1. 线性标定方法

线性标定方法就是采用线性摄像机模型即小孔成像原理,并用线性方程来求解摄像机的内外参数的方法,目前已有大量研究成果,但由于未考虑镜头畸变,所以准确性不高。

2. 非线性标定方法

非线性标定方法则考虑了畸变参数,并使用非线性优化方法对标定初值进行优化,提高了标定的精度;但由于计算过程较为繁琐,速度比较慢,且对初值的选择和噪声比较敏感,有时非线性搜索不一定能保证参数收敛到全局最优解。

3.1.5 基于求解参数结果的标定分类

基于求解参数可以分为隐式标定方法和显式标定方法。

1. 隐式标定方法

隐式标定方法是指将三维空间物点与其对应二维像点间的关系用一个转换矩阵来表示,并将转换矩阵的元素作为标定参数。由于这些参数没有具体的物理意义,所以称为隐式(隐参数)标定法。典型的有直接线性变换(direct linear transformation, DLT)方法,该方法不考虑具体的中间成像过程,直接用一个 3×4 的矩阵来表示三维空间物点与其对应二维像点间的关系。由于该方法只需求解线性方程,所以能获得较高的效率,适用于实时性强、标定精度不高的场合。

2. 显式标定方法

显式标定方法精确分析了摄像机成像的中间过程,构造了精密的摄像机成像几何模型,并设置了具有物理意义的标定参数,包括图像中心偏差、有效焦距偏差、帧存扫描水平比例因子、镜头畸变参数等,最后实现对这些未知参数的求解。该方法充分考虑了摄像机成像过程的各种因素,能有效地提高标定的精度。

3.1.6 基于求解方法的标定分类

由于空间物点与其图像对应点之间是一种复杂的非线性关系，不能用图像的像元位置准确估算三维空间点间的实际距离，试图用线性方法找到这种对应关系几乎是不可能的。

1. 解析法标定

解析方法是用足够多的空间点和其对应的图像坐标点，通过解析公式来求解摄像机的内外参数以及畸变参数，再根据求得的内外参数和畸变系数值，将图像中的点通过几何关系得到空间物点的世界坐标。解析方法不能包含上述所有非线性因素，只能选择其中几种主要的畸变，而忽略其他不确定因素。

2. 神经网络法标定

神经网络法跳过了求解各种参数的复杂过程，将空间点及其相应的图像坐标点作为输入/输出样本集进行训练，利用网络实现给定的输入/输出映射关系。因此，它能以任意精度逼近任何非线性关系，对于非样本集中的图像坐标点也能得到相应的合适空间点坐标。

3. 遗传算法标定

由于传统的用于摄像机自标定的 Kruppa 方程不仅需要计算基础矩阵，还要计算图像的极点，而图像的极点又不是固定不变的，且会导致计算结果的不稳定，为此，引入遗传算法到 Kruppa 方程的摄像机自标定过程，将求解过程转化为通过代价函数最小化来求得摄像机的内参数，排除了极点的稳定因素。

3.2 张正友摄像机标定法

相对于传统标定法、自标定法，处于其二者之间的另一方法就是张正友标定法。张正友摄像机标定法是张正友教授 1998 年提出的单平面棋盘格的摄像机标定方法，它需要摄像机从不同的方向对同一个标定模板拍摄，进而开始寻找标定板上的特征点及其处于像平面中的映射点之间的相互对应关系来进行标定。此方法模板制作简单，鲁棒性高，精确度好，应用广泛。本书就是采用张正友的标定方法。传统标定法的标定板需要三维的，要求非常精确，因此难以制作，而张正友教授提出的方法介于传统标定法和自标定法之间，克服了传统标定法需要高精度标定物的缺点，仅需使用一个打印出来的棋盘格即可。相对于自标定而言，提高了精度，便于操作，因此张正友标定法被广泛应用于计算机视觉方面。

3.2.1 单应矩阵的计算

设标定板上的某个特征点在世界坐标系和图像坐标系下的坐标分别为 $\boldsymbol{M}=$

$(X,Y,Z)^{\mathrm{T}}$ 和 $\boldsymbol{m}=(u,v)^{\mathrm{T}}$，由摄像机成像模型，可得如下公式：

$$s\begin{bmatrix}u\\v\\1\end{bmatrix}=\boldsymbol{A}[\boldsymbol{R}\quad \boldsymbol{t}]\begin{bmatrix}X\\Y\\Z\\1\end{bmatrix}=A[r_1r_2r_3t]\begin{bmatrix}X\\Y\\Z\\1\end{bmatrix} \tag{3-1}$$

假定将标定模板所处面放置在世界坐标系 $Z=0$ 的面上，则上式可变成

$$s\begin{bmatrix}u\\v\\1\end{bmatrix}=A[r_1r_2r_3t]\begin{bmatrix}X\\Y\\0\\1\end{bmatrix}=A[r_1r_2r_3t]\begin{bmatrix}X\\Y\\0\\1\end{bmatrix}=A[r_1r_2t]\begin{bmatrix}X\\Y\\1\end{bmatrix} \tag{3-2}$$

式(3-1)中旋转矩阵 $\boldsymbol{R}=[r_1\ r_2\ r_3]$ 和平移向量 $\boldsymbol{t}$ 是摄像机的外部参数，r_i 表示旋转矩阵 $\boldsymbol{R}$ 的第 i 列向量，$\boldsymbol{A}$ 为摄像机内参数矩阵，s 为尺度因子。

$$\boldsymbol{A}=\begin{bmatrix}\alpha & \gamma & u_0\\0 & \beta & v_0\\0 & 0 & 1\end{bmatrix} \tag{3-3}$$

规定单应矩阵 $\boldsymbol{H}=\boldsymbol{A}[\boldsymbol{r}_1\ \boldsymbol{r}_2\ \boldsymbol{t}]$，设 $\boldsymbol{H}=[\boldsymbol{h}_1\ \boldsymbol{h}_2\ \boldsymbol{h}_3]$，则有 $\boldsymbol{H}=\boldsymbol{A}[r_1\ r_2\ r_3]=[h_1\ h_2\ h_3]$。

3.2.2 摄像机内外参数求解

由于求解的 $\boldsymbol{H}$ 不会与真实值 $\boldsymbol{H}$ 完全一样，会有一个比值误差，所以把 $\boldsymbol{H}$ 写成如下形式：

$$[\boldsymbol{h}_1\ \boldsymbol{h}_2\ \boldsymbol{h}_3]=\gamma\boldsymbol{A}[\boldsymbol{r}_1\ \boldsymbol{r}_2\ \boldsymbol{r}_3] \tag{3-4}$$

$\boldsymbol{r}_1$ 与 $\boldsymbol{r}_2$ 为单位正交向量，有 $\boldsymbol{r}_1^{\mathrm{T}}\boldsymbol{r}_1=\boldsymbol{r}_2^{\mathrm{T}}\boldsymbol{r}_2$ 和 $\boldsymbol{r}_1^{\mathrm{T}}\boldsymbol{r}_2=0$，因此能够获得求取摄像机内部参数的两个条件约束：

$$\boldsymbol{h}_1^{\mathrm{T}}\boldsymbol{A}^{-\mathrm{T}}\boldsymbol{A}^{-1}\boldsymbol{h}_2=0 \tag{3-5}$$

$$\boldsymbol{h}_1^{\mathrm{T}}\boldsymbol{A}^{-\mathrm{T}}\boldsymbol{A}^{-1}\boldsymbol{h}_1=\boldsymbol{h}_2^{\mathrm{T}}\boldsymbol{A}^{-\mathrm{T}}\boldsymbol{A}^{-1}\boldsymbol{h}_2 \tag{3-6}$$

令 $\boldsymbol{B}=\boldsymbol{A}^{-\mathrm{T}}\boldsymbol{A}^{-1}$，$\boldsymbol{B}$ 是对称矩阵，可以用 6 维向量 $\boldsymbol{b}$ 定义：$\boldsymbol{b}=[B_{11}B_{12}B_{22}B_{13}B_{23}B_{33}]^{\mathrm{T}}$ 设 $\boldsymbol{H}$ 第 i 列向量为 $\boldsymbol{h}_i=[h_{i1}h_{i2}h_{i3}]^{\mathrm{T}}$，则 $\boldsymbol{h}_i^{\mathrm{T}}\boldsymbol{B}\boldsymbol{h}_i=\boldsymbol{V}_{ij}^{\mathrm{T}}\boldsymbol{b}$，其中，

$$\boldsymbol{V}_{ij}=[h_{i1}h_{j1},h_{i1}h_{j2}+h_{i2}h_{j1},h_{i2}h_{j2},h_{i3}h_{j1}+h_{i1}h_{j3},h_{i3}h_{j2}+h_{i2}h_{j3},h_{i3}h_{j3}]^{\mathrm{T}} \tag{3-7}$$

利用约束条件可得

$$\begin{bmatrix}\boldsymbol{V}_{12}^{\mathrm{T}}\\(\boldsymbol{V}_{11}-\boldsymbol{V}_{22})^{\mathrm{T}}\end{bmatrix}b=0 \tag{3-8}$$

如有 N 幅模板的图像，就能得到：$\boldsymbol{V}\boldsymbol{b}=0$，其中，$\boldsymbol{V}$ 为 $2N\times 6$ 向量矩阵，若 $N\geqslant$

3,能够求出 $\boldsymbol{b}$,继而可以获得如下几个内部参数:

$$v_0 = (B_{12}B_{13} - B_{11}B_{23})/(B_{11}B_{22} - B_{12}^2) \tag{3-9}$$

$$\gamma = B_{33} - [B_{13}^2 + v_0(B_{12}B_{13} - B_{11}B_{23})]/B_{11} \tag{3-10}$$

$$f_u = \sqrt{\gamma/B_{11}} \tag{3-11}$$

$$f_v = \sqrt{\gamma B_{11}/(B_{11}B_{22} - B_{12}^2)} \tag{3-12}$$

$$S = -B_{12}f_u^2 f_v/\gamma \tag{3-13}$$

$$u_0 = sv_0/f_v - B_{13}f_u^2/\gamma \tag{3-14}$$

再根据单应矩阵 $\boldsymbol{H}$ 与内部参数矩阵 $\boldsymbol{A}$,通过以下公式,计算每张图片的外部参数:

$$\boldsymbol{r}_1 = \boldsymbol{\gamma A}^{-1}\boldsymbol{h}_1 \tag{3-15}$$

$$\boldsymbol{r}_2 = \boldsymbol{\gamma A}^{-1}\boldsymbol{h}_2 \tag{3-16}$$

$$\boldsymbol{r}_3 = \boldsymbol{r}_1 \times \boldsymbol{r}_2 \tag{3-17}$$

$$\boldsymbol{t} = \boldsymbol{\gamma A}^{-1}\boldsymbol{h}_3 \tag{3-18}$$

3.2.3 双目摄像机的相对外部参数求解

3.2.1 节和 3.2.2 节所介绍的是单个摄像机内部参数和单个摄像机与标定模板间的外部参数的求解。本节介绍双目摄像机标定,第一步确定单个摄像机标定,第二步求解两个摄像机的相对外部参数。

假如某个三维物点处于左摄像机坐标系中的坐标表示是 $\boldsymbol{x}_l$,处于右摄像机坐标系中的坐标表示是 $\boldsymbol{x}_r$,位于世界坐标系中的坐标表示是 $\boldsymbol{x}_w$。对于左右摄像机的外部参数来说,设 $\boldsymbol{R}_l$,$\boldsymbol{T}_l$ 代表左摄像机外部参数,$\boldsymbol{R}_r$,$\boldsymbol{T}_r$ 代表右摄像机的外部参数,可以得到

$$\boldsymbol{x}_l = \boldsymbol{R}_l\boldsymbol{x}_w + \boldsymbol{T}_l \tag{3-19}$$

$$\boldsymbol{x}_r = \boldsymbol{R}_r\boldsymbol{x}_w + \boldsymbol{T}_r \tag{3-20}$$

合并两式得到

$$\boldsymbol{x}_w = \boldsymbol{R}_r\boldsymbol{R}_l^{-1}\boldsymbol{x}_l + \boldsymbol{T}_r - \boldsymbol{R}_r\boldsymbol{R}_l^{-1}\boldsymbol{T}_l \tag{3-21}$$

从而可以得到左右摄像机之间的相对外部参数为

$$\boldsymbol{R} = \boldsymbol{R}_r\boldsymbol{R}_l^{-1} \tag{3-22}$$

$$\boldsymbol{T} = \boldsymbol{T}_r - \boldsymbol{R}_r\boldsymbol{R}_l^{-1}\boldsymbol{T}_l \tag{3-23}$$

$\boldsymbol{R}$ 表示左右摄像机相互间的旋转关系,$\boldsymbol{T}$ 表示左右摄像机相互间的平移关系。双目摄像机标定的实现需要对多个不同位置的标定模板进行拍摄,根据左右两张标定模板图片就能得出一组左右摄像机的相对外部参数。因为噪声会有影响,每一组标定结果就会出现极小差别,所以把每组数据的均值作为最后的标定结果。

3.3 双目摄像机的标定实验

由上述理论可知，摄像机标定的核心步骤在于怎样精准计算摄像机内部参数，这里的摄像机标定过程分为三步处理：标定左摄像机，标定右摄像机和标定双目摄像机。本课题的标定实验均在 Matlab 下参考了 Camera Calibration Toolbox for Matlab 来进行摄像机的标定。标定过程用的标定板如图 3.3 所示，每个棋盘方格尺寸是 30mm×30mm，角点的个数是 11×8。要取得比较好的标定结果，一般采集 10～20 组标定图像，所以这里双目摄像机的标定均采集组标定模板的图像，采集的标定模板图像需清晰并大小合适。

图 3.3 标定板

3.3.1 单目摄像机的标定

左、右摄像机在标定过程中处理的方式一样，所以这里只介绍左摄像机标定过程，单个摄像机的标定过程如下：

首先确定摄像机的位置，挪动或旋转标定模板让摄像机能够从不同方向或不同角度获取标定模板图片。要使标定板尽可能占据图像视场的最大可能，不能少于图像的 1/6，且标定板要尽可能贴近图像边缘，使标定板分别向左向右旋转 30°～45°，并分别向上向下倾斜一定角度进行拍摄。采集图片如图 3.4 所示。

图 3.4 左右摄像机标定图片(见文前彩图)

然后读取所要标定的图片，提取棋盘格上角点，标定获取摄像机初值参数，进行参数整体的优化和计算镜头的畸变程度。

最后得到标定结果与参数，如表 3.1 所示。

表 3.1 标定结果与参数

标定参数	尺度因子(α,β)	主点坐标(U_0,V_0)	斜变因子 γ	镜头畸变(k_1,k_2)
左摄像机	(1142.1,1151.5)	(566.3,358.9)	0	(−0.0124,0.1263)

图 3.5 是左摄像机与标定模板之间相对位置的 Matlab 示意图。

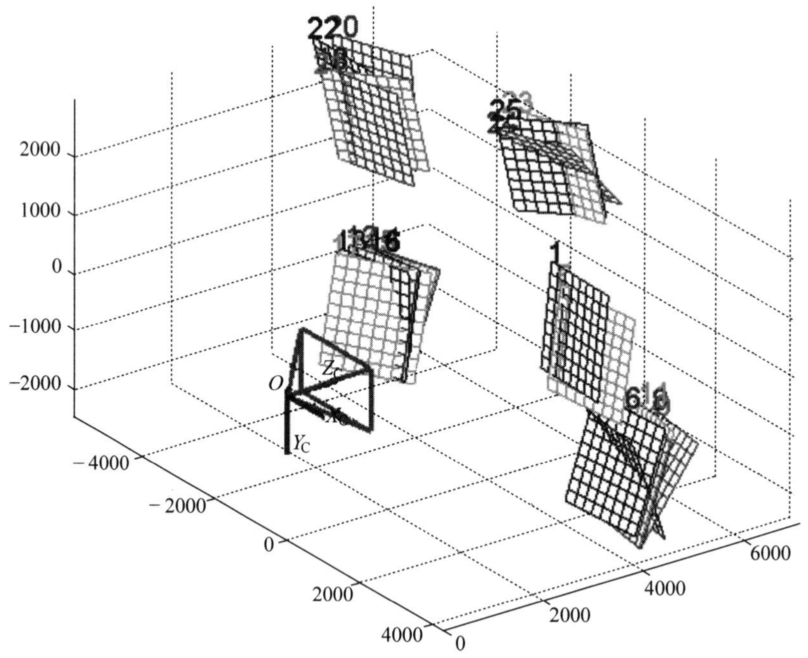

图 3.5 重建标定外参(见文前彩图)

3.3.2 双目摄像机的立体标定

双目立体标定需要用到单个摄像机标定的结果，它通过利用左右摄像机各自标定的数据求取左右摄像机彼此间的位置关系，即旋转关系 $\boldsymbol{R}$ 和平移关系 $\boldsymbol{T}$。双目立体标定步骤如下：

(1) 完成左摄像机的单目标定，获得它的内部参数。

(2) 完成右摄像机的单目标定，获得它的内部参数。

(3) 利用双目立体标定工具箱分别读取左摄像机和右摄像机标定的内部参数，然后对双目进行标定。

（4）得到标定结果。双目标定的结果如表 3.2 所示。

表 3.2　双目标定结果与参数

标定参数	尺度因子(α,β)	主点坐标(U_0,V_0)	斜变因子 γ	镜头畸变(k_1,k_2)
左摄像机	(1080.5,1094.5)	(597.8,380.6)	0	(0.0124,−0.1263)
右摄像机	(1067.9,1081.2)	(583.3,387.4)	0	(−0.0187,0.10209)
相对外部参数	平移向量 ***T***	(−149.161,−1.209,−7.747)		
	旋转向量 ***R***	(−0.00630,0.00599,−0.00101)		

图 3.6 是双目标定下重建相对外部参数的 Matlab 视图。

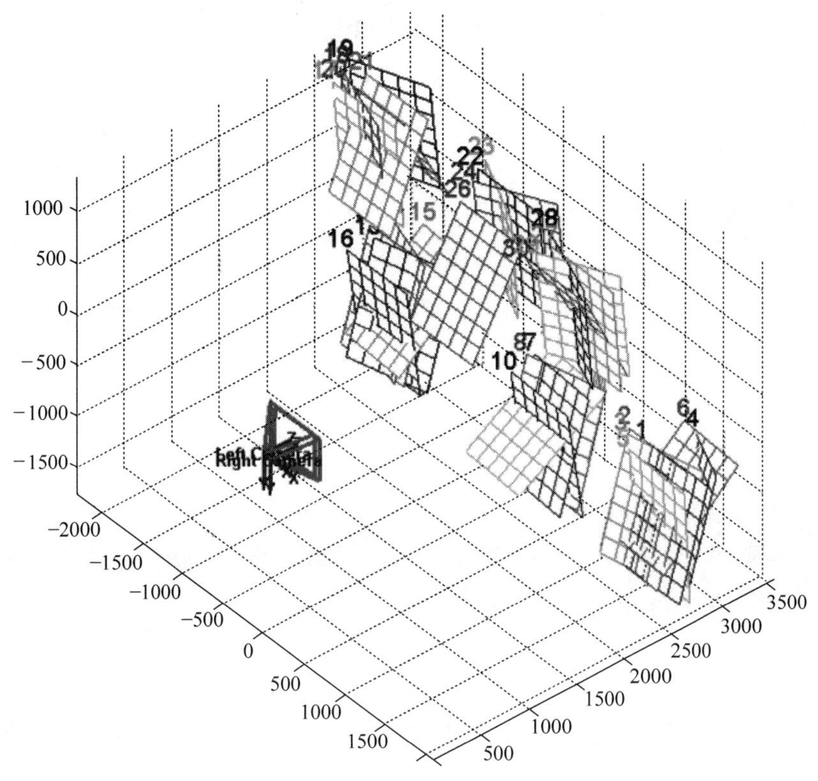

图 3.6　重建相对外参(见文前彩图)

3.4　畸变与校正

摄像机的成像过程实质上是坐标系的转换。首先空间中的点由世界坐标系转换到摄像机坐标系，然后再将其投影到成像平面(图像物理坐标系)，最后再将成像平面上的数据转换到图像像素坐标系。由于透镜制造精度以及组装工艺的偏差会引入畸变，导致原始图像的失真。镜头的畸变分为径向畸变和切向畸变两类。

3.4.1 径向畸变

径向畸变是沿着透镜半径方向分布的畸变，产生原因是光线在远离透镜中心的地方比靠近中心的地方更加弯曲，这种畸变在普通廉价的镜头中表现更加明显。径向畸变主要包括桶形畸变和枕形畸变两种，如图3.7所示。

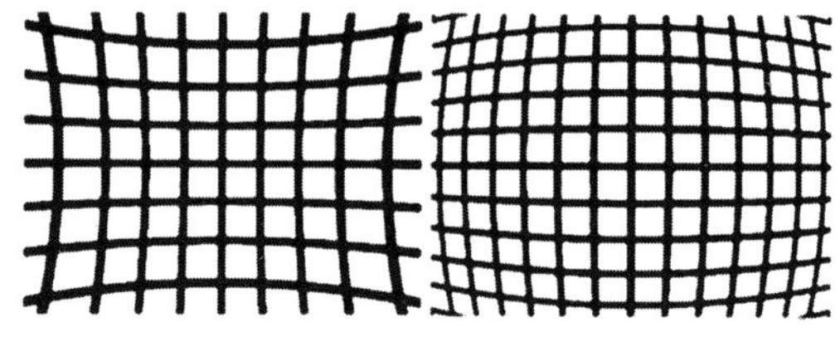

图3.7 畸变图

成像仪光轴中心的畸变为0，沿着镜头半径方向向边缘移动，畸变越来越严重。畸变的数学模型可以用主点(principle point)周围的泰勒级数展开式前几项进行描述，通常使用前两项，即 k_1 和 k_2，对于畸变很大的镜头，如鱼眼镜头，可以增加使用第三项 k_3 进行描述。成像仪上某点根据其在径向方向上的分布位置，调节公式为

$$x_0 = x(1 + k_1 r^2 + k_2 r^4 + k_3 r^6) \tag{3-24}$$

$$y_0 = y(1 + k_1 r^2 + k_2 r^4 + k_3 r^6) \tag{3-25}$$

式中：(x_0, y_0)为畸变点在成像仪上的原始位置；(x, y)为畸变校正后新的位置。

3.4.2 切向畸变

切向畸变是由于透镜本身与摄像机传感器平面(成像平面)或图像平面不平行而产生的，这种情况多是由于透镜被粘贴到镜头模组上的安装偏差导致。畸变模型可以用两个额外的参数 p_1 和 p_2 来描述：

$$x_0 = x + [2p_1 y + p_2(r^2 + 2x^2)] \tag{3-26}$$

$$y_0 = y + [2p_2 x + p_1(r^2 + 2y^2)] \tag{3-27}$$

大体上畸变位移相对于左下—右上角的连线是对称的，说明该镜头在垂直于该方向上有一个旋转角度。

一旦计算了校正映射，就可以使用 cv::remap()函数将它们应用于传入的图像。cv::remap()函数有两个对应于校正映射的映射参数，例如由 cv::initUndistortRectifyMap()计算得到的映射参数。cv::remap()接受我们讨论的任何校正映射格式：双通道浮点型、双矩阵浮点型或定点格式(带或不带插值表索引矩阵)。如果用两个不同的双通道浮点型表示或者不带插值表矩阵的定点类型表示来使用 cv::remap()，则应该将 cv::noArray()传递给 map2 参数。程序如下：

```
void cv::undistort
cv::InputArray   src,                              //Input distorted image
```

```
cv::outputArray dst,                                      //Result corrected image
cv::InputArray  cameraMatrix,                             //3-by-3 camera matrix
cv::InputArray  distCoeffs,                               //vector of 4,5,or 8 coeffs
cv::InputArray  newCameraMatrix = noArray()               //Optional new camera matrix
```

3.5 本章小结

本章首先简述了摄像机成像模型，然后根据不同情况（如根据是否需要标定物，根据所用模型，根据求解参数等方面），介绍了目前常见的几种摄像机标定方法，本书采用了张正友标定法，所以着重说明了张正友标定法的基本概念及其数学分析的过程，并利用张正友标定法分别进行了单个摄像机的标定和双目立体的标定实验。经过多次标定的尝试和验证，掌握了张正友标定的基本方法，研究了摄像机的畸变校正，为后续章节的测距实验打下了基础。

参考文献

[1] 李春艳，王立，卢欣．一种双目立体视觉相机的标定方法[J]．空间控制技术与应用，2010，36(3)：51-53．

[2] Roger Y T. AVersatile Camera Calibration Technique for High-accuracy 3D Machine Vision Metrology Using off-the-shelf TV Cameras and Lenses[J]. IEEE Journal of Robotics and Automation，1987，3(4)：323-334．

[3] Zhang Zhengyou. A Flexible New Technique for Camera Calibration[J]. IEEE Transactions on Pattern Analysis and Machine Intelligence，2000，22(11)：1330-1334．

[4] 徐杰．机器视觉中摄像机标定 Tsai 两步法的分析与改进[J]．计算机工程与科学，2010，32(4)：46-47．

[5] Juan L，Gwan O. A Comparisonof SIFT，PCA-SIFTandSURF[J]. International Journal of Image Processing，2009，3(4)：143-152．

[6] 邹凤娇，苏显渝，李美菊．基于共面点的摄像机线性标定法[J]．光电工程，2006，32(4)：72-73．

[7] 郑志刚．高精度摄像机标定和鲁棒立体匹配[D]．合肥：中国科学技术大学，2008．

[8] 申琳．高精度双目 CCD 测距研究[D]．长春：长春理工大学，2011．

[9] 徐杰．基于双目视觉的运动机器人自动跟踪与避障技术的研究[D]．上海：上海大学，2008．

[10] 刘瑞华．场景几何的三维度量重建在刑侦现场勘查中的研究与应用[D]．西安：西北大学，2007．

[11] 李云翔．相机标定与三维重建技术研究[D]．青岛：青岛大学，2009．

[12] 曾建兰．摄像机标定若干问题的研究[D]．上海：华东师范大学，2008．

[13] 谭晓波．摄像机标定及相关技术研究[D]．长沙：国防科技大学，2004．

[14] 张广军．视觉测量[M]．北京：科学出版社，2008．

第4章

三维视觉及测距系统

本章转入到三维视觉部分，依次介绍摄像机成像、单目测距与双目测距的相关内容。为达到此目的，将继续沿用第3章的一些原理。一般情况下，没有可靠的方法可以做到不依赖多幅图像就进行标定或提取3D信息。利用多幅图像重建三维场景的最常见情形就是立体视觉。在立体视觉中，同时在不同位置上拍摄两幅图像(或者更多)中的特性，然后对图像中的相应特征进行匹配，分析其中的差异，从而获得深度信息。

4.1 摄像机成像模型

只有明白了摄像机成像规律，才能更好地理解双目视觉下的测距。摄像机使用镜头可以将物理空间信息映射在摄像机的图像平面上，该映射关系能够利用成像变换来进行解释。在图4.1中，采用透镜成像来讲解摄像机成像原理。假设像距为 u，透镜焦距为 f，物距为 v，根据几何光学高斯定理，像距 u、物距 v 以及焦距 f 三者之间满足如下关系：

$$\frac{1}{u}+\frac{1}{v}=\frac{1}{f} \tag{4-1}$$

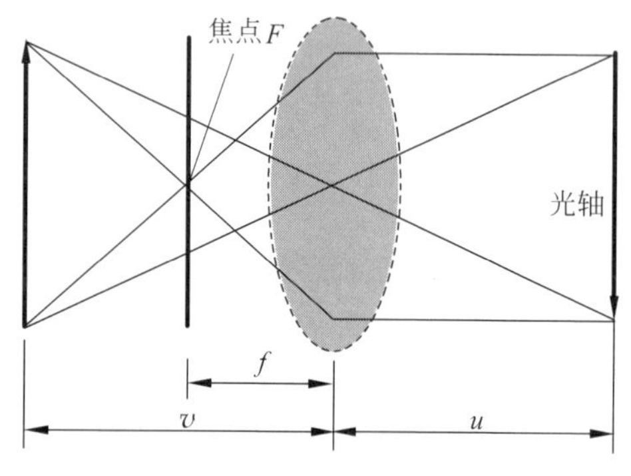

图4.1 摄像机成像模型

物距表示透镜中心到空间物点的距离，像距表示图像平面到透镜中心的距离，透镜中心也称为光学原点，即投影中心。式(4-1)也叫作透镜公式。

一般情况下，$v \gg f$，即 $v \rightarrow \infty$，所以 $u \approx f$，即像距与焦距相近。实际应用中，针孔成像模型在机器视觉领域是最为常用的理想投影成像模型，也称针孔模型。假如摄像机处于理想成像的状态下，照射在空间目标上的光都能够经过小孔从而在像平面上进行投影。那么目标点、针孔、像点在一条直线上，目标点连线针孔并相交于像平面，即为成像点。

4.2　视觉测量坐标系

4.2.1　4个基本坐标系

视觉成像构建起了现实世界与二维图像平面的联系，这种联系需要变换坐标来实现。要想清晰准确地描述成像过程，就需要建立图 4.2 所示的几个基础坐标系。

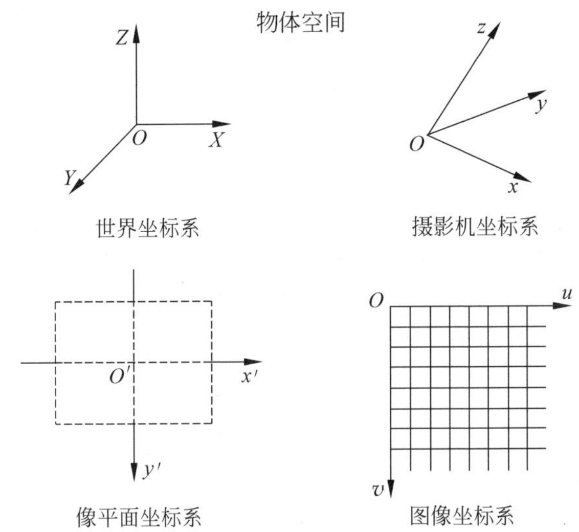

图 4.2　视觉测量坐标系

1. 世界坐标系(*X*,*Y*,*Z*)(world coordinate system,WCS)

在物理空间中可以用世界坐标系表示摄像机以及目标物体的空间信息，起到参考系的作用。在一个物理场景中通常选取静止点作为世界坐标系，这样做的原因是需要参考它来获取整个场景的信息，以便简化计算。

2. 摄像机坐标系(*x*,*y*,*z*)(camera coordinate system,CCS)

摄像机坐标系对物理空间坐标到二维平面坐标的变换起到了桥梁的作用，大多数情况下都以摄像机光轴作 z 轴，摄像机光心作坐标原点。

3. 像平面坐标系(x',y')(retinal coordinate system,RCS)

一般常取平行于 CCS 的 x-y 面作为 RCS，而且它们对应的 x 和 x'，y 和 y' 轴都彼此平行，RCS 的中心点就是摄像机光轴与二维像平面的重合点 o'，摄像机的真实焦距 f 就是 $o'o$ 的连线长度。

4. 图像坐标系(u,v)(pixel coordinate system,PCS)

PCS和RCS之间既有不同之处,也相互联系。它们两个用以描述现实世界中的物体所映射出的图像。PCS的原点被定义为u、v两轴的交汇处,并以像素作为单位;而RCS的原点是处于摄像机主轴和二维像平面重合的地方,并且是连续坐标系,以毫米作为单位。

4.2.2 4个坐标系之间的变换关系

在图4.3所示的摄像机成像坐标变换原理图中,假如现实世界的一物点P经过投影获取的像点是p,f则是摄像机真实焦距,不考虑成像畸变的理想透视变换情况下,4个不同坐标系之间存在如下互相转换的关系。

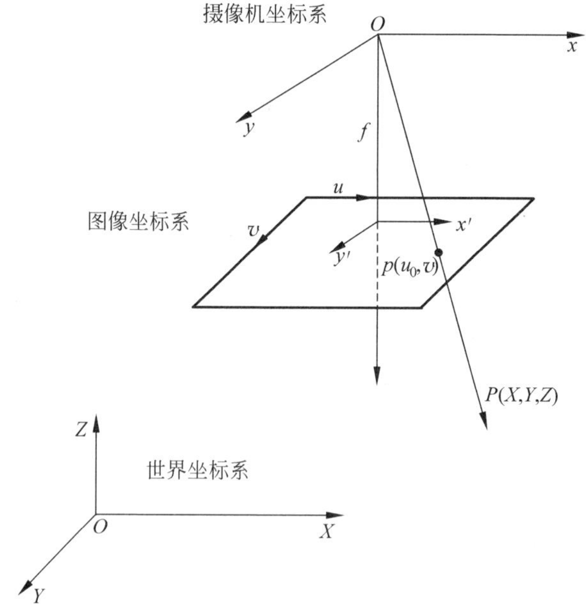

图4.3 基本坐标系的变换原理图

1. WCS与CCS之间的数学变换

WCS中的目标点到CCS的转换能够通过旋转矩阵$\boldsymbol{R}$和平移向量$\boldsymbol{t}$实现,于是,现实世界中的某一点P在WCS和CCS下的齐次坐标具有如下数学表达式:

$$\begin{bmatrix} X \\ Y \\ Z \\ 1 \end{bmatrix} = \begin{bmatrix} \boldsymbol{R} & \boldsymbol{t} \\ 0^{\mathrm{T}} & 1 \end{bmatrix} \begin{bmatrix} X \\ Y \\ Z \\ 1 \end{bmatrix} \tag{4-2}$$

式中:$\boldsymbol{R}$为3×3正交单位矩阵;$\boldsymbol{t}$为三维平移向量;$0=(0.0.0)^{\mathrm{T}}$。旋转矩阵$\boldsymbol{R}$的

具体表达式为

$$\boldsymbol{R} = \begin{bmatrix} r_1 & r_2 & r_3 \\ r_4 & r_5 & r_6 \\ r_7 & r_8 & r_9 \end{bmatrix} \tag{4-3}$$

由欧拉角可以将其描述成

$$r_1 = \cos\varphi\cos\phi \tag{4-4}$$

$$r_2 = \sin\theta\sin\varphi\cos\phi - \cos\theta\sin\phi \tag{4-5}$$

$$r_3 = \cos\theta\sin\varphi\cos\phi - \sin\theta\cos\phi \tag{4-6}$$

$$r_4 = \cos\varphi\sin\phi \tag{4-7}$$

$$r_5 = \sin\theta\sin\varphi\sin\phi + \cos\theta\cos\phi \tag{4-8}$$

$$r_6 = \cos\theta\sin\varphi\sin\phi - \sin\theta\cos\phi \tag{4-9}$$

$$r_7 = \sin\varphi \tag{4-10}$$

$$r_8 = \sin\theta\cos\varphi \tag{4-11}$$

$$r_9 = \cos\theta\cos\varphi \tag{4-12}$$

式中：θ 为光轴的俯仰角(具体绕 x 轴旋转)；φ 为光轴的偏航角(绕 y 轴旋转)；ϕ 为光轴的滚动角(绕 z 轴旋转)。

2. RCS 与 CCS 之间的数学变换

(x',y') 为像点 p 的图像坐标；(x,y,z)为物点 P 处于 CCS 中的位置坐标，同样可以从数学角度来解释说明二者之间的透视投影(perspective projection)联系：

$$\begin{bmatrix} x' \\ y' \\ 1 \end{bmatrix} = \begin{bmatrix} f/z & 0 & 0 & 0 \\ 0 & f/z & 0 & 0 \\ 0 & 0 & 1 & 0 \end{bmatrix} \begin{bmatrix} x \\ y \\ z \\ 1 \end{bmatrix} \tag{4-13}$$

3. RCS 与 PCS 之间的数学变换

如图 4.4 所示，(u,v)是以像素为单位的 PCS 中的坐标，(x',y')则是以毫米为单位的 RCS 中的坐标。RCS 中原点 O 位于摄像机主光轴和二维像面交汇处，这个交点叫作主点，如果 O 处于 PCS 中的坐标记为(u,v)，任意一个像素在 x 轴方向的尺寸大小表示 d_x，在 y 轴方向上的尺寸大小表示 d_y，则图像中每个像素处在 RCS 和 PCS 下都可以进行如下的数学转换：

$$\begin{bmatrix} u \\ v \\ 1 \end{bmatrix} = \begin{bmatrix} 1/d_x & 0 & u_0 \\ 0 & 1/d_y & v_0 \\ 0 & 0 & 1 \end{bmatrix} \begin{bmatrix} x' \\ y' \\ 1 \end{bmatrix} \tag{4-14}$$

把式(4-2)代入式(4-13)再代入式(4-14)，能够获得在 WCS 下 P 点的空间位置坐标和它被映射到二维像面处 p 的坐标(u,v)之间的数学变换过程：

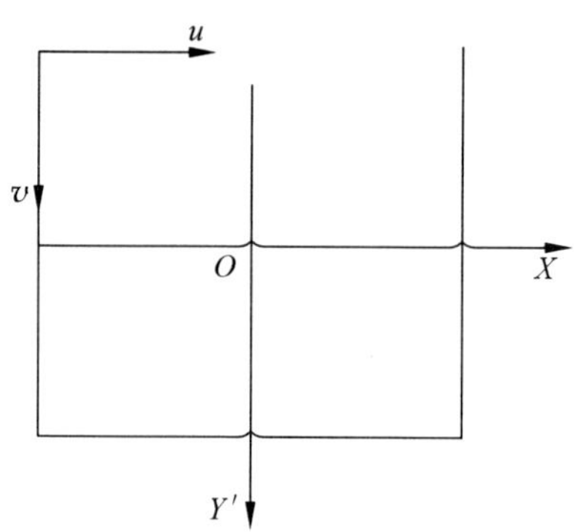

图 4.4 PCS与WCS之间的数学变换

$$z\begin{bmatrix}u\\v\\1\end{bmatrix}=\begin{bmatrix}1/d_x & 0 & u_0\\0 & 1/d_y & v_0\\0 & 0 & 0\end{bmatrix}\begin{bmatrix}f & 0 & 0 & 0\\0 & f & 0 & 0\\0 & 0 & 1 & 0\end{bmatrix}\begin{bmatrix}\boldsymbol{R} & \boldsymbol{t}\\0^{\mathrm{T}} & 1\end{bmatrix}\begin{bmatrix}X\\Y\\Z\\1\end{bmatrix}$$

$$=\begin{bmatrix}a_x & 0 & u_0 & 0\\0 & a_y & v_0 & 0\\0 & 0 & 1 & 0\end{bmatrix}\begin{bmatrix}\boldsymbol{R} & \boldsymbol{t}\\0^{\mathrm{T}} & 1\end{bmatrix}\begin{bmatrix}X\\Y\\Z\\1\end{bmatrix}=\boldsymbol{M}_1\boldsymbol{M}_2\boldsymbol{W}_h=\boldsymbol{M}\boldsymbol{W}_h \tag{4-15}$$

式中：$a_x=f/d_x$，$a_y=f/d_y$；$\boldsymbol{M}$ 为 3×4 矩阵，称为投影矩阵；矩阵 $\boldsymbol{M}_1$ 叫作摄像机内部参数矩阵，由 a_x，a_y，u_0 和 v_0（a_x，a_y 是尺度因子，u_0，v_0 是主点坐标）等参数确立，摄像机的内部构造决定着这些参数值。需要注意的是，在某些文献中，内部参数矩阵的形式为

$$\boldsymbol{M}_1=\begin{bmatrix}a_x & \mu & u_0\\0 & a_y & v_0\\0 & 0 & 1\end{bmatrix} \tag{4-16}$$

式中：μ 表示 u 轴和 v 轴的不垂直因子，则矩阵 $\boldsymbol{M}_1$ 由 a_x，a_y，μ，u_0，v_0 5 个参数决定。矩阵 $\boldsymbol{M}_2$ 为摄像机外部参数矩阵，包含 6 个参数，并且这些参数仅与世界坐标系下的摄像机空间位置相关联；$\boldsymbol{W}_h$ 表示目标点处于 WCS 中的齐次坐标。

4.3 单目测距原理

单目测距依赖于建立的数学模型，这种模型一般只能应用于特定的环境或场景，所以限制了单目测距的发展。

单目测距模型如图 4.5 所示。其中，J 为摄像机位置；摄像机像平面高度为 ge，等于 H；O_0 是像平面的中点，且 JO_0 是摄像机的焦距 f。JO_0 是 ge 的中垂线，JO

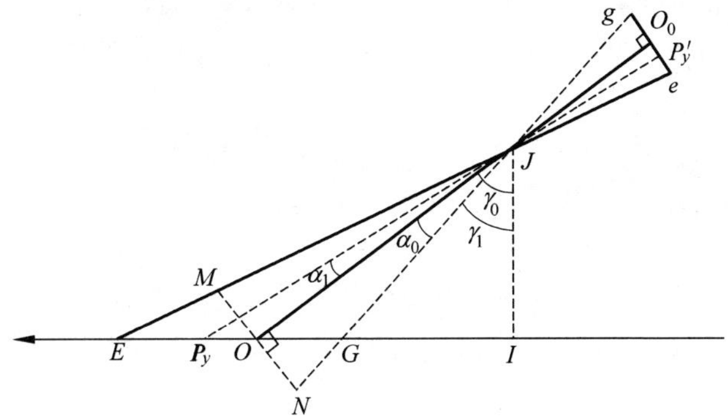

图 4.5 单目测距模型示意图

是 MN 的中垂线。P_y' 是 P 点 y 轴方向分量 P_y 在像平面的投影。假设摄像机的垂直视角范围为 $2\alpha_0$，俯仰角为 γ_0。

摄像机视野范围内最近点到摄像机的距离可以通过测量得到。通过角度 $\alpha_0+\gamma_0$ 的正切关系得到测量距离：

$$\gamma_1=\arctan\frac{GI}{h} \tag{4-17}$$

$$\alpha_0=\arctan\frac{H}{2f} \tag{4-18}$$

$$\alpha_1=\arctan\frac{p_y-y_0}{f} \tag{4-19}$$

由式(4-17)、式(4-18)、式(4-19)，可以得到 p_yI 的长度 d 为

$$d=\frac{h}{\tan\left(\arctan\dfrac{GI}{h}+\arctan\dfrac{H}{2f}+\arctan\dfrac{p_y-y_0}{f}\right)} \tag{4-20}$$

由于摄像机像平面的物理坐标原点在图像中点，单位是毫米；而处理图像时，图像像素坐标原点在左上角，单位是像素，如图 4.6 所示。

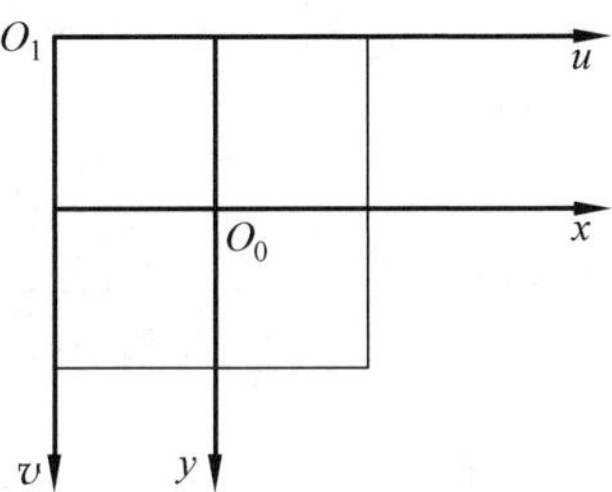

图 4.6 像素坐标和物理坐标转换示

图像像素坐标和物理坐标之间的转换为

$$u=s_x\times x+u_0 \tag{4-21}$$

$$v=s_y\times y+v_0 \tag{4-22}$$

式中：u_0、v_0 为图像物理坐标原点；s_x、s_y 为像元尺寸。

将式(4-21)和式(4-22)代入式(4-20)，可得到测距公式为

$$d=\frac{h}{\tan\left(\arctan\dfrac{GI}{h}+\arctan\dfrac{V}{2f_y}+\arctan\dfrac{v-v_0}{f_y}\right)} \tag{4-23}$$

式中：V 为图像像素高度，若采用 1600×1200 分辨率的摄像机，$V=1200$；v 为图像中被测目标的 x 方向坐标，可由图像读取；v_0、f_y 为摄像机的内部参数，可由摄像机标定获得。

4.4 平行型双目摄像机测距原理

平行型双目摄像机的测距在双目立体视觉中属于比较简单的测距模型。在这个测距模型中，要求两个摄像机光轴完全平行并且高度一致，另外成像平面也需要在同一平面上，如图 4.7 所示。

图 4.8 是平行型双目摄像机的测距原理。左右摄像机主光轴彼此平行且都平行于 z 轴，它们光心间相距为 B，这个 B 叫作基线距离。图中摄像机焦距是 f，c_l、c_r 是左右两台摄像机光心，三维目标点 P 投影到左右二维像平面点是 P_l、P_r，其坐标 $P_l=(x_l,y_l)$，$P_r=(x_r,y_r)$。由于它们的主光轴完全平行并且高度一致，所得像面也处于相同平面，因此三维目标点 P 处于两张图像中的 y 方向具有相同坐标，可以用 $y_l=y_r=y$ 表示，则由三角几何关系得到

$$x_l=f\frac{x_0}{z_0} \tag{4-24}$$

$$x_r=f\frac{x_0-B}{z_0} \tag{4-25}$$

$$y=f\frac{y_0}{z_o} \tag{4-26}$$

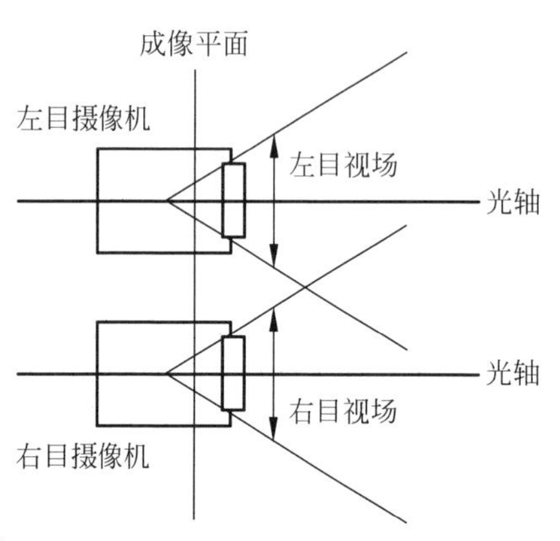

图 4.7 平行型双目摄像机模型

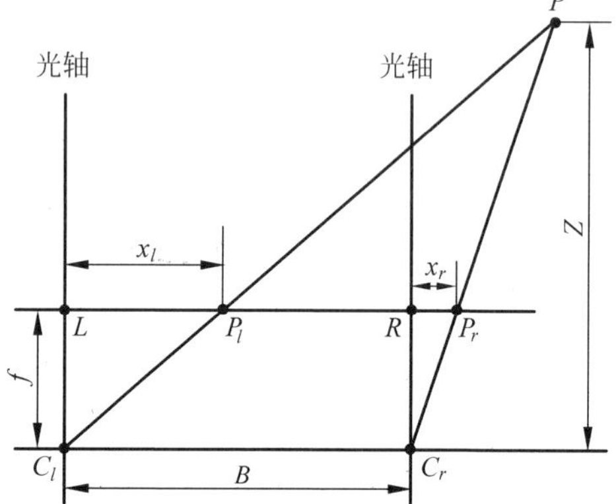

图 4.8 平行型双目摄像机测距原理

视差为：$\text{Disparity}=x_l-x_r$。所以现实世界中目标待测点 P 处于摄像机坐标系内的空间坐标是

$$x_0=\frac{B\cdot x_l}{\text{Disparity}} \tag{4-27}$$

$$y_0=\frac{B\cdot y}{\text{Disparity}} \tag{4-28}$$

$$z_0=\frac{B\cdot y}{\text{Disparity}} \tag{4-29}$$

所以，对于左摄像机图像中任何一点，如果能够从右摄像机图像中找到与其相对应的匹配点，都能计算得到此点的深度距离 $z=z_0$ 及空间坐标(x_0,y_0,z_0)。

4.5　立体匹配

在双目立体视觉测距中，立体匹配是最为关键的核心算法。通过对双目摄像机采集的左右图像进行立体匹配得到目标物的左右成像点之间的一一对应关系，由匹配点的相对位置获取匹配点之间的像素差，即视差。再根据相似三角形测量原理和投影模型就可以由视差计算得到匹配点的深度信息。进而通过对全局图像的立体匹配获得前方图像的视差图和对应的深度图，然后提取目标物相对于双目摄像机的深度距离。

4.5.1　立体校正

根据双目立体视觉测距原理，标准的双目立体视觉模型是由两个内部参数完全相同的摄像头严格横向平行固定在同一水平面上的，两个摄像头的光轴相互平行，且成像平面处于同一平面。但实际使用的双目立体摄像机往往会存在一定的安装误差，这一点从双目摄像机立体标定得到的右摄像头相对于左摄像头的旋转矩阵和平移向量中可以看出，这将会对双目立体视觉测距的精度产生较大的影响。为了得到标准的双目立体视觉模型，就需要对采集的双目图像进行立体校正，使得立体匹配算法处理的是严格行对准的双目图像。这样在进行立体匹配时，立体匹配算法可以通过极线约束原则对右图像上匹配点的搜索方式由二维搜索变为成一维搜索，大大提高立体匹配的快速性与准确性。

在我们的双目摄像系统中，每个摄像机都有自己的光学中心，分别命名为 o_l 和 o_r。世界坐标系中的坐标点 p 视图，其在左屏和右屏图像平面上的投影点分别是 p_l 和 p_r。如图 4.9 所示，将成像平面 A 上右光学中心的投影点定义为主极。e_l、e_r 是左、右像平面在摄像机基线的交点，进而可以推导出，左图像上每个像素点在右影像

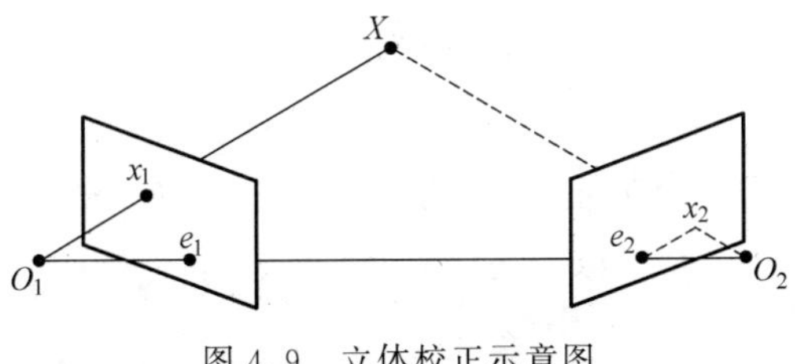

图 4.9　立体校正示意图

上的同名点一定在该像点所在平面与右图像的交线上，这就是极线约束。根据极线约束，给定一幅图像中的一个特征，其在另一幅图像中的匹配视图必须沿着对应的外极线。在此基础上，简化了从二维搜索到一维搜索左、右图像对应特征点的过程。

立体校正工作的目的是找到左、右图像平面之间的变换关系，即得到两个图像平面的旋转矩阵和平移矩阵，从而使两像平面满足外极约束。对于世界坐标系中任意一点 P 的三维坐标，都可以得到点 P 在左、右摄像机坐标系中的坐标。

$$\boldsymbol{p}_l=\boldsymbol{R}_l\boldsymbol{p}+\boldsymbol{T}_l \tag{4-30}$$

$$\boldsymbol{p}_r=\boldsymbol{R}_r\boldsymbol{p}+\boldsymbol{T}_r \tag{4-31}$$

$$\boldsymbol{p}_l=\boldsymbol{R}^{\mathrm{T}}(\boldsymbol{p}_r-\boldsymbol{T}) \tag{4-32}$$

因此可以推导出

$$\boldsymbol{R}=\boldsymbol{R}_r(\boldsymbol{R}_l)\boldsymbol{T} \tag{4-33}$$

$$\boldsymbol{T}=\boldsymbol{T}_r-\boldsymbol{R}\boldsymbol{T}_l \tag{4-34}$$

式中：$\boldsymbol{R}$ 和 $\boldsymbol{T}$ 是旋转矩阵和平移矩阵，描述了左右摄像机坐标系之间的坐标转换关系。通过对右摄像机的单摄像机标定，可以得到旋转矩阵和平移矩阵。同样，$\boldsymbol{R}_l$ 和 $\boldsymbol{T}_l$ 是左摄像机相对于世界坐标系的旋转和平移矩阵。

为了保持左、右图像平面满足外极线约束，我们引入基本矩阵，导出了左、右图像平面上观测位置 b 之间的关系式。这个关系可以用来定义基本矩阵，我们首先考虑 b 和 p 点物理位置之间的关系，这个位置可以在两个摄像机的坐标系中观察到。这种关系可以用极线几何来建立，就像我们之前讲过的。立体标定完成后，可以得到用于描述图像左右平面变换关系的旋转矩阵和平移矩阵。因此，我们采用 Bouguet 算法进行校正，使左、右图像平面满足外极约束。在此基础上，可以对左、右图像平面的像素线进行正确对齐。对相应的特征点进行匹配，得到立体视差图。在此基础上，可以实现物体与摄像机之间的距离测量。

对拍摄的图像进行双目立体校正(图 4.9)。在实际拍摄中，两个摄像机拍摄的图像几乎不可能严格的前向平行对准，会有图像的相对旋转以及各个图像的畸变，通过数学计算，进行校正，从而将左、右摄像机图像校正为前向平行对准。

对于图像的校正部分，拟采用 Bouguet 立体校正算法，具体实施步骤如下：

(1) 对右目图像相对于左目图像的旋转矩阵 $\boldsymbol{R}$ 分解成左、右摄像机的合成矩阵；

(2) 将左右摄像机各旋转一半，使得左、右摄像机的光轴平行，此时左、右摄像机的成像面达到平行，但是基线与成像平面不平行；

(3) 通过右摄像机相对于左摄像机的偏移矩阵 T 构造变换矩阵使基线与成像平面平行；

(4) 通过合成旋转矩阵与变换矩阵相乘获得左、右摄像机的整体旋转矩阵，左右摄像机坐标系乘以各自的整体旋转矩阵就可使左、右摄像机的主光轴平行，且像平面与基线平行；

(5) 通过上述两个整体旋转矩阵，就能够得到理想的平行配置的双目立体图像。

校正后根据需要对图像进行裁剪，需重新选择一个图像中心和图像边缘，从而让左、右叠加部分最大。

立体校正要求校正的是无畸变的图像，所以要先通过单目标定中得到的摄像头畸变系数分别消除左右摄像头拍摄的图像的径向和切向的镜头畸变。消除镜头畸变后，使用 OpenCV 中的 stereo Rectify()函数对双目图像进行立体校正。将双目标定中得到的左、右摄像头的旋转矩阵和平移向量等数据传入立体校正函数后，经过立体校正，可以得到经过旋转和重投影映射的行对准的双目图像。图 4.10(a)所示为原双目图像，图 4.10(b)为经过立体校正后的双目图像。

(a)

(b)

图 4.10　立体校正比较图

(a) 立体校正前原双目图像；(b) 立体校正后的双目图像

图 4.10(b)中画出了一系列的水平线，表明双目图像经过立体校正后是严格行对准的，这对立体匹配算法快速且精确地搜寻匹配点得到视差数据有重要的意义。程序如下：

```
void cv::initUndistortRectifyMap(
cv::InputArray   cameraMatrix,        // Camera intrinsics matrix
cv::InputArray   distCoeffs,          // Camera distortion coefficients
cv::InputArray   R,                   // (Optional) 3×3 rectification // transformation
cv::InputAiray   newCameraMatrix      // New camera matrix usually from cv::stereoRectify()
cv::Size   size,                      // Undistorted image size
int        multiple                   // Method for encoding result maps
cv::OutputArray map1                  // First output undistortion map
cv::OutputArray map2                  // Second output undistortion map
);
```

cv::initUndistortRectifyMap()函数以 3×3 的摄像机矩阵 cameraMatrix，5×1 的摄像机畸变参数 distCoeffs，3×3 的旋转矩阵 $\boldsymbol{R}$ 和经过标定的 3×3 的摄像机矩阵

newCameraMatrix 作为输入。如果使用 cv::stereoRectif y()标定立体摄像机,则可以直接从 cv::stereoRectify()中读取并输入 cv::initUndistortRectifyMap(),先使用左参数,以校正左摄像机,之后利用右参数校正右摄像机。对于 cameraMatrix,使用 cameraMatrixl 或者 cameraMatrix2。对于 newCameraMatrix,可以使用 cv::stereoRectify()中 3×4 矩阵 **R** 的前三列。

另一方面,如果我们使用 cv::stereoRectifyUncalibrated()来标定立体摄像机,则必须对单应矩阵进行适当的预处理。尽管原则上和实际中可以不使用摄像机内部参数进行立体校正,OpenCV 没有可以直接进行这种操作的函数。如果在之前的标定中没有得到 newCameraMatrix,则正确的步骤是将 newCameraMatrix 设置为与 CameraMatrix 相等。之后,对于 cv::initUndistortRectifyMap()中的 **R**,需要分别对左右标定计算:

$$\boldsymbol{R}_{\text{rectJ}} = \boldsymbol{M}_{\text{rectJ}}^{-1} \cdot \boldsymbol{H}_1 \cdot \boldsymbol{M}_1 \tag{4-35}$$

最后,还需要每个摄像机的畸变系数,以填入 5×1 的参数 distCoeffs。

参数 size 指明了图像无畸变的大小(因此可产生映射数组的大小)。参数 mltype 决定映射格式的产生,可以设置为 CV_32C1 或 CVJL6SC2,并且分别生成浮点型或整型的映射。

函数 cv::in it Undistort Rect if yMap()返回查找映射表 map1 和 map2 作为输出,这些映射表说明该从什么地方为每个目标图像插值源像素。映射表可以直接插入 cv::remap()中,函数 cv::initUndistortRectifyMap()分别被左右摄像机调用,使得我们可以获得它们不同的重映射表 map1 和 map2。然后可以调用函数 cv::remap(),先使用左侧再使用右侧的映射,每次获得新的左、右立体图像进行校正。

4.5.2 边界延拓

在立体匹配的过程中,为保证左图的像素点能在右图中按照设定的视差匹配窗口向左搜寻到对应点,OpenCV 只从右图的第(num Disparity-1+min Disparity)列开始向右计算视差,第 0 列到第(num Disparity-1+min Disparity)列的区域没有有效的视差数据,这样得到的视差图将小于摄像头的视场范围。这里对立体校正后的双目图像进行边界延拓,将左、右图像的左侧分别延宽 numDisparity 列像素,然后对延拓边界后的双目图像进行立体匹配。这样得到的视差图的有效范围就能够与原双目视图范围对应,并尽可能地匹配到第 0 列到第(num Disparity-1+min Disparity)列区域的对应点。

4.5.3 匹配策略

立体匹配算法根据采用的最优化匹配策略的不同,主要分为两大类:全局立体匹配算法和局部立体匹配算法。全局立体匹配算法基于全局最优化理论计算视差,对整个图像的数据信息进行计算,在整幅图片中搜索使全局能量函数最小的匹配点,可以比较好地解决图像中不确定区域的匹配问题，达到全局最优解，以得到较高精度的视差值。但其缺点是算法运行时间过长，无法满足实时计算的要求。而局部立体匹配算法采用局部最优化理论计算视差，提取待测点周围的局部信息进行计算，通过最优化局部能量函数搜索得到最佳匹配点，计算视差值。与基于全局的立体匹配算法相比，局部立体匹配算法得到的视差值准确度要低一些，对无纹理区域和视差不连续区域的匹配效果不理想，但其计算复杂度低、运行速度快，适用于对实时性要求较高的场景中。在双目立体视觉汽车测距系统的实际应用中，一个实时快速运算的立体匹配算法比一个高精度但运行耗时长的立体匹配算法更为重要。因此，本书主要依据局部最优化搜索策略，提取左图像中待测点所在一定区域内的灰度信息，在右图中选取合适大小的窗口，并以一定的规律移动，将窗口区域内的图像信息依次与左图中待测点区域进行比较，当此局部区域的相似性最高且满足视差要求时，左、右图像中两个区域是相互匹配的，匹配区域的中心点即为匹配点。

4.5.4 匹配基元

双目立体匹配需要在双目图像中提取合适的图像信息作为匹配基元。目前常用于局部立体匹配算法的匹配基元主要有图像区域、图像特征和图像相位。

1. 基于图像区域的立体匹配

图像区域匹配算法是基于光学测量不变性原理，以待匹配点为中心，提取一定邻域窗口内的像素灰度作为匹配基元，基于图像区域的立体匹配算法可以得到较稠密的视差图，且过程相对容易实现。但对于匹配区域窗口的大小和形状的选择影响着立体匹配算法的匹配精度和速度，如果选择的窗口过小，则能提取的图像信息过少不足以精确匹配，对无纹理区域的匹配精度较低；而选择的窗口过大，不仅会增加匹配时的计算量，而且在灰度值不连续的地方容易产生误匹配。因此，对图像区域匹配算法的研究主要集中在对窗口的构建上，主要包括有固定窗口算法、多窗口关联算法和自适应窗口算法。

2. 基于图像特征的立体匹配

图像特征匹配算法是基于几何不变性原理，匹配基元可以采用点、线段、边缘、轮廓等局部图像特征，也可以使用图像结构或多边形等全局特征作为匹配基元与全局立体匹配算法结合使用。基于图像特征的立体匹配算法解决了对深度不连续和无纹理区域的匹配问题。但对图像特征的提取影响着特征匹配的性能，图像中的局部特征往往较为稀疏，因此对图像特征进行匹配得到的视差图也较为稀疏。要得到稠密的视差图必须加入较为复杂的插值估计过程，在此基础上改进的图像特征匹配算法主要有分级特征匹配和分段特征匹配两类。

3. 基于图像相位的立体匹配

图像相位是根据傅里叶平移定理对带通滤波后的时空-频域定位性的基元信号

相位信息进行处理，搜索局部相位相等的对应点，匹配得到像对之间的视差。作为匹配基元的相位信息反映了信号的结构信息，能有效地减小图像的高频噪声和畸变对立体匹配的影响，适用于并行处理，可获得亚像素级精度的视差图，目前主要有相位差-频率和相位相关法两类算法。但图像相位匹配算法的准确性会受到相位奇点和相位卷绕问题的影响，而且实现过程相对复杂。

4.5.5 约束准则

在实际成像环境中，在获取双目图像时，受光学噪声、成像畸变、重复性纹理、深度不连续等因素的影响，左右摄像头对同一场景的成像会存在一定的差异，这会给立体匹配带来很大的误差。针对选取匹配基元时面对的这些不利因素，立体匹配算法需要加入一些约束条件，来消除误匹配，提高匹配效率。根据双目图像获取过程中的几何学和光度测定学原理，本书基于图像几何对立体匹配算法搜索匹配点进行约束。

主要的约束准则有以下 5 种：

1. 极线约束

空间中一点在左右像平面上的两个投影点一定位于同一极线上，这样便将对匹配点在图像上的二维搜索限制为在一条极线上的一维搜索，在降低数据计算量的同时降低了误匹配率。

2. 唯一性约束

物体在参考图像上的每一个像点，最多只能与待匹配图像上的一个像点对应匹配，唯一性约束是立体匹配算法可行的基础。

3. 几何相似性约束

两幅图像中提取的特征的几何特性相差不大，例如区域轮廓、线段长度或方向几何相似性约束是基于特征的局部立体匹配算法的核心。

4. 透视投影约束

大部分匹配算法根据透视投影建立图像模型，仅少数文献使用正投影模型。

5. 光度测定学相容性约束

由于光源、表面法线和摄像机位置之间角度的关系，左、右图像中对应点的灰度值不一定完全相同但一定相似；反之，具有相同或相似灰度值的图像点不一定是空间中同一点的投影。相容性是对应匹配点相似性的度量，图像区域匹配和定义相似性度量函数得到稠密视差图的立体匹配算法均基于此约束。

4.5.6 相似性度量准则

立体匹配算法搜索匹配点时将待匹配图像的匹配基元与参考图像的匹配基元进行对比，就需要对待匹配图像与参考图像的匹配基元之间的相似程度进行定量评判，使用相似性度量准则确定最优匹配点。相似性度量准则是针对匹配区域窗口内像素点的信息，定义一个相似性度量函数，计算匹配代价值，在约束范围内求取函数极小值，即为最优匹配点。

记 $C(u,v,d)$ 为左图像上像素点 $I_l(u,v)$ 和右图像上像素点 $I_r(u+d,v)$ 之间的匹配代价值，即相似性度量函数值，W 为左图中以待匹配点为中心的邻域窗口，$I_l(u+i,v+j)$ 和 $I_r(u+i+d,v+j)$ 分别为左、右图像中匹配窗口内各个像素的灰度值，$I_l(u,v)$ 和 $I_r(u+d,v)$ 为窗口内像素灰度值的均值，d 为视差值。以下为几种常用的度量匹配基元相似性的函数计算公式。

(1) 像素灰度差的绝对值之和(SAD)函数：

$$C(u,v,d)=\sum_{(i,j)\in W}|I_l(u+i,v+j)-I_r(u+i+d,v+j)| \tag{4-36}$$

(2) 像素灰度差的平方和(SSD)函数：

$$C(u,v,d)=\sum_{(i,j)\in W}[I_l(u+i,v+j)-I_r(u+i+d,v+j)]^2 \tag{4-37}$$

(3) 零均值 SAD(Zero mean SAD)函数：

$$(u,v,d)=\sum_{(i,j)\in W}|[I_l(u+i,v+j)-I_l(u,v)]-[I_r(u+i+d,v+j)-I_r(u+d,v)]| \tag{4-38}$$

(4) 归一化互相关(NCC)函数：

$$C(u,v,d)=\frac{\sum_{(i,j)\in W}I_l(u+i,v+j)\cdot I_r(u+i+d,v+j)(i,j)}{\sqrt{\sum_{(i,j)\in W}I_l^2(u+i,v+j)\cdot\sum_{(i,j)\in W}\cdot I_r^2(u+i+d,v+j)}} \tag{4-39}$$

(5) Rank 变换求取匹配搜索窗口内像素灰度小于中心点像素灰度的像素个数，函数式为

$$(u,v,d)=I_{l\text{Rank}}(u,v)-I_{r\text{Rank}}(u+d,v) \tag{4-40}$$

$$I_{l\text{Rank}}=\sum_{(i,j)\in W}I_l(u+i,v+j)<I_l(u,v) \tag{4-41}$$

4.5.7 立体匹配视差测距

(1) 预过滤以使图像亮度归一化，并增强纹理。

(2) 使用 SAD 窗口，沿着水平极线进行匹配查找。

(3) 后置滤波以消除不良对应匹配。

在预过滤一步，将输入图像归一化以减少亮度差异并增强图像纹理。之后通过滑动 SAD 窗口计算匹配。对于左图像中的每一个特征，在右图像中查找对应行以实现最优匹配。校正之后，每一行都是一条极线，因此右图像中的匹配位置一定沿着左图像中的相同行(同一 y 坐标)，如果特征具有足够强度的纹理可以识别并且在右摄像机视图中未被遮挡，匹配位置就可以找到。如果左侧特征像素坐标位于(x_0,y_0)，

那么对于水平前向平行的摄像机排列，匹配(如果有)一定会在相同行或 X_0 左侧找到，对于前向平行摄像机，为零视差，并且左侧视差更大。对于彼此之间成角度的摄像机，匹配可能发生在负视差(位于 X_0 右侧)。算法需要被告知产生最小视差的位置。

然后通过预先选择的视差数进行视差搜索，以像素计数(默认为 64 像素)。视差具有一个离散的亚像素精度，等于低于单个像素级别的 4 位分辨率。当输出图像是一个 32 位浮点图像时，将返回非整型视差。当输出图像是一个 16 位整型时，视差将以 4 位定点形式返回(即乘以 16 并舍入为整数)。

设置最小视差和待查找的视差个数建立一个双目视界，这个三维体被立体算法的搜寻范围所覆盖。图 4.11 展现了起始于 3 个不同视差限制的 5 个像素的视差搜索极限：20,17 和 16。每个视差极限定义了一个距摄像机固定深度的平面(图 4.12)。如图 4.11 所示，每一个视差极限与视差个数相结合设置了可以检测深度的不同的双目视界。在范围之外，不能获得深度，并且在深度图上表现为一个“洞”，其中深度是未知的，可以通过减少摄像机之间的基线距离，减少焦距，增加立体视差查找范围，或增加像素宽度来扩大双目视界。

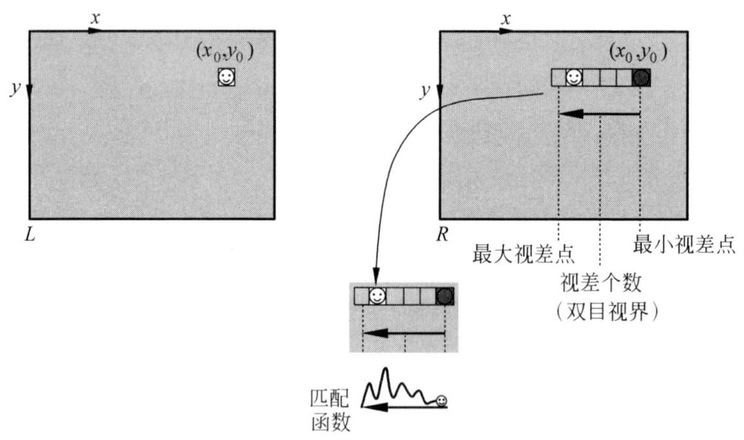

图 4.11　视差示意图

任何一个左侧图像特征的右侧图像匹配点必须产生于相同行，并且开始于(或者位于其左侧)相同的坐标点，其中匹配查找起始于最小视差点(在这里是 0)，向左移动视差个数的位置；基于窗口特征匹配函数示意图如图 4.12 所示。

每条直线表示整型像素从 20 至 12 变换时的恒等视差平面；5 个像素内的视差搜索范围将覆盖不同的双眼视界范围，如垂直箭头所示，并且不同的最大视差产生不同的双眼视界。

双目视界内部的对应有一个内置约束，称为“顺序约束”，它简单表示特征的顺序不能从左侧视图变化到右侧。可能存在缺失的特征，成因归于遮挡和噪声，在左侧查找到的一些特征不能在右侧找到，但是这些搜索到的特征的顺序保持相同。同样，许多右侧的特征与左侧的不同(称为“插入”),尽管它们可能会扩散这些特征,但是插入不影响特征的顺序。图 4.13 所示的过程反映了顺序限制,其中特征被匹配在一条水平扫描线上。

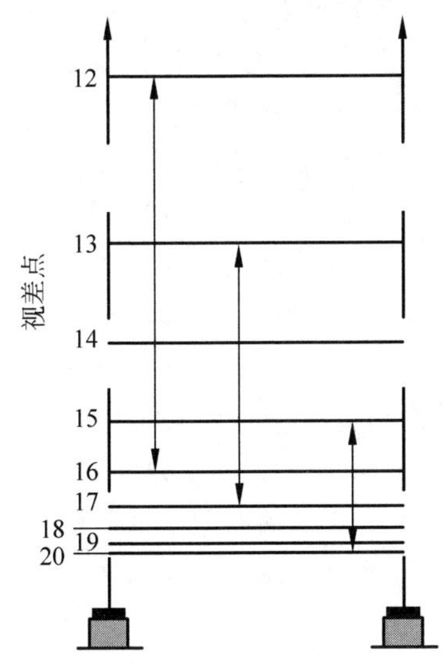

图 4.12 基于窗口特征匹配的特性匹配示意图

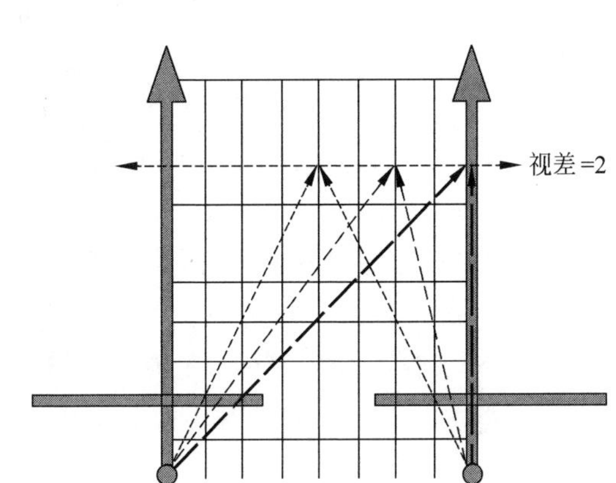

图 4.13 固定的视差形成与摄像机之间固定距离的平面

已知最小允许视差增量 Δ_d,可以使用以下公式确定最小可实现的深度范围分辨率:

$$\Delta_z = \frac{z^2}{f \cdot T_x} \Delta_d \tag{4-42}$$

记住这个公式是很有用的,因为你可以知道从立体试验台中能期待获得哪种类型的深度精度。匹配后,我们转向后过滤处理。注意,匹配通常具有强烈的中心峰被副瓣所包围的特征。一旦获得两个视图之间的待选特征匹配,就可以使用后过滤处理防止错误匹配。OpenCV 通过 uniqueness ratio 参数的概念来使用匹配功能模式,该比例基本上实现当前像素的匹配值大于通过某种余量观察得到的最小匹配值的要求。

为了确保有足够的纹理来克服匹配过程中的随机噪声,OpenCV 同时还会尝试使用纹理阈值。这只是对 SAD 窗口响应的一个约束,以确保响应值低于某个最小值的匹配不予考虑。

最后,基于块的匹配可能在物体边缘产生问题,因为匹配窗口捕获一侧的前景和另一侧的背景。这种导致同时产生大小视差的局部区域称为“散斑”。为了防止这种边界匹配,可以在散斑窗口上设置散斑检测器。

根据双目立体视觉汽车测距系统在实际应用中的实时性要求,本书采用局部最优化搜索策略，通过对待匹配点邻域的局部信息进行计算，搜索使局部能量函数最小化的匹配点得到最优的视差值，在满足一定精度要求的前提下实现双目立体视觉系统的实时测距。在图像预处理过程中，已经对双目图像进行了灰度预处理。在匹配基元的选择上，采用图像区域作为基元，提取以待匹配点为中心的一定区域窗口内的像素灰度进行立体匹配。将左图像设为参考图像，以左图中的像素点(x_0, y_0)为锚点，构造一个 5×5 的小窗口，获取窗口覆盖区域内所有像素点的灰度值，作为匹配基元信息。在进行立体匹配之前，双目摄像头获取的左、右图像已经过立体校正，为严格行对准的双目图像，根据极线约束准则，左图中像素点(x_0, y_0)对应在右图中的匹配点一定也在右图的 y_0 行。将立体匹配的最小视差参数 minDisparity 设为 0(即无穷远处的三维空间点在双目图像中的左右成像点视差为 0)，那么立体匹配算法的匹配区域窗口将从右图的像素点 $A(x_0, y_0)$开始进行立体匹配。同样用一个 5×5 的窗口覆盖以 $A(x_0, y_0)$为中心的区域，提取窗口区域内所有像素点的灰度值，并使用绝对误差累计 SAD 函数求出与左图中窗口区域内所有像素点的灰度差的绝对值之和，计算匹配误差，度量左、右两个窗口区域的相似性。然后移动右图中的匹配窗口，在极线约束下，开始在 y_0 行从右向左逐像素进行匹配，重复上述提取窗口灰度值、计算匹配误差函数的步骤，一直到设定的最大视差搜索范围(numDisparities)停止，即像素点 $C(x_0\text{-numDisparities}, y_0)$，如图 4.14 所示。

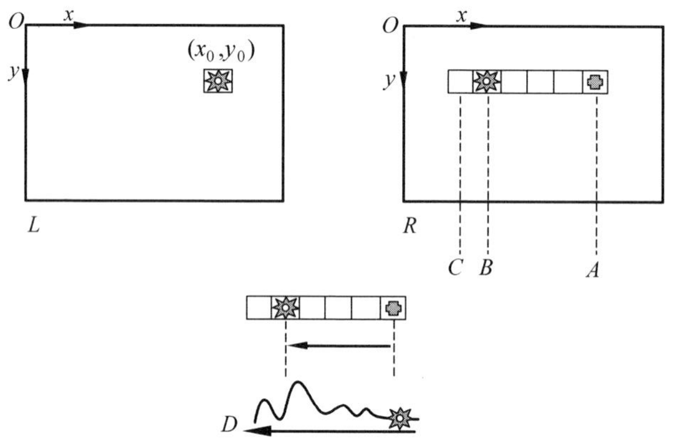

图 4.14 立体匹配搜索过程

立体匹配搜索停止之后，开始以局部能量最优化确定最佳匹配点，即匹配窗口的 SAD 函数值最小为局部能量最优，确定得到最佳匹配点 $B(x_1, y_0)$，则立体匹配的视差 $d=x_0-x_1$。

按照上述过程对整幅双目图像进行立体匹配，若能匹配出足够多的像素点，就能得到双目图像经立体匹配后的视差图。程序如下：

```
void stereo_match(int, void * )
{
```

```
    bm-> setBlockSize(2 * blockSize + 5);      //SAD 窗口大小,5~21 之间为宜
    bm-> setROI1(validROIL);
    bm-> setROI2(validROIR);

    bm-> setPreFilterSize(15);
    bm-> setPreFilterCap(31);
    bm-> setMinDisparity(0);  //最小视差,默认值为 0,可以是负值,int 型
    bm-> setNumDisparities(numDisparities * 16 + 16);
        //视差窗口,即最大视差值与最小视差值之差,窗口大小必须是 16 的整数倍,int 型
    bm-> setTextureThreshold(10);
    bm-> setUniquenessRatio(uniquenessRatio);//uniquenessRatio 主要可以防止误匹配
    bm-> setSpeckleWindowSize(100);
    bm-> setSpeckleRange(32);
    bm-> setDisp12MaxDiff(-1);
    Mat disp, disp8;
    bm-> compute(rectifyImageL, rectifyImageR, disp);     //输入图像必须为灰度图
    disp.convertTo(disp8,CV_8U,255 / ((numDisparities * 16 + 16) * 16));
        //计算出的视差是 CV_16S 格式
    reprojectImageTo3D(disp, xyz, Q, true);    //在实际求距离时,ReprojectTo3D 出来的
X / W,Y / W,Z / W 都要乘以 16(也就是 W 除以 16),才能得到正确的三维坐标信息。
    xyz = xyz * 16;
    imshow("disparity",disp8);
}
```

在上述参数中,对视差生成效果影响较大的参数是 WindowSize、numberOfDisparities 和 uniquenessRatio 3 个,一般只需对这 3 个参数进行调整,其余参数按默认设置即可。cv::StereoBM 中最重要的元素是 create。静态 create( )有两个参数,即 numDisparities 和 blocksize。参数 numDisparities 是可能被返回的不同视差的最大数(事实上,就是指探索深度)。实际上,它设置了将尝试搜索匹配的范围。第二参数 blocksize 将设置每个像素周围的区域的大小,也会计算“绝对差分符号”度量。这个值越大,找到的错误匹配越少。然而需要注意,算法的计算成本不仅与窗口面积(即窗口大小的平方)相关,还存在可能由隐含假设引起的视差实际上与窗口面积相同的问题。靠近不连续处(对象的边缘),这个假设将不成立,将有可能找不到匹配,结果将是空白区域,其中在接近对象边缘处不存在视差。随着窗口大小的增加,这些空白区域的厚度也将增加。同时,blocksize 越大,获得的深度图将越模糊,意味着视差图中对象的剪影将越平滑,以一种近似的方式捕获实际剪影。预过滤尝试从光照或其他在 SAD 度量下将导致两个图像之间错误匹配的来源中去除变量。将 uniquenessRatio 应用于 SAD 窗口,并被解释为最佳匹配与第二好匹配之间的差异程度,用于将差异考虑为明确的。参数 speckleWindowSize 和 speckleRange 共同作用,它们能后尝试过滤去除所有与其周围值本质上不同的小的、孤立的散斑。speckleWindowSize 设置了这种散斑的大小,同时 speckleRange 设置将包含在同一个散斑中的视差之间的最大差异。该参数直接与视差值进行比较。这意味着如果使

用固定精确度表示形式的视差，则该值实际上会被乘以 16。设置参数时，需要把这一点考虑进去。一旦配置好 cv::StereoBM 对象，就可以计算视差图像。重载期望获得 3 个参数：左、右图像(left 和 right)和输出图像(disparity)。产生的视差为固定点表达形式，有 4 位的局部精确度，所以在使用这些视差时需要除以 16。

4.6 本章小结

本章介绍了双目摄像机测距的原理及各个实现流程，依据三角形相似原理，再通过立体校正、立体匹配等步骤最终得到摄像机中的像素点和现实世界中点的对应关系。首先介绍了摄像机成像模型，并分别介绍了视觉测量坐标系下的 4 个基本坐标系及其之间的变换关系，在立体校正阶段采用 Bouguet 算法进行两张图片进行校正，使其在同一水平面上，进行极线约束；在立体匹配阶段，采用 BM 算法匹配进行图像匹配点的寻找，其 BM 算法误差较少且所用时间少，所以本书采用 BM 算法匹配。实验证明，该算法精度较高且时间很快可以到达实时，可以应用于车载双目摄像机测距系统。

参考文献

[1] 李舜酩，沈峘，毛建国，等. 智能车辆发展及其关键技术研究现状[J]. 传感器与微系统，2009，28(1)：1-3.

[2] 方博文. 基于双目视觉的智能驾驶汽车对于前方运动物体的检测与定位研究[D]. 太原：太原理工大学，2018.

[3] 岳海媛，解玉文，丁希仑，等. 星球探测机器人导航定位技术研究进展[J]. 机器人技术与应用，2008(3)：20-15.

[4] Fang Y，Masaki I，Horn B. Depth-based target segmentation for intelligent vehicles：fusion of radar and binocular stereo[J]. IEEE Transactions on Intelligent Transportation System，2002，3(3)：196-202.

[5] Olson C F，Abi-Rachedi H，Ye M，et al. Wide-Baseline Stereo Vision for Mars Rovers[C]// IEEE International Conference on Intelligent Robots，2003，2：1302-1307.

[6] Ali S，Shah M. COCOA：Tracking in aerial imagery [C]. Proceeding of the SPIE-The International Society for Optical Engineering，2006：1-4.

[7] 靳盼盼. 双目立体视觉测距技术研究[D]. 西安：长安大学，2014.

[8] Shibata M，Sekita T，Eto H，et al. Visual tracking control to fast moving target for stereo vision robot[C]//IEEE Advanced Motion Control，2003：271-272.

[9] Kubota，Susumu，Nakano，Tsuyoshi，Okamoto，Yasukazu. A global Optimization algorithm for real-time on-board stereo obstacle detection systems[J]. IEEE Intelligent Vehicles Symposium Proceedings，2007(6)：7-12.

[10] Toulminet G，Bertozzi M，Mousset S，et al. Vehicle detection by means of stereo vision-based obstacles features extraction and monocular pattern analysis[J]. IEEE Transactions on Image

Processing,2006,15(8):2364-2375.

[11] Sayanan Sivarman,Mohan M Trivedi. Combining monocular and stereo-vision for real-time vehicles ranging and tracking on multilane highways [C]//Conference on Intelligent Transportation System. IEEE (ITSC). 2011:1249-1254.

[12] Li X,Zhou Z,Li X,et al. Vehicle Segmentation and Speed Detection Based on Binocular Stereo Vision[C]//The Eighth International Conference on Computational Intelligence & Security. IEEE,2013:369-373.

[13] Zhang Z,Liu S,Gang X U,et al. A vehicle distance measurement based on binocular stereo vision[J]. Journal of Theoretical & Applied Information Technology,2012.

[14] 王婷婷. 基于 GPU 的双目视觉运动目标检测跟踪算法研究[D]. 哈尔滨:哈尔滨工业大学,2015.

[15] 刘晶晶. 基于双目立体视觉的三维定位技术研究[D]. 武汉:华中科技大学,2007.

[16] 倪炜基. 无人机导航中的立体视觉技术研究[D]. 南京:南京航空航天大学,2011.

[14] 王辉,邹伟,郑睿. 基于视觉的移动机器人实时障碍检测研究[J]. 计算机工程与应用,2005,41(25):46-48.

[18] 张颖江,潘尧,吴聪. 基于车载系统双目 CCD 相机测距[J]. 信息安全与技术,2016,7(1):57-62.

[19] 史珂路,田军委,雷志强,等. 基于融合动态模板匹配的双目测距算法[J]. 计算机系统应用,2018,27(11):218-223.

[20] 郭曦,谢炜,朱红秀,等. 井下目标跟踪与测距方法研究[J]. 煤炭工程,2019,51(3):117-121.

[21] 陈明明,祝永新,田犁,等. 基于 FPGA 的双目实时测距算法设计[J]. 微电子学与计算机,2018,35(10):67-71.

[22] 陈攀. 基于双目视觉的车辆检测及测距[J]. 现代计算机(专业版),2019(05):60-64+78.

[23] 管业鹏,童林夙,陈娜. 基于双目立体视觉的偏转线圈测量方法研究[J]. 电子学报,2003,31(9).

[24] 罗桂娥. 双目立体视觉深度感知与三维重建若干问题研究[D]. 长沙:中南大学,2012.

[25] 王杰. 基于双目视觉的测距系统研究[D]. 合肥:安徽农业大学,2014.

[26] 闫磊. 基于双目视觉的机器人目标定位技术研究[D]. 合肥:安徽农业大学,2017.

[27] 祝琨,杨唐文,阮秋琦,等. 基于双目视觉的运动物体实时跟踪与测距[J]. 机器人,2009,31(4):327-334.

[28] 高庆吉,洪炳熔,阮玉峰. 基于异构双目视觉的全自主足球机器人导航[J]. 哈尔滨工业大学学报,2003,35(9):1029-1032.

[29] 陈雪,张卫彬,程广涛. 基于双目立体视觉的障碍物检测方法[J]. 软件导刊,2012,11(2):146-148.

[30] 张奕然,郭承军,牛瑞朝. 智能车双目视觉辅助 CNSS 定位方法研究[J]. 计算机工程与应用,2016,52(17):192-197.

[31] 陶松,陈斌,曾勇,等. 基于双目立体视觉技术的靶板变形测试系统[C]. 全国结构工程学术会议论文集,2016:492-496.

[32] Wahab M N A,Sivadev N,Sundaraj K. Development of monocular vision system for depth estimation in mobile robot-Robot soccer[C]//Sustainable Utilization & Development in Engineering & Technology. IEEE,2011:789-792.

[33] Haris S M, Zakaria M K, Nuawi M Z. Depth estimation from monocular vision using image edge complexity [C]//IEEE/ASME International Conference on Advanced Intelligent Mechatronics, 2011: 868-873.

[34] Einhorn E, Schrter C, Gross H M. Attention-driven monocular scene reconstruction for obstacle detection, robot navigation and map building [M]. North-Holland Publishing Co., 2011.

[35] Zhang S J, Cao X B, Zhang F, et al. Monocular vision-based iterative pose estimation algorithm from corresponding feature points[J]. Science in China Series F (Information Science), 2010, 53(8): 1682-1696.

[36] Firouzi H, Najjaran H. Real-time monocular vision-based object tracking with object distance and motion estimation[C]//IEEE/ASME International Conference on Advanced Intelligent Mechatronics, 2010: 987-992.

[37] 侯国强. 基于配准算法的单目被动测距研究[D]. 西安：西安电子科技大学，2012.

[38] 周平，王从军，陈鑫. 计算机单目视觉测量系统[J]. 光电工程，2005，32(12)：90-93.

[39] 孟旭炯. 基于单目视觉的同时定位与地图重建算法研究[D]. 杭州：浙江大学，2010.

[40] 刘威，于红绯，杨恒，等. 一种新的基于单目视觉的广义障碍物检测方法[J]. 电子学报，2011，39(8)：1793-1799.

[41] 韩延祥，张志胜，戴敏. 用于目标测距的单目视觉测量方法[J]. 光学精密工程，2011，19(5)：1110-1117.

[42] Roy S, Meunier J, Cox I J. Cylindrical rectification to minimize epipolar distortion[C]//Conference on Computer Vision & Pattern Recognition. IEEE Computer Society, 1997: 790-799.

第5章

图像变换与拼接

如今,越来越多的汽车公司以全景环视系统取代传统泊车系统,前者以车外俯视视角观察汽车周围环境,具备了更少的视野盲区。全景环视系统在汽车周围架设能覆盖车辆周边所有视场范围的多个摄像头,对同一时刻采集到的多路视频处理成一幅车辆四周 360°的车身俯视图。基本的图像变换有仿射变换、透视变换、极坐标映射、直方图均衡化等,本章具体讲述如何利用图像变换与拼接来制作一幅全景环视图像,为后续介绍停车位检测技术打下基础。

5.1 图像变换

本节讲述的重点是图像变换(image transformation),即把一幅图像转换为一种新的表现形式。早在小学我们就学习过最简单的变换,比如把一张图片旋转、移动或是轴对称等;中学之后我们使用数字函数代替抽象事物,开始了解三角函数之间的变换、坐标系之间的变换等。图像变换包含等距变换、相似变换、仿射变换、射影变换等。等距变换就是将目标图片进行旋转、平移的简单操作,相似变换在等距变换基础上引入缩放操作。而本节要着重介绍的仿射变换与透视变换,在鸟瞰图视角下检测车位线时,透视变换是鸟瞰图生成中最重要的一环,二者又是包含与被包含的关系(仿射变换是透视变换的子集),因此以先仿射变换后透视变换的顺序详细讲解。

5.1.1 仿射变换

仿射变换(affine transformation),又叫仿射映射,是一个向量空间以某种变换方式到另一个向量空间的一种映射过程,其中变换方式包含平移、旋转、缩放、翻转和错切等类型。仿射变换前后的图形之间具有“平直性”和“平行性”。

平直性是指直线经仿射变换后仍然是直线,圆弧经仿射变换后仍然是圆弧。平行性指各个直线的相对位置关系保持不变,平行线经仿射变换后仍然是平行线,直线上点的位置顺序不会发生变化,向量间夹角可能会发生变化。

从一个二维向量空间 $\boldsymbol{A}$ 变换到另一个二维空间 $\boldsymbol{B}$ 常用矩阵形式表示，即 $\boldsymbol{B}=\boldsymbol{MA}$，$\boldsymbol{M}$ 为变换矩阵，在仿射变换中常用 2×3 的变换矩阵来表示：

$$\begin{bmatrix} x' \\ y' \end{bmatrix} = \begin{bmatrix} a_1 & a_2 & t_x \\ a_3 & a_4 & t_y \end{bmatrix} \begin{bmatrix} x \\ y \\ 1 \end{bmatrix} \tag{5-1}$$

将式(5-1)展开可得

$$\begin{bmatrix} x' \\ y' \end{bmatrix} = \begin{bmatrix} a_1 x + a_2 y + t_x \\ a_3 x + a_4 y + t_y \end{bmatrix} \tag{5-2}$$

展开后可以清楚地发现变换矩阵 $\boldsymbol{M}$ 中元素 a_1、a_2、a_3、a_4 负责线性变换，t_x、t_y 负责平移变换。为了让大家更清晰地了解仿射变换，接下来一一讲解其中包含的变换方式。

1. 平移变换(translation transformation)

平移变换即所有点以同一向量移动，变换矩阵为

$$\boldsymbol{M} = \begin{bmatrix} 1 & 0 & t_x \\ 0 & 1 & t_y \end{bmatrix} \tag{5-3}$$

即

$$\begin{bmatrix} x' \\ y' \end{bmatrix} = \begin{bmatrix} x + t_x \\ y + t_y \end{bmatrix} \tag{5-4}$$

如图 5.1 所示，直观效果仅仅是图案位置发生变化，形状、大小均不改变。

2. 缩放变换(scale transformation)

缩放变换将 x 轴、y 轴进行放缩，即乘上一个比例因子，变换矩阵为

$$\boldsymbol{M} = \begin{bmatrix} a_1 & 0 & 0 \\ 0 & a_4 & 0 \end{bmatrix} \tag{5-5}$$

即

$$\begin{bmatrix} x' \\ y' \end{bmatrix} = \begin{bmatrix} a_1 x \\ a_4 y \end{bmatrix} \tag{5-6}$$

如图 5.2 所示，单一的缩放变换只改变了图案的大小，位置与形状未改变。

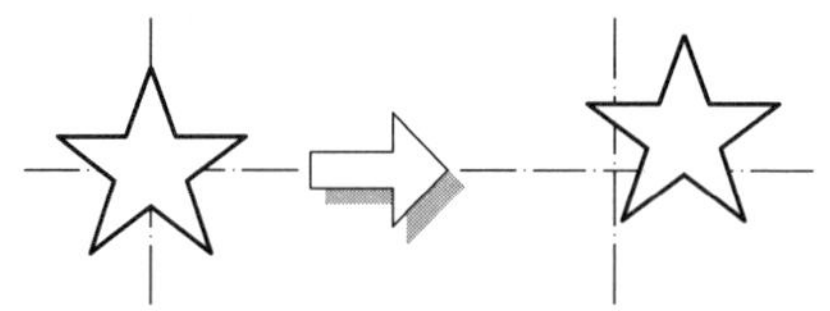

图 5.1 平移变换

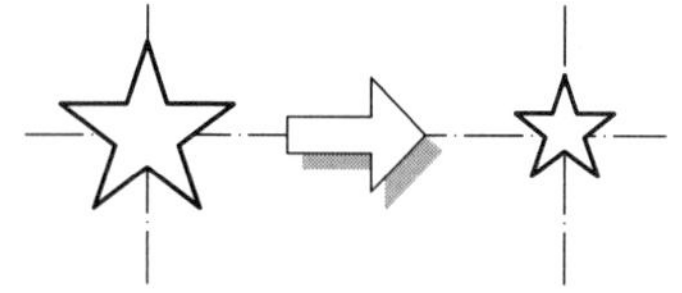

图 5.2 缩放变换

3. 错切变换(shear transformation)

错切变换又叫剪切变换，是一种数学变换，可分解为 x 方向错切变换和 y 方向

错切变换。x 方向错切变换矩阵为

$$\boldsymbol{M}=\begin{bmatrix}1 & a_2 & 0\\0 & 1 & 0\end{bmatrix} \tag{5-7}$$

即

$$\begin{bmatrix}x'\\y'\end{bmatrix}=\begin{bmatrix}x+a_2y\\y\end{bmatrix} \tag{5-8}$$

可见,保持二维图像上 y 方向坐标值不变,x 值随着对应 y 值呈线性变化,保持不变的坐标轴称作依赖轴,另一个称作方向轴。对于一次函数 $y=kx+b$,斜率 k 可用 $\tan\alpha$ 表示,α 指直线与 x 正向夹角。将式(5-8)变形可得 x'关于 y'的一次函数

$$x'=a_2y'+x \tag{5-9}$$

变换矩阵 $\boldsymbol{M}$ 中 a_2 同样可用 $\tan\alpha$ 表示,故 α 为直线与 y 轴正向夹角,如图 5.3 所示,错切变换的效果就好像是因四边形的不稳定性而发生了变形。

同理,y 方向错切变换矩阵为

$$\boldsymbol{M}=\begin{bmatrix}1 & 0 & 0\\a_3 & 1 & 0\end{bmatrix} \tag{5-10}$$

即

$$\begin{bmatrix}x'\\y'\end{bmatrix}=\begin{bmatrix}x\\a_3x+y\end{bmatrix} \tag{5-11}$$

如图 5.4 所示,y 方向错切变换使图案在垂直方向上发生推移,x 方向保持不变。

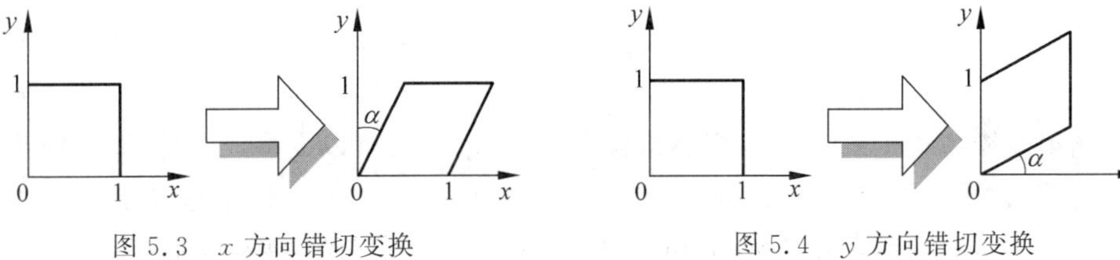

图 5.3 x 方向错切变换　　　　图 5.4 y 方向错切变换

4. 旋转变换(rotation transformation)

旋转变换,即图像围绕某点(二维空间)或某轴(三维空间)进行顺时针旋转,旋转变换矩阵为

$$\boldsymbol{M}=\begin{bmatrix}\cos\theta & \sin\theta & t_x\\-\sin\theta & \cos\theta & t_y\end{bmatrix} \tag{5-12}$$

即

$$\begin{bmatrix}x'\\y'\end{bmatrix}=\begin{bmatrix}x\cos\theta+y\sin\theta+t_x\\-x\sin\theta+y\cos\theta+t_y\end{bmatrix} \tag{5-13}$$

其中,θ 为旋转角,平移向量 $t_x=0,t_y=0$ 时围绕坐标原点旋转,如图 5.5 所示。

变换矩阵 $\boldsymbol{M}$ 中元素可通过三角函数关系得到,推导过程如下。

假设在直角坐标系下顺时针旋转一条长度为 r 的向量(x,y)，旋转角为 θ，如图 5.6 所示。

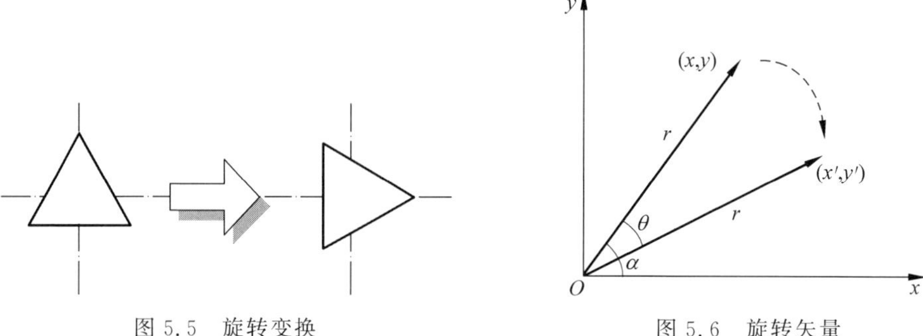

图 5.5 旋转变换

图 5.6 旋转矢量

从图中位置关系可知，原向量坐标 x、y 满足下列关系：

$$\begin{cases} x = r\cos\alpha \\ y = r\sin\alpha \end{cases} \tag{5-14}$$

旋转后向量坐标 x'，y'满足下列关系：

$$\begin{cases} x' = r\cos(\alpha - \theta) \\ \quad = r(\cos\alpha\cos\theta + \sin\alpha\sin\theta) \\ \quad = x\cos\theta + y\sin\theta \\ y' = r\sin(\alpha - \theta) \\ \quad = r(\sin\alpha\cos\theta - \cos\alpha\sin\theta) \\ \quad = y\cos\theta - x\sin\theta \end{cases} \tag{5-15}$$

仿射变换由以上几种基本变换组合而成，一个图案可以变换成多种形状，但仍然会保持着其“平直性”与“平行性”。在 OpenCV 的 imgproc 文件中包含了两个关于仿射变换的函数，分别是 warpAffine()和 getRotationMatrix2D()。前者对输入图片进行仿射变换得到输出图片，后者从字面可知是用来计算出二维旋转的仿射矩阵。

- warpAffine()函数

假设变换矩阵

$$\boldsymbol{M} = \begin{bmatrix} M_{11} & M_{12} & M_{13} \\ M_{21} & M_{22} & M_{23} \end{bmatrix} \tag{5-16}$$

则仿射变换公式为

$$\begin{aligned} \begin{bmatrix} x' \\ y' \end{bmatrix} &= \begin{bmatrix} M_{11} & M_{12} & M_{13} \\ M_{21} & M_{22} & M_{23} \end{bmatrix} \begin{bmatrix} x \\ y \\ 1 \end{bmatrix} \\ &= \begin{bmatrix} M_{11}x + M_{12}y + M_{13} \\ M_{21}x + M_{22}y + M_{23} \end{bmatrix} \end{aligned} \tag{5-17}$$

即

$$\mathrm{dst}(x,y)=\mathrm{src}(M_{11}x+M_{12}y+M_{13},M_{21}x+M_{22}y+M_{23}) \tag{5-18}$$

式(5-18)为关于 warpAffine 函数的计算公式,给定已知的二维输入图像与仿射变换矩阵,生成一幅新图像。warpAffine()函数声明如下:

```
void cv::warpAffine (InputArray    src,
                     OutputArray   dst,
                     InputArray    M,
                     Size          dsize,
                     int           flags = INTER_LINEAR,
                     int           borderMode = BORDER_CONSTANT,
                     const Scalar & borderValue = Scalar()
                     )
```

- src: InputArray 类型的输入图像,即原图像,可以使用 Mat 类型。
- dst: OutputArray 类型的输出图像,函数调用后的运算结果储存在这里,要求与输入图像 src 有相同大小的尺寸与类型。
- M: InputArray 类型的输入矩阵,表示 2×3 的仿射变换矩阵。
- dsize: Size 类型,表示输出图像的尺寸。
- flags: int 类型,表示插值方式的标识符,大多数情况下由式(5-18)计算得到的坐标不是整数坐标像素,同时也无法完全覆盖到输出图像的范围内,因此需要对结果进行插值处理,可选择的插值方法见表 5.1。默认值为 INTER_LI NEAR(线性插值)。
- borderMode: int 类型,表示边界像素模式,用来填充边界外的值。默认值为 BORDER_CONSTANT。
- borderValue: const Scalar & 类型,对超出边界的像素进行颜色设置,默认为 0。

表 5.1 warpAffine()函数 flags 参数可设置的插值方式

标 识 符	含 义
INTER_NEAREST	最近邻插值
INTER_LINEAR	双线性插值(默认)
INTER_CUBIC	三次样条插值
INTER_AREA	使用像素区域关系进行重采样。它可能是图像抽取的首选方法,因为它会产生无云纹理的结果。但是当图像缩放时,它类似于 INTER_NEAREST 方法
INTER_LANCZOS4	8×8 邻域上的 lanczos 插值
INTER_LINEAR_EXACT	位精确双线性插值
INTER_MAX	插值代码的掩码
WARP_FILL_OUTLIERS	填充所有输出图像的像素,如果部分像素落在输入图像的边界外,那么这些像素值设定为 0(fillval)
WARP_INVERSE_MAP	表示矩阵 **M** 为输出图像到输入图像的反变换,因此可以直接用来做像素插值

• getRotationMatrix2D()函数

getRotationMatrix2D()函数用于计算二维旋转变换矩阵。getRotationMatrix2D()函数声明如下：

```
Mat cv::getRotationMatrix2D(Point2f center, double angle, double scale)
```

• center：Point2f 类型，表示图像旋转的中心点。
• angle：double 类型，表示旋转角度。angle 正值时为逆时针旋转。
• scale：double 类型，表示图像缩放因子。

该函数计算公式矩阵为

$$\begin{aligned}&\text{getRotationMatrix2D}(\text{center},\text{angle},\text{scale})\\&=\begin{bmatrix}\alpha & \beta & (1-\alpha)\cdot \text{center}.x-\beta\cdot \text{center}.y\\-\beta & \alpha & \beta\cdot \text{center}.x+(1-\alpha)\cdot \text{center}.y\end{bmatrix}\end{aligned} \tag{5-19}$$

其中，

$$\begin{cases}\alpha=\text{scale}\cdot\text{cosangle}\\\beta=\text{scale}\cdot\text{sinangle}\end{cases} \tag{5-20}$$

5.1.2　透视变换

透视变换比仿射变换要更常见，当走在深远的走廊中时，人们总会注意到空间中"无限伸长"的棱，明知道这些棱都彼此平行，但看起来显然不是，这种不同可以说我们的眼睛对眼前世界做了一次透视变换，如图 5.7 所示。本应平行的线，在透视变换后不再平行，这是与仿射变换的不同之处，透视变换不能保证"平行性"（在一些情况下仍会保持其"平行性"）。透视变换是将图像投影到一个新的视平面，也称作"投影变换"。仿射变换是在二维空间之间的映射，而透视变换是从二维空间到三维空间，又到二维空间的映射，变换过程中少了一个维度，因此导致透视变换与仿射变换相比不是线性变换。

图 5.7　走廊中的透视变换

仿射变换中从向量空间 $\boldsymbol{A}$ 变换到另一向量空间 $\boldsymbol{B}$ 满足关系式 $\boldsymbol{B}=\boldsymbol{MA}$，其中 $\boldsymbol{M}$ 是一个 2×3 的变换矩阵，而在透视变换中，$\boldsymbol{M}$ 将扩展成 3×3 变换矩阵，有文献中仿射变换矩阵也是 3×3，只是第三行元素始终保持不变，即仿射变换是透视变换的特例，接下来详细介绍该变换。

前面提到，透视变换公式为 $\boldsymbol{B}=\boldsymbol{MA}$，具体则是

$$\begin{bmatrix}X\\Y\\Z\end{bmatrix}=\begin{bmatrix}M_{11}&M_{12}&M_{13}\\M_{21}&M_{22}&M_{23}\\M_{31}&M_{32}&M_{33}\end{bmatrix}\begin{bmatrix}x\\y\\1\end{bmatrix}=\begin{bmatrix}M_{11}x+M_{12}y+M_{13}\\M_{21}x+M_{22}y+M_{23}\\M_{31}x+M_{32}y+M_{33}\end{bmatrix}\tag{5-21}$$

其中，原图像坐标向量为$(x,y)^{\mathrm{T}}$，目标图像坐标向量为$(X,Y,Z)^{\mathrm{T}}$，这是从二维空间到三维空间的变换，现对目标像素点坐标3个分量同时除以Z，得到新的二维空间坐标向量$(x',y',1)^{\mathrm{T}}$，即

$$\begin{cases}x'=\dfrac{X}{Z}=\dfrac{M_{11}x+M_{12}y+M_{13}}{M_{31}x+M_{32}y+M_{33}}\\[2ex]y'=\dfrac{Y}{Z}=\dfrac{M_{21}x+M_{22}y+M_{23}}{M_{31}x+M_{32}y+M_{33}}\\[2ex]1=\dfrac{Z}{Z}\end{cases}\tag{5-22}$$

我们常令$M_{33}=1$，因此最终的坐标(x',y')计算式为

$$\begin{cases}x'=\dfrac{X}{Z}=\dfrac{M_{11}x+M_{12}y+M_{13}}{M_{31}x+M_{32}y+1}\\[2ex]y'=\dfrac{Y}{Z}=\dfrac{M_{21}x+M_{22}y+M_{23}}{M_{31}x+M_{32}y+1}\end{cases}\tag{5-23}$$

$M_{33}=1$，则变换矩阵$\boldsymbol{M}$中含有8个自由数，那么至少需要4对已知对应坐标点即可获取透视变换矩阵$\boldsymbol{M}$，这些点往往要手动选取，根据摄像机标定板在图像中的参数和实际已知参数关系确定所求矩阵$\boldsymbol{M}$。如图5.8(a)所示，在原图下的标定板中选取4个特征点(图中已用圆圈标识出)，因各个特征点之间彼此距离已知，所以目标图像的特征点坐标之间像素距离之比固定，再选取适合的平移分量确定目标图像下像素坐标，即可求出变换矩阵$\boldsymbol{M}$。OpenCV中有两个用于求取矩阵$\boldsymbol{M}$的函数，分别是getPerspectiveTransform()函数与findHomography()函数，二者功能均是找到两个平面之间的变换矩阵。前者只通过4对坐标点计算矩阵，若向量超过4对坐标点，则只取前4个坐标；而后者允许提供超过4对坐标点，计算多个坐标点对之间的最优矩阵，一般使用最小均方误差或者RANSAC方法(详见5.2.3节)，图5.8使用getPerspectiveTransform()函数，在图5.8(b)鸟瞰图下标定板的格子变回了正方形。

OpenCV中包含了两个关于透视变换的函数，分别是warpPerspective()和perspectiveTransform()。二者都需要提供已知的透视变换矩阵和输入图像(或像素坐标)，对于生成鸟瞰图往往用warpPerspective()这一函数，接下来进行具体介绍。

- warpPerspective()函数

(a)

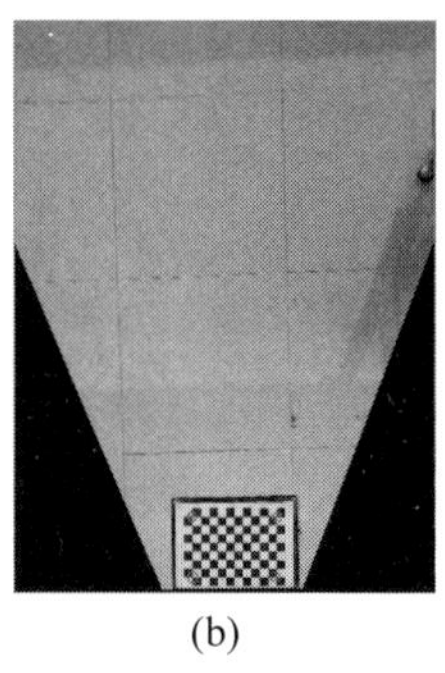
(b)

图 5.8 由 4 对点坐标得到变换矩阵

官方给出的表达式见式(5-24),其与式(5-23)表达意义相同。

$$\mathrm{dst}(x,y)=\mathrm{src}\left(\frac{M_{11}x+M_{12}y+M_{13}}{M_{31}x+M_{32}y+M_{33}},\frac{M_{21}x+M_{22}y+M_{23}}{M_{31}x+M_{32}y+M_{33}}\right) \tag{5-24}$$

其函数具体形式为

```
void cv::warpPerspective(InputArray      src,
                         OutputArray     dst,
                         InputArray      M,
                         Size            dsize,
                         int             flags = INTER_LINEAR,
                         int             borderMode = BORDER_CONSTANT,
                         const Scalar &  borderValue = Scalar()
                         )
```

- src：InputArray 类型的输入图像,即原图像,可以使用 Mat 类型。
- dst：OutputArray 类型的输出图像,函数调用后的运算结果存储在这里,要求与输入图像 src 有相同大小的尺寸与类型。
- M：InputArray 类型的输入矩阵,表示 3×3 的透视变换矩阵。
- dsize：Size 类型,表示输出图像的尺寸。
- flags：int 类型,表示插值方式的标识符。与仿射变换函数中同一参数作用相同,可选择的插值方法见表 5.1,默认值为 INTER_LINEAR(线性插值)。
- borderMode：int 类型,表示边界像素模式,用来填充边界外的值。默认值为 BORDER_CONSTANT。
- borderValue：const Scalar & 类型,对超出边界的像素进行颜色设置,默认为 0。

可见,该函数与仿射变换 warpAffine()函数极其相似,不同点在于变换矩阵由 2×3 扩展为 3×3,而插值方式、边界设置规则均相同。

- perspectiveTransform()函数

  voidcv::perspectiveTransform(InputArray src,OutputArray dst,InputArray m)

- src：InputArray 类型的输入向量，只能是二通道或三通道的向量。
- dst：OutputArray 类型的输出向量。
- m：InputArray 类型的输入矩阵，可以是 3×3 或 4×4 矩阵。若为 3×3 矩阵，则是二维空间投影到二维空间；若为 4×4 矩阵，则是三维空间投影到三维空间。

该函数负责对某些点进行投影变换，而不是整张图片，因此输入变量存储的应是坐标点而不是矩阵图像。官方注释中提到"sparse "一词，意为"稀疏的"，即如果想对整幅图像进行变换，应该用 warpPerspective()函数，而仅仅想知道图像中某点或某些点变换后坐标时，推荐使用 perspectiveTransform()函数。

5.1.3 示例程序：鸟瞰图生成

```
#include <opencv2/opencv.hpp>
#include <opencv2/highgui.hpp>
#include <opencv2/imgproc.hpp>
#include <iostream>
using namespace std;
using namespace cv;

static bool
find_the_carport(Mat originalImage)
{
    if (originalImage.empty())
    {
        cout << "Image is empty!" << endl;
        return 0;
    }
    Mat perspectiveImage;
    Point2f objectivePoints[4], imagePoints[4];
    //手动选取 4 个点
    imagePoints[0].x = 139; imagePoints[0].y = 692;
    imagePoints[1].x = 509; imagePoints[1].y = 501;
    imagePoints[2].x = 1008; imagePoints[2].y = 504;
    imagePoints[3].x = 1253; imagePoints[3].y = 703;
    double moveValueX = 0.0;
    double moveValueY = 0.0;
    objectivePoints[0].x = 160.0 + moveValueX; objectivePoints[0].y = 1080 + moveValueY;
    objectivePoints[1].x = 160 + moveValueX; objectivePoints[1].y = 680 + moveValueY;
    objectivePoints[2].x = 560.0 + moveValueX; objectivePoints[2].y = 680 + moveValueY;
    objectivePoints[3].x = 560 + moveValueX; objectivePoints[3].y = 1080 + moveValueY;
    //得到变换矩阵
    Mat transform = cv::getPerspectiveTransform(objectivePoints, imagePoints);
```

```
        //得到鸟瞰图
        warpPerspective(originalImage,
        perspectiveImage,
        transform,
        cv::Size(originalImage.rows,originalImage.cols),
        cv::INTER_LINEAR | cv::WARP_INVERSE_MAP);
        imshow("鸟瞰图",perspectiveImage);
        return true;
    }
    int main()
    {
        Mat srcimage,srcimage1;
        srcimage=imread("image1.jpg");
        imshow("原图像",srcimage1);
        find_the_carport(srcimage);
        system("pause");
        return 0;
    }
```

运行上述程序可以将图 5.9 所示的原图像变换为图 5.10 所示的鸟瞰图。

图 5.9 原图像

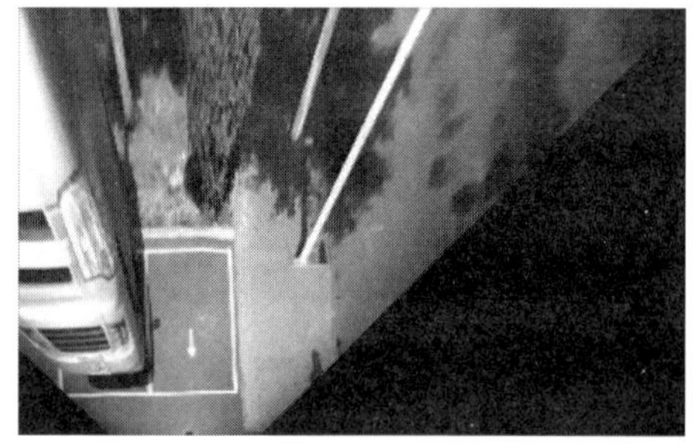

图 5.10 鸟瞰图

5.2 图像特征点匹配算法

特征点检测是计算机视觉领域中用于目标检测的重要一环,图像特征点(又称"兴趣点"或"关键点")是指图像中含有鲜明特征并能反映图像本质特征的目标物体的突出点。特征点这一概念已得到广泛的应用,其中包括目标检测、图像配准、视觉跟踪、三维重建等。图像特征点是图像中局部的特征,当我们检测某物体时,不需要把全部属于物体的点找到,而只需提取出具有该物体主要特征的点,以此减少运算量,提高运行速度。

在 OpenCV 库中,关于图像特征点的函数存放在 features2d 组件和 xfeatures2d 组件中,其中主要包括 Harris 角点检测、Shi-Tomasi 角点检测、亚像素级角点检测、

SIFT 特征点检测、SURF 特征点检测等。因为特征提取算法在 opencv2.0 版本是放在 nonfree 头文件中的，换成 3.0 版本之后，对 nonfree 模块的测试还不够，所以暂时还没有直接给出像之前 2.0 版本那样方便的 nonfree 库，而是放在了 xfeatures2d 头文件和 xfeatures2d 库中。xfeatures2d 比 nonfree 多了实验性二维特征算法，如果想在 3.0 版本使用 SURF，暂时需要自己对 OpenCV 进行编译。

5.2.1 SIFT 算法详解

SIFT(Scale-invariant feature transform)又叫尺度不变特征转换，它是一种检测局部特征的算法，该算法通过求一幅图中的特征点及其相关尺度和方向的描述子得到特征并进行图像特征点匹配，具体为在空间尺度中寻找极值点，并提取出其位置、尺度和旋转不变量，使得特征点的检测具有很好的效果。

该算法由英属哥伦比亚大学计算机科学系教授 David Lowe 于 1999 年发表，2004 年进一步完善。其应用范围广泛，大致包含物体识别与跟踪、图像缝合、手势识别、三维建模、机器人地图感知与导航等。提取局部图像特征可以帮助计算机识别物体，SIFT 特征就是依据物体上的某些局部外观的兴趣点而与拍摄的图像大小和旋转角度无关，对光线、噪声、视角变化环境的容忍度也相当高。不仅如此，使用 SIFT 算法同样能够处理物体遮蔽的问题。在目前计算机硬件速度和小型的特征数据库条件下，辨识速度可接近即时运算。

SIFT 算法特点：

- 独特性：信息量丰富，适用于在海量特征数据库中进行快速、准确的匹配。
- 多量性：即使少数的几个物体也可以产生大量的 SIFT 特征向量。
- 高速性：经优化的 SIFT 匹配算法甚至可以达到实时的要求。
- 可扩展性：可以很方便地与其他形式的特征向量进行联合。

SIFT 算法主要分为两步，首先是 SIFT 特征向量的生成，即从多幅图像中提取特征向量，特征向量满足不受尺度缩放、旋转和亮度变化的影响；其次是 SIFT 特征向量的匹配。SIFT 方法中的低层次特征提取是选取那些明显特征，这些特征具有图像尺度和旋转不变性，而且对光照变化也具有一定程度的不变性。SIFT 算法分为 4 个步骤，分别是尺度空间极值检测、关键点定位、方向确定和关键点描述。

1. 尺度空间极值检测(scale-space extrema detection)

此步骤搜索各个尺度上的图像位置，以高斯微分函数来识别潜在的不受尺度和旋转变化的特征点。尺度空间是由一原始图像经过不同尺度的高斯模糊所得的一组图像。尺度空间定义为

$$L(x,y,\sigma)=G(x,y,\sigma)\times I(x,y) \tag{5-25}$$

其中，$G(x,y,\sigma)$为尺度可变高斯函数，表达式为

$$G(x,y,\sigma)=\frac{1}{2\pi\sigma^2}\mathrm{e}^{-\frac{(x^2+y^2)}{2\sigma^2}} \tag{5-26}$$

(x,y)是尺度空间下某点坐标，σ 是尺度坐标。σ 大小决定图像的平滑程度，大尺度对应图像的概貌特征(低分辨率)，小尺度对应图像的细节特征(高分辨率)。为了在尺度空间检测到稳定的关键点，Lowe 提出了高斯差分尺度空间(DOG scale-space)，利用不同尺度的高斯差分核与图像卷积生成。

$$
\begin{aligned}
D(x,y,\sigma) &= (G(x,y,k\sigma) - G(x,y,\sigma)) \times I(x,y) \\
&= L(x,y,k\sigma) - L(x,y,\sigma)
\end{aligned}
\tag{5-27}
$$

高斯差分尺度空间的极值点由高斯差分尺度空间确定。选择高斯差分尺度空间计算极值点的原因有两点：①为了便于计算，不同尺度的空间相减即可；②差分尺度空间和高斯拉普拉斯函数相似。对于一幅图像 I，要保证在任何尺度都能够有对应的特征点，如图 5.11 所示，每个金字塔级别代表一个八度(octave)，每个尺度是一个图层(layer)，八度的集合是高斯金字塔。

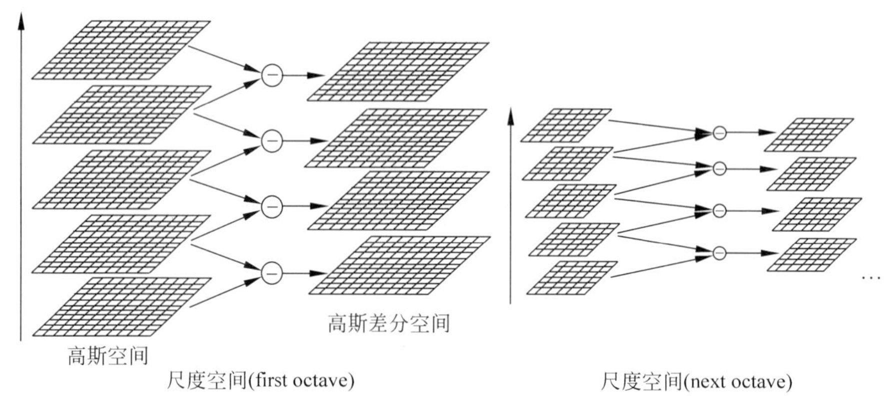

图 5.11 尺度空间极值检测

由图片的大小决定建立几个塔，每塔几层图像(假设 S 为每塔层数，一般为 3～5 层)。0 号塔的第 0 层是原始图像，上层是对其下层进行拉普拉斯变换(高斯卷积，其中 σ 值渐大，例如可以是 $\sigma, k\sigma, k\times k\times\sigma, \cdots$)，直观上看越往上图片越模糊，塔间的图片是降采样关系，例如 1 塔的第 0 层可以由 0 塔的第 3 层降采样得到，然后进行与 0 塔类似的高斯卷积操作。

为了寻找尺度空间的极值点，每一个采样点要和它所有的相邻点比较，判断比其图像域和尺度域的相邻点大还是小。如图 5.12 所示，中间的检测点和它同尺度的 8 个相邻点及上下相邻尺度对应的 9×2 个点共 26 个点比较，以确保在尺度空间和二维图像空间都检测到极值点。一个点如果在 DOG 尺度空间本层以及上下两层的 26 个邻域中是最大或最小值时，就认为该点是图像在该尺度空间下的一个特征点。(注意，每一组图像的首尾两层依照上述规则是无法进行极值比

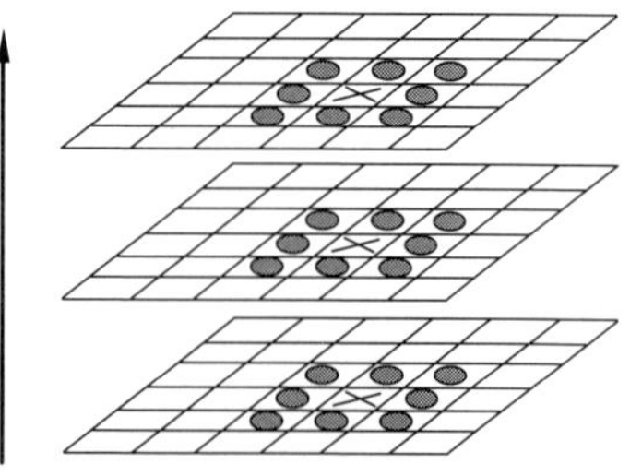

图 5.12 寻找极值点

较的,为了满足尺度变化的连续性,需要在每组图像的顶层继续使用高斯模糊生成3幅图像,高斯金字塔有每组 $S+3$ 层图像,DOG 金字塔每组有 $S+2$ 层图像。)

2. 关键点定位(keypoint localization)

在每个候选的位置上,通过一个拟合精细的模型来确定位置和尺度。关键点的选择依据于它们的稳定程度。通过拟合3-D二次函数以精确确定点的位置和尺度,同时去除低对比度的关键点和不稳定的边缘响应点,以增强匹配稳定性,提高噪声能力。我们对尺度空间DOG函数进行曲线拟合。利用DOG函数在尺度空间定义为

$$\boldsymbol{D}(X)=\boldsymbol{D}+\frac{\partial \boldsymbol{D}^{\mathrm{T}}}{\partial \boldsymbol{X}}\boldsymbol{X}+\frac{1}{2}\boldsymbol{X}^{\mathrm{T}}\frac{\partial^2 \boldsymbol{D}}{\partial \boldsymbol{X}^2}\boldsymbol{X} \tag{5-28}$$

其中,

$$\boldsymbol{X}=(x,y,\sigma)^{\mathrm{T}} \tag{5-29}$$

对式(5-28)求导,并令其为0,则得到极值点的偏移量为

$$\hat{\boldsymbol{X}}=-\frac{\partial^2 \boldsymbol{D}^{-1}}{\partial \boldsymbol{X}^2}\frac{\partial \boldsymbol{D}}{\partial \boldsymbol{X}} \tag{5-30}$$

在已经检测到的特征中,要去掉低对比度的特征点和不稳定的边缘响应点。将式(5-30)代入式(5-28),取前两项得

$$\boldsymbol{D}(\hat{\boldsymbol{X}})=\boldsymbol{D}+\frac{1}{2}\frac{\partial \boldsymbol{D}^{\mathrm{T}}}{\partial \boldsymbol{X}}\hat{\boldsymbol{X}} \tag{5-31}$$

$\boldsymbol{X}$ 代表相对插值中心的偏移量,当它在任一维度上的偏移量大于0.5时(x 或 y 或 σ),则说明插值中心已经偏移到它的邻近点上,所以必须改变当前特征点的位置。同时在新的位置上反复插值直到收敛;也有可能超出所设定的迭代次数或者超出图像边界的范围,此时这样的点应该删除,Lowe论文中进行了5次迭代。另外,$|\boldsymbol{D}(\boldsymbol{x})|$ 过小的点易受噪声干扰而变得不稳定,所以将 $|\boldsymbol{D}(\boldsymbol{x})|$ 小于某个经验值的极值点删除。同时,在此过程中获取了特征点的精确位置以及尺度。通过DOG所得的极值点中存在对比度小的点,若值不小于 $|\boldsymbol{D}(\boldsymbol{x})|$,该特征点就保留下来,否则丢弃。由于DOG算子会产生较强的边缘响应,所以极值点中存在边缘点。因为一个定义不好的高斯差分算子的极值在横跨边缘的地方有较大的主曲率,而在垂直边缘的方向有较小的主曲率,主曲率可以通过一个 2×2 的Hessian矩阵 $\boldsymbol{H}$ 求出,矩阵 $\boldsymbol{H}$ 为

$$\boldsymbol{H}=\begin{bmatrix} D_{xx} & D_{xy} \\ D_{xy} & D_{yy} \end{bmatrix} \tag{5-32}$$

导数由采样点相邻差估计得到。$\boldsymbol{D}$ 的主曲率和 $\boldsymbol{H}$ 的特征值成正比,令 α 为较大特征值,β 为较小的特征值,我们不直接求特征值,求Tr和行列式Det,则

$$\mathrm{Tr}(\boldsymbol{H})=D_{xx}+D_{yy}=\alpha+\beta \tag{5-33}$$

$$\mathrm{Det}(\boldsymbol{H})=D_{xx}D_{yy}-(D_{xy})^2=\alpha\beta \tag{5-34}$$

令 $\alpha=\gamma\beta$,则

$$\frac{\mathrm{Tr}(\boldsymbol{H})^2}{\mathrm{Det}(\boldsymbol{H})}=\frac{(\alpha+\beta)^2}{\alpha\beta}=\frac{(\gamma\beta+\beta)^2}{\gamma\beta^2}=\frac{(\gamma+1)^2}{\gamma} \tag{5-35}$$

在两个特征值相等时最小，随着 γ 的增大而增大。因此，为了检测主曲率是否在某阈值 γ 下，只需检测

$$\frac{\mathrm{Tr}(\boldsymbol{H})^2}{\mathrm{Det}(\boldsymbol{H})}<\frac{(\gamma+1)^2}{\gamma} \tag{5-36}$$

3. 方向确定(orientation assignment)

基于图像局部的梯度方向，分配给每个特征点位置一个或多个方向。所有后面的对图像数据的操作都相对于特征点的方向、尺度和位置进行变换，从而确保这些变换的不变性。特征点的位置确定了，接下来需确定特征点的尺度和方向，算出每个特征点的幅度和方向。依据尺度不变性求极值点，可以使其具有缩放不变的性质，利用特征点邻域像素的梯度方向分布特性，可以为每个特征点指定参数方向，从而使描述子对图像旋转具有不变性，通过求每个极值点的梯度来为极值点赋予方向。

$$m(x,y)=\sqrt{(L(x+1,y)-L(x-1,y))^2+(L(x,y+1)-L(x,y-1))^2} \tag{5-37}$$

$$\theta(x,y)=\arctan\frac{L(x,y+1)-L(x,y-1)}{L(x+1,y)-L(x-1,y)} \tag{5-38}$$

式(5-37)与式(5-38)为(x,y)处梯度的模值和方向公式。其中 L 所用的尺度为每个特征点各自所在的尺度。至此，图像的特征点已经检测完毕，每个特征点有 3 个信息：位置、尺度、方向，于是可以确定一个 SIFT 特征区域。

梯度直方图的范围是 0°～360°，其中每 10°一个柱，总共 36 个柱。距中心点越远的邻域其对直方图的贡献也相应减小，Lowe 论文中提到要使用高斯函数对直方图进行平滑，减少突变的影响。在实际计算时，我们在以特征点为中心的邻域窗口内采样，并用直方图统计邻域像素的梯度方向。梯度直方图的范围是 0°～360°，其中每 45°一个柱，总共 8 个柱，或者每 10°一个柱，总共 36 个柱。直方图的峰值则代表了该特征点处邻域梯度的主方向，即作为该关键点的方向。以特征点为中心取 16×16 的邻域作为采样窗口，将采样点与特征点的相对方向通过高斯加权后归入方向直方图，最后获得 4×4×8 的 128 维特征描述子。

图 5.13(a)的中心为当前特征点位置，每个小格代表特征点邻域所在尺度空间的一个像素，利用公式求得每个像素的梯度幅值与梯度方向，箭头方向代表该像素的梯度方向，箭头长度代表梯度模值，之后用高斯窗口对其进行加权运算。图中圆圈代表高斯加权的范围，越靠近特征点的像素梯度方向信息权重越高。在每个 4×4 的小块上计算 8 个方向的梯度方向直方图，绘制每个梯度方向的累加值，即可形成一个种子点，如图 5.13(b)所示。此图中一个特征点由 2×2 共 4 个种子点组成，每个种子点有 8 个方向向量信息。这种邻域方向性信息联合的思想增强了算法抗噪声的能力，同时对于含有定位误差的特征匹配也提供了较好的容错性。

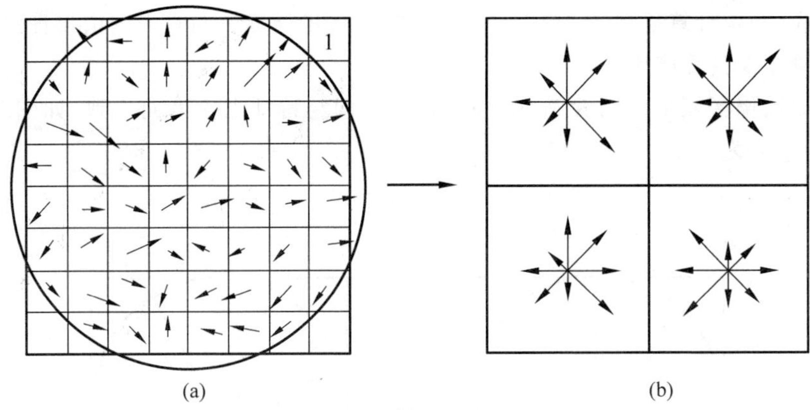

图 5.13 图形梯度图

当两幅图像的 SIFT 特征向量生成以后，下一步就可以采用特征点特征向量的欧氏距离来作为两幅图像中特征点的相似性判定度量。取其中某个关键点，通过遍历找到与之距离最近的两个特征点。在这两个特征点中，如果次近距离除以最近距离小于某个阈值，则判定为一对匹配点。在 Lowe 论文实验结果中表明，描述子采用 4×4×8=128 维向量表征，综合效果最优(根据不变性与独特性)。计算以特征点为中心的 16×16 窗口中每一个像素的梯度，并使用高斯下降函数降低远离中心的权重。

在每个 4×4 的 1/16 象限中，通过加权梯度值加到直方图 8 个方向区间中的一个，计算出一个梯度方向直方图，如图 5.14 所示。这样就可以对每个特征形成一个 4×4×8=128 维的描述子，每一维都可以表示 4×4 个格子中一个的尺度。将这个向量归一化之后，就进一步去除了光照的影响。

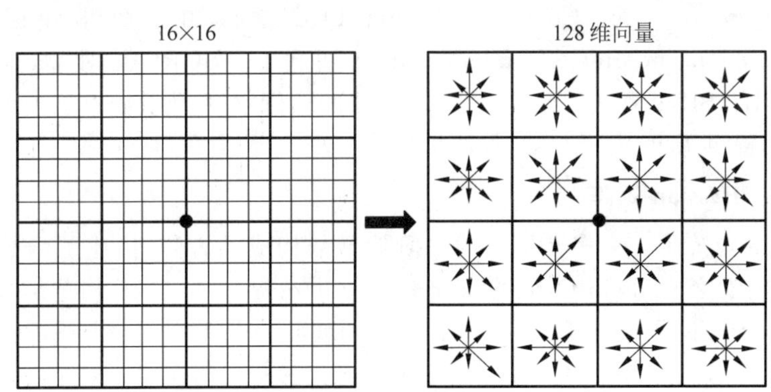

图 5.14 梯度方向直方图

4. 特征点描述(keypoint descriptor)

在每个特征点周围的邻域内，在选定的尺度上测量图像局部的梯度。这些梯度被变换成一种表示，这种表示允许比较大的局部形状变形和光照变化。

首先,确定计算描述子所需的图像区域,描述子梯度方向直方图由特征点所在尺度的模糊图像计算产生。

假设图像区域半径用 R 表示,将坐标系方向与特征点主方向一致,如图 5.15 所示,则新坐标为

$$\begin{bmatrix} x' \\ y' \end{bmatrix} = \begin{bmatrix} \cos\theta & -\sin\theta \\ \sin\theta & \cos\theta \end{bmatrix} \begin{bmatrix} x \\ y \end{bmatrix} \quad (x, y \in [-R, R]) \tag{5-39}$$

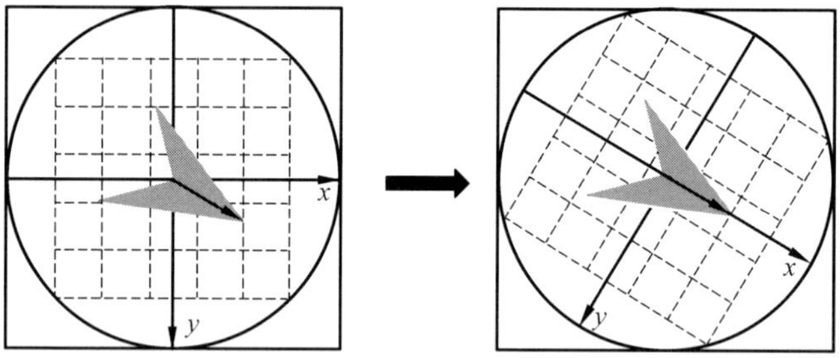

图 5.15 特征点描述

在窗口宽度为 2×2 的区域内计算 8 个方向的梯度方向直方图,绘制每个梯度方向的累加值,即可形成一个种子点。然后再在下一个 2×2 的区域内进行直方图统计,形成下一个种子点,共生成 16 个种子点。最后,描述子向量元素门限化及门限化后的描述子向量规范化。根据特征点的尺度对特征描述向量进行排序,最终生成 SIFT 特征向量。

5.2.2 SURF 算法详解

SURF(speeded up robust features)即加速稳健特征,是一种稳健的局部特征点检测和描述算法。最初由 Herbert Bay 发表在 2006 年的欧洲计算机视觉国际会议(Europen Conference on Computer Vision, ECCV)上,并于 2008 年正式发表在 Computer Vision and Image Under*stan*ding 期刊上。SURF 是对 David Lowe 在 1999 年提出的 SIFT 算法的改进,提升了算法的执行效率,为算法在实时计算机视觉系统中应用提供了可能。SURF 算法可分为 5 步:

1. 构造 Hessian 矩阵

Hessian 矩阵是一个多元函数的二阶偏导数构成的方阵,描述了函数的局部曲率,由德国数学家 Ludwin Otto Hessian 于 19 世纪提出。SURF 构造的金字塔图像与 SIFT 有很大不同,就是因为这些不同才加快了其检测的速度。SIFT 采用的是 DOG 图像,而 SURF 采用的是 Hessian 矩阵行列式近似值图像。对于一个实值二元函数 $f(x, y)$,如果函数 f 的二阶偏导均存在,则关于 f 的 Hessian 矩阵为

$$\boldsymbol{H}(f) = \begin{bmatrix} \dfrac{\partial^2 f}{\partial x^2} & \dfrac{\partial^2 f}{\partial x \partial y} \\ \dfrac{\partial^2 f}{\partial x \partial y} & \dfrac{\partial^2 f}{\partial y^2} \end{bmatrix} \tag{5-40}$$

Hessian 矩阵判别式为

$$\det(\boldsymbol{H})=\frac{\partial^2}{\partial x^2}\frac{\partial^2 f}{\partial y^2}-\frac{\partial^2 f}{\partial x\partial y} \tag{5-41}$$

当 Hessian 矩阵的判别式取得局部极大值时，则判定该点是比周围邻域内其他点更亮或更暗的点，由此来定位特征点的位置。为使筛选的特征点具备尺度无关性，因此在进行 Hessian 矩阵构造前，需要对其进行高斯滤波，可选用二阶标准高斯函数作为滤波器。假设 L_{xx}、L_{xy}、L_{yy} 为高斯滤波后图像在各个方向的二阶导数。二阶导数计算方法为

$$\frac{\mathrm{d}^2L(x)}{\mathrm{d}x^2}=-2L(x)+L(x+1)+L(x-1) \tag{5-42}$$

其中，$L(x)$为原图像灰度值经高斯滤波处理后得到的新图像，则可得到 Hessian 矩阵：

$$H(x,\sigma)=\begin{bmatrix}L_{xx}(x,\sigma) & L_{xy}(x,\sigma)\\ L_{xy}(x,\sigma) & L_{yy}(x,\sigma)\end{bmatrix} \tag{5-43}$$

由于高斯核是服从正态分布的，从中心点往外，系数越来越低，为了提高运算速度，SURF 算法使用了盒式滤波器来近似替代高斯滤波器。盒式滤波器对图像的滤波转化成计算图像上不同区域间像素和的加减运算问题，只需要简单几次查找积分图就可以完成。图像积分图概念不难理解，其与函数积分意义相同，由于图像坐标原点位于图像左上角(0,0)处，那么某一像素点积分值为该点左上角区域包含的所有点像素值之和。有了积分图的概念，在计算某个矩形框内的像素灰度值之和时，就可以由 4 个顶点坐标在积分图下很轻松地得到灰度值了。

每个像素的 Hessian 矩阵行列式的近似值计算如下，加权系数 0.9 为作者提供的一个经验权值，目的是平衡由于使用盒式滤波器近似所带来的误差。

$$\det(\boldsymbol{H})=D_{xx}D_{yy}-(0.9\times D_{xy})^2 \tag{5-44}$$

2. 构造高斯金字塔

相比于 SIFT 算法的高斯金字塔构造过程，SURF 算法速度有所提高。在 SITF 算法中，每一组的图像大小是不一样的，下一组是上一组图像的降采样；在每一组的几幅图像中，它们的大小是一样的，不同的是采用的尺度 σ 不同。而且在模糊的过程中，它们的高斯模板大小总是不变的，只是尺度 σ 改变。对于 SURF 算法，图像的大小总是不变的，改变的是高斯模糊模板的尺寸，尺度 σ 也会改变。图 5.16(a)为高斯模板保持不变，图像大小改变的情况，适用于 SIFT 算法；图 5.16(b)是高斯模板改变，图像大小保持不变的情况，适用于 SURF 算法。因 SURF 算法没有了降采样过程，所以处理速度得到提高。

3. 定位特征点

首先初步选定特征点，即将由 Hessian 矩阵处理过的每个像素点与其三维邻域

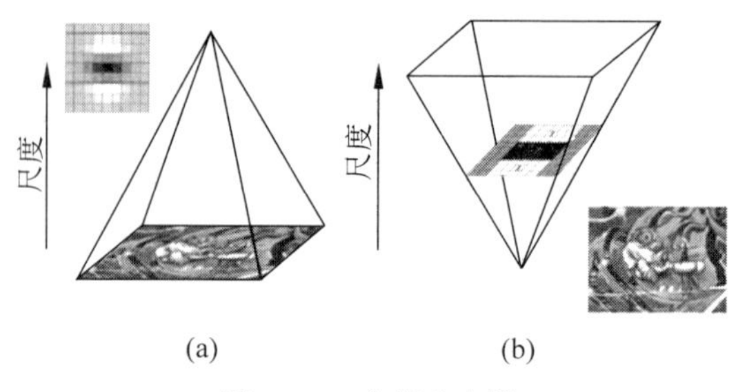

图 5.16 高斯金字塔

的 26 个点进行大小比较，如果它是这 26 个点中的最大值或者最小值，则保留下来，当作初步的特征点；跟 SIFT 算法类似，采用三维线性插值法得到亚像素级的特征点，同时也去掉那些值小于一定阈值的点，增加极值使检测到的特征点数量减少，最终只会保留几个特征性最强的点。

4. 确定特征点主方向

为了保证旋转不变性，在 SURF 中，不统计其梯度直方图，而是统计特征点领域内的 Harr 小波特征，即以特征点为中心，计算半径为 6S 的邻域内（S 为特征点所在的尺度值），如图 5.17 所示，统计 60°扇形内所有点在水平方向和垂直方向的 Haar 小波响应总和（Haar 小波边长取 4S），并给这些响应值赋高斯权重系数，使靠近特征点的响应贡献大，而远离特征点的响应贡献小，在 60°范围内的响应相加以形成新的矢量，遍历整个圆形区域，选择最长向量的方向为该特征点的主方向。这样，通过特征点逐个进行计算，得到每一个特征点的主方向。

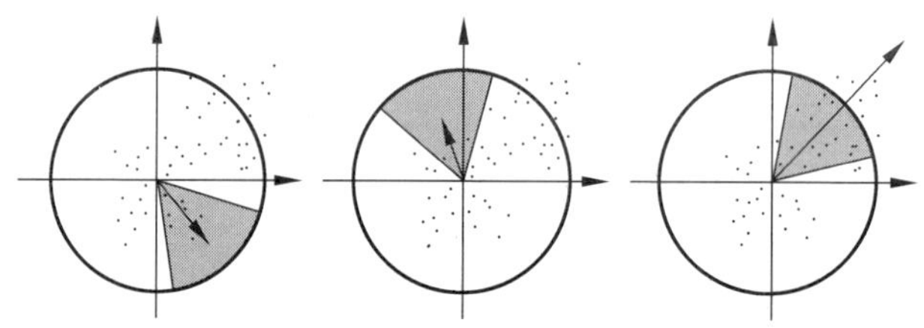

图 5.17 确定特征点主方向

5. 构造特征描述子

在特征点周围取一方形框，框的边长为 20S，该框具有方向性，其方向即上步检测出来的主方向，再将该框分为 16 个子区域，每个子区域统计 25 个像素的水平方向和垂直方向的 Haar 小波特征，这里的水平和垂直方向都是相对主方向而言的。该 Haar 小波特征为水平方向值之和、水平方向绝对值之和、垂直方向之和、垂直方向绝对值之和，如图 5.18 所示，这样每个小区域就有 4 个值，因此每个特征点就是 16×4=64 维的向量。相比 SIFT 算法，SURF 算法在特征匹配过程中大大加快了匹配速度。

可见，SURF 采用 Hessian 矩阵获取图像局部最值是十分稳定的，但是在求主方向阶段过于依赖局部区域像素的梯度方向，有可能使找到的主方向不准确，后面的特征向量提取以及匹配都严重依赖于主方向，即使不大的偏差角度也可以造成后面特征匹配的放大误差，从而匹配不成功；另外，图像金字塔的层取得不足够紧密也会使尺度有误差，后面的特征向量提取同样依赖相应的尺度，面对这个问题我们可以取适量的层再进行插值。

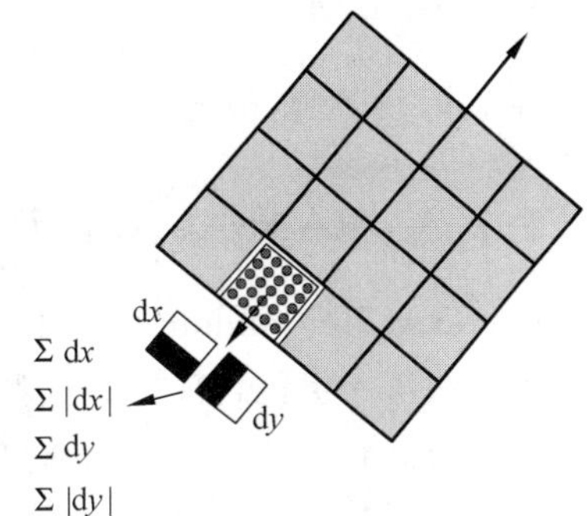

图 5.18 构造特征描述子

关于 OpenCV 官方文档中的 SURF 代码，用到了 SURF、SurfFeatureDetect or、SurfDescriptorExtractor 3 个类。

```
//提取特征点
SurfFeatureDetector Detector(400);
vector<KeyPoint> keyPoint1, keyPoint2;
Detector.detect(image1, keyPoint1);
Detector.detect(image2, keyPoint2);

//特征点描述
SurfDescriptorExtractor Descriptor;
Mat imageDesc1, imageDesc2;
Descriptor.compute(image1, keyPoint1, imageDesc1);
Descriptor.compute(image2, keyPoint2, imageDesc2);

FlannBasedMatcher matcher;
vector<vector<DMatch>> matchePoints;
vector<DMatch> GoodMatchePoints;
vector<Mat> train_desc(1, imageDesc1);
matcher.add(train_desc);
matcher.train();
matcher.knnMatch(imageDesc2, matchePoints, 2);
cout << "total match points: " << matchePoints.size() << endl;

//获取优秀匹配点
for (int i = 0; i < matchePoints.size(); i++)
{
    if (matchePoints[i][0].distance < 0.4 * matchePoints[i][1].distance)
    {
        GoodMatchePoints.push_back(matchePoints[i][0]);
    }
}
```

```
Mat first_match;
drawMatches(image02,keyPoint2,image01,keyPoint1,GoodMatchePoints,first_match);
imshow("SURF",first_match);
```

5.2.3 RANSAC 算法详解

RANSAC 是"random sample consensus"(随机抽样一致)的缩写。RANSAC 采用迭代方法从一组包含离群的被观测数据中估算出数学模型的参数,它假设数据中包含正确数据和异常数据。正确数据记为内点,异常数据记为外点。同时也假设,给定一组正确的数据,存在可以计算出符合这些数据的模型参数的方法。

RANSAC 算法核心思想就是随机性和假设性,随机性是根据正确数据出现概率去随机选取抽样数据,根据大数定律,随机性模拟可以近似得到正确结果。假设性是假设选取出的抽样数据都是正确数据,然后用这些正确数据通过问题满足的模型去计算其他点,再对这次结果进行一个评分。

RANSAC 算法被广泛应用在计算机视觉领域和数学领域,例如直线拟合、平面拟合、计算图像或点云间的变换矩阵、计算基础矩阵等方面。本节我们将学习用 RANSAC 算法来匹配图像特征点。在此之前,需要先讲解一下图像对的基础矩阵和极线约束这两个概念。

如图 5.19 所示,这是两个摄像机拍摄空间中某一点的场景。点 O_1 与 O_2 是摄像机中心点,X 是空间某点,x_1 和 x_2 是 X 在两个像平面的投影点。那么如何根据左像平面中的点 x_1 找到对应右像平面中的点 x_2 呢?在图 5.19 中注意到,场景中有一个连接着两个像平面与空间点 X 的三角形 O_1O_2X,而在此三角形中,已知的是点 O_1、点 O_2 和 O_1 摄像机平面中的点 x(所以线段 O_2X 用虚线连接),点 x_1 到空间中的对应点可能是直线 x_1X 上任意一点,而线段 O_1X 在 O_2 摄像机平面中的投影是 e_2x_2,也就是说匹配点只会位于直线 e_2x_2 上,这条直线 e_2x_2 称作点 x_1 的对极线,平面 O_1O_2X 称作对极面。对极线概念的引入,直接规定了一个点在另一图像中的对应点一定位于其对极线上,并且对极线的准确方向取决于两个摄像机的相对位置。

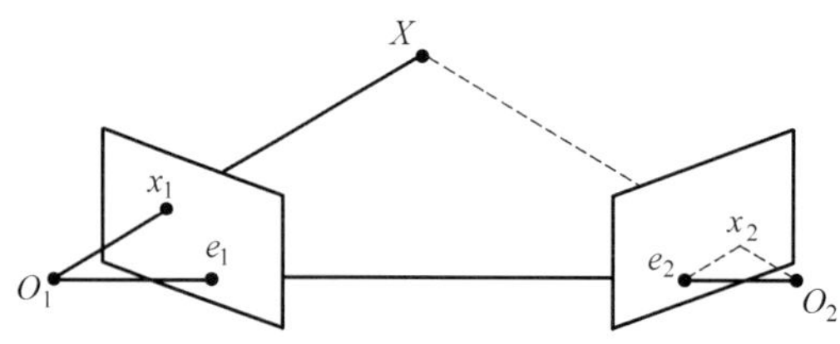

图 5.19 对极线与对极面

对于不同的点 x_1,对极线会发生位置的变化,但是所有的对极线都会交于同一点,这个特殊点称为极点,在图 5.19 中极点为 e_2。而每一个像素点 x_1 又对应了另一幅图像的对极线，则可用公式表示二者对应关系：

$$\begin{bmatrix} l_1 \\ l_2 \\ l_3 \end{bmatrix} = \boldsymbol{F} \begin{bmatrix} x \\ y \\ 1 \end{bmatrix} \tag{5-45}$$

其中，(x,y)为像素点坐标，对极线向量$\boldsymbol{l}=(l_1,l_2,l_3)^{\mathrm{T}}$（二维平面中直线方程可表示为$l_1x'+l_2y'+l_3=0$，$(x',y')$是对极线所在图像的像素点坐标）。$3\times3$矩阵$\boldsymbol{F}$称作基础矩阵，作用是把一幅图像上的像素点映射到另一幅图像上的对极线上。这个矩阵也可以表示两幅图像中对应点彼此间的关系，公式如下：

$$\begin{bmatrix} x' \\ y' \\ 1 \end{bmatrix}^{\mathrm{T}} F \begin{bmatrix} x \\ y \\ 1 \end{bmatrix} = 0 \tag{5-46}$$

方程(5-46)称作极线约束方程。极线约束有什么用呢？这个方程可以根据已知匹配项计算矩阵入口，因为基础矩阵$\boldsymbol{F}$的入口数量取决于尺度因子，因此需要计算的入口只有8个（第9个一般设置为1）。有了8个已知项，就可以通过求解线性方程组计算出矩阵$\boldsymbol{F}$。

计算基础矩阵时，可以使用一个附加的约束条件。基础矩阵把一个二维点映射到一个一维的直线束上。所有对极线都穿过同一个点（极点）对矩阵产生了一个约束条件，这个约束条件把计算基础矩阵所需的匹配次数缩减到了7次，即这个基础矩阵有7个自由度，此时方程组是非线性的，最多有3种结果。此外，如果想要精确地计算基础矩阵，匹配项的选择十分重要。一般来说，匹配项要在整幅图像中均匀分布，并包含场景中不同深度的点，否则结果会不稳定，尤其当所选场景点位于同一平面时，基础矩阵就会变差。

可以根据一些特征点匹配项计算图像对的基础矩阵。为了确保结果准确，采用的匹配项必须都是优质的。但是在实际情况中，通过比较被检测特征点的描述子得到的匹配项无法保证全部准确，因此出现了基于RANSAC的基础矩阵计算方法。

RANSAC算法对一个含有局外项的数据集进行估算，把最优匹配项筛选出来。其原理是在数据集中随机选取几个数据点，对于基础矩阵，最小需要8个匹配对。用这8个随机匹配对估算基础矩阵后，对剩下的全部匹配项进行测试，验证其是否满足根据这个矩阵得到的极线约束。标识出所有满足极线约束的匹配项（即特征点与对极线距离很近的匹配项），这些匹配项就组成了基础矩阵的支撑集。

RANSAC算法背后的核心思想是，支撑集越大，所计算矩阵正确的可能性就越大；反之，如果一个或多个随机选取的匹配项是错误的，那么计算出的基础矩阵也是错误的，并且它的支撑集肯定会很小。反复执行这个过程，最后留下支撑集最大的矩阵作为最佳结果。如果整个数据集中错误匹配项的比例不同，那么选取到8个正确匹配的可能性也各不相同。但选取的次数越多，在这些选项中至少有一组优质匹配的可能性就越大。更准确地说，假设匹配项中局内项（优质匹配项）的比率是k，那么选取 8 个优质匹配项的概率就是 k^8,因此,再一次选取中至少包含一个错误匹配项的概率就是$(1-k^8)$。如果选取的次数是 n,则只选取到优质匹配项的概率是 $1-(1-k^8)^n$,这就是置信概率。要得到正确的基础矩阵,就需要至少一个优质匹配集,因此这个概率越大越好。所以在运行 RANSAC 算法时,需要确定得到特定可信度等级所需的选取次数 n。

5.3　图像拼接

如今图像拼接已广泛用在各种电子产品中,例如无人机的航拍、智能手机的全景拍摄等,多幅图像的合成就用到了图像拼接技术,是进一步进行图像处理的基础步骤,拼接效果的好坏直接影响到之后的工作结果。图像拼接在制作车载全景图中是十分关键的一步,在驾驶汽车的前、后、左、右各安放相同的摄像头后,需要对采集到的 4 幅图像实时拼接成全景鸟瞰图以达到时刻观察四周的目的。鸟瞰图的生成已在前文提及,本节主要讲解如何对透视变换后的多幅图像进行拼接融合。

图像拼接(image mosaic)是指将两幅或两幅以上的相邻图像间具有部分重合景物的图像进行无缝拼接,生成一张具有较宽视角的高分辨率图像或 360°视角的全景图像的技术。简单来说,图像拼接就是将两幅相邻且具有一定重叠区域的图像无缝地拼接在一起。图像拼接是生成全景图的关键技术部分,拼接算法的好坏直接影响到全景图真实感和生成过程的实时性。基本上各种图像拼接算法主要是根据两图像重叠区域的相似度来实现的,其关键在于如何保证生成图像的几何性和颜色协调性。目前已经存在了很多的图像拼接算法,主要分为 3 种:基于区域的方法、基于特征的方法和基于相位的方法。

1. 基于区域的图像拼接

基于区域的图像拼接算法是以拼接图像中一幅的某一像素的像素值邻域作为模板,在另外的一幅图像中寻找具有相同(或相似)像素值分布的对应点邻域,从而确定两幅图像的重叠部分。而进行图像拼接的两幅图像,一般是对同一场景拍摄的,仅仅是将拍摄的摄像机作了平移或旋转,而且两幅图肯定是有重叠部分的,因此总是存在某种程度上的相似性。特别地,这种算法将视图分成较小的区域,则这些区域与另一幅视图中对应区域将显得更相似甚至相同。基于区域的立体匹配方法就是根据这种区域相似性的原理提出的。这些相似区域可以看成由两个观察点对同一区域进行观察,即视差。基于区域的匹配方法能获得高密度的视差图,对图像的每个像素都进行了视差估计。从理论上来说,该方法需要以下这些条件才能满足:

- 光源必须是处于无穷远处的点光源;
- 景物表面须是理想的朗伯表面,即只存在漫反射分量;
- 图像中的非相似部分(失真)应很少。

这在大多数情况下是难以满足的。而且基于区域匹配方法的出发点是,在相关窗口内的像素点视差相同，当视差变化比较大时，相关算法产生伪匹配的可能性很大。一般来说，区域匹配方法在存在遮挡的区域、无纹理区域以及像素深度信息不连续处得不到正确的结果。求解窗口内相关系数或平方差的和是区域匹配方法的主要内容。在此方法中，相关窗口大小的选取是一个比较重要的问题，窗口太小，信息量不足以完成匹配；窗口太大，窗口内像素点视差变化太大将产生伪匹配。通常多数基于区域匹配方法采用固定足够大小的相关窗口，获得高密度的视差图像。

2. 基于特征的图像拼接

基于特征的拼接方法，主要是选取两幅待拼接图像中的特征点、线或边缘等特征，然后进行匹配。因为这些特征相对来说对噪声不是太敏感，因此基于特征的方法可以得到比基于区域的匹配方法更精确的匹配。从许多方面来说，基于特征的匹配方法是目前鲁棒性最好的估计视差的方法。但特征匹配方法只能得到稀疏的视差图，需要通过插值或表面重建等方法来得到高密度的深度图，这在大多数情况下都得不到很好的效果。

基于特征点的图像拼接融合的基本方法是通过两幅图像间的匹配特征估计图像间的点变换关系，然后分别通过对两幅图像重采样配准到一幅更大的空白图像中，并在配准的过程中在两幅图像的交接边界处进行颜色平滑过渡，最后形成一张融合的包含两幅图像信息的新的图像。整个算法主要包含三步：特征点的提取和匹配、图像间点变换关系的估计和图像接缝处的无缝过渡。

3. 基于相位的图像拼接

基于相位的方法，是先将灰度图像变换成傅里叶相位图像，然后根据傅里叶相位差来提取深度信息。提取傅里叶相位可以认为是对两幅图像中灰度变化影响的一种局部削弱。从算法本质上来说，基于相位的方法实际上是计算两幅图像的傅里叶相位图像差异的一种基于梯度的光学流方法。一般来说，相位匹配方法只能得到景物的粗糙结构，而且在一些不定的傅里叶相位区域需进行特殊处理。

图像拼接流程共有以下几步：

(1) 对每幅图像的特征点进行提取；

(2) 匹配对应特征点；

(3) 图像配准；

(4) 将图像融合到另一图像中；

(5) 对重叠边界进行特殊处理。

前两步已在上节中讲解，这里选择 SURF 算法进行特征点选取。在得到特征点后就可以进行第三步图像配准了，即将两幅图像转换为同一坐标系下，需要使用 findHomography 函数来求得变换矩阵。需要注意，findHomography 函数所要用到的点集是 Point2f 类型的，所以需要对刚得到的点集 GoodMatchePoints 再做一次处理，使其转换为 Point2f 类型的点集。

```
vector<Point2f> imagePoints1, imagePoints2;
for (int i = 0; i<GoodMatchePoints.size(); i++)
{
    imagePoints2.push_back(keyPoint2[GoodMatchePoints[i].queryIdx].pt);
    imagePoints1.push_back(keyPoint1[GoodMatchePoints[i].trainIdx].pt);
}
```

findHomography 函数的参数中选择了 CV_RANSAC，表明选择 RANSAC 算法继续筛选可靠的匹配点，使得匹配点解更为精确。

```
//获取图像 1 到图像 2 的投影映射矩阵，尺寸为 3×3
Mat homo = findHomography(imagePoints1, imagePoints2, CV_RANSAC);
//图像配准
Mat imageTransform1, imageTransform2;
warpPerspective(image01, imageTransform1, homo, Size(MAX(corners.right_top.x, corners.
right_bottom.x), image02.rows));
imshow("配准图", imageTransform1);
```

之后进行第四步融合操作。

```
int dst_width = imageTransform1.cols;
int dst_height = image02.rows;
Mat dst(dst_height, dst_width, CV_8UC3);
dst.setTo(0);
imageTransform1.copyTo(dst(Rect(0, 0, imageTransform1.cols, imageTransform1.
rows)));
image02.copyTo(dst(Rect(0, 0, image02.cols, image02.rows)));
imshow("融合图", dst);
```

两图融合后，需要对拼接处进行处理。两图因为光照色泽的原因使得两图交界处形成了拼接缝隙，即图像之间重叠区域中最为相似的那条线，这种拼接缝应当消除，需要特定的方法解决这种不自然现象。

```
//消除拼接缝
void OptimizeSeam(Mat& img1, Mat& trans, Mat& dst)
{
    int start = MIN(corners.left_top.x, corners.left_bottom.x);
                                                //开始位置，即重叠区域的左边界
    double processWidth = img1.cols - start;    //重叠区域的宽度
    int rows = dst.rows;
    int cols = img1.cols;
    double alpha = 1;
    for (int i = 0; i < rows; i++)
    {
        uchar* p = img1.ptr<uchar>(i);
        uchar* t = trans.ptr<uchar>(i);
        uchar* d = dst.ptr<uchar>(i);
```

```
            for (int j = start; j < cols; j++)
            {
                if (t[j * 3] == 0 && t[j * 3 + 1] == 0 && t[j * 3 + 2] == 0)
                {
                    alpha = 1;
                }
                else
                {
                    alpha = (processWidth - (j - start)) / processWidth;
                }
                d[j * 3] = p[j * 3] * alpha + t[j * 3] * (1 - alpha);
                d[j * 3 + 1] = p[j * 3 + 1] * alpha + t[j * 3 + 1] * (1 - alpha);
                d[j * 3 + 2] = p[j * 3 + 2] * alpha + t[j * 3 + 2] * (1 - alpha);
            }
        }
    }
```

目前常用的寻找拼接缝的方法有3种：逐点法、图割法和动态规划法。这里不详细介绍其原理，只简单分析复杂度和效果。3种方法的目的都是寻找重叠区域中最相似的线，其中逐点法最简单，效果也相对较差；图割法计算复杂度最高，效果一般也最好；而动态规划法则相当于二者的折中，计算复杂度和效果都居中。根据实际的需要，可以选择不同的拼缝计算方法。在得到相邻两幅图像的拼接缝位置后，在拼接缝附近的若干个像素使用融合算法，对于重叠区域中远离拼接缝的位置只选择一侧的图像，通过这样的方法，可以有效去除图像之间的错位、伪像，得到更好的拼接结果。

常用的融合算法有羽化融合和拉普拉斯融合算法。羽化融合就是对拼接缝附近的位置根据与接缝的距离求出权重，加权融合；拉普拉斯融合算法相当于求出图像不同频率的分量，然后按频率进行融合，计算复杂度较高。

此外，在实际过程中，难免会因为各个设备的位置、方向、角度等问题，出现图像之间亮度强度不一致的现象，在未处理时直接进行图像拼接的操作，会呈现一种半成品的感觉，因此需要进行曝光补偿实现亮度整体一致。通常的处理方式是通过摄像机的光照模型，校正一幅图像内部的光照不均匀性，然后通过相邻两幅图像重叠区域之间的关系，建立相邻两幅图像之间直方图映射表，通过映射表对两幅图像做整体的映射变换，最终达到整体的亮度和颜色的一致性。若要生成汽车全景图，需要4张图片互相拼接，原理相同，只是由原来的一次拼接变为3次拼接，再分别处理各自的拼接缝隙，就能得到全景鸟瞰图，如图5.20所示。

图5.20 全景拼接

5.4 图像拼接质量评价

图像拼接质量评价是改进图像拼接算法的关键，是衡量图像拼接结果与人眼视觉主观评价是否相一致的重要指标。从原始图像的依赖程度上分析，图像质量评价方法主要可分为三大类：全参考型、部分参考型和无参考型评价方法。全参考型评价方法利用原始图像的所有信息为待评价图像做参考，部分参考型则利用原始图像的部分特征进行评价，而无参考型则只根据待评价图像信息进行评价，完全不依赖原始图像。

全参考型评价方法以 PSNR 峰值信噪比评价法和 MSE 均方误差评价法为代表，SSIM 结构相似度评价法则是目前部分参考型评价方法的研究热点。相对来说，无参考评价方法难度最高，目前研究成果也较少，有待进一步的发展。

5.4.1 PSNR 峰值信噪比评价法

PSNR(peak signal to noise Ratio)即峰值信噪比，顾名思义，该评价方法以图像的峰值信噪比作为评价图像质量的衡量指标。PSNR 评价法是典型的基于像素误差的图像质量评价方法，峰值信噪比反映的是待评价图像的逼真度。峰值信噪比的计算首先需要计算图像的均方误差，假设两张大小为 $M\times N$ 的图像 $I(i,j)$，$K(i,j)$，则 PSNR 评价计算公式为

$$\begin{cases}\mathrm{MSE}=\dfrac{1}{MN}\sum_{i=0}^{M-1}\sum_{j=0}^{N-1}(I(i,j)-K(i,j))^2\\ \mathrm{PSNR}=10\lg\left(\dfrac{(2^n-1)^2}{\mathrm{MSE}}\right)\end{cases}\tag{5-47}$$

式中：n 为图像位深。PSNR 值越大则说明图像逼真度越高，质量越好。PSNR 评价法计算复杂度小，易于实现，已经在图像处理领域得到了广泛的应用。

尽管 PSNR 评价方法看起来十分直观、严谨，但是此方法以图像的单个像素为处理对象，没有对于图像整体信息的把握，只是纯粹对图像间误差的数学统计，无法如实反映人眼的视觉特性，体现不出人眼实际感受到的主观判断，因此有时无法对图像做出正确评价，会出现评价结果与主观评价结果不符甚至截然相反的情况。此外，PSNR 评价法的评分区间范围为$(0,+\infty)$，分值越高则图像质量越好，这种评分体系没有一个明确的满分标准，因此评价结果本身就具有一定的主观性，无法直观地体现评价结果与主观评价结果之间的对应关系。

5.4.2 SSIM 评价法

SSIM(structural similarity index)评价方法采用图像间的结构相似度决定图像感知质量，而不是以前普遍采用的误差可见度。此算法从亮度、对比度和结构相似度

3 个方面对图像质量进行评价。从评价方法的命名,顾名思义,SSIM 主要针对结构相似度对待评价图像进行评价。SSIM 评价法的步骤流程如图 5.21 所示。

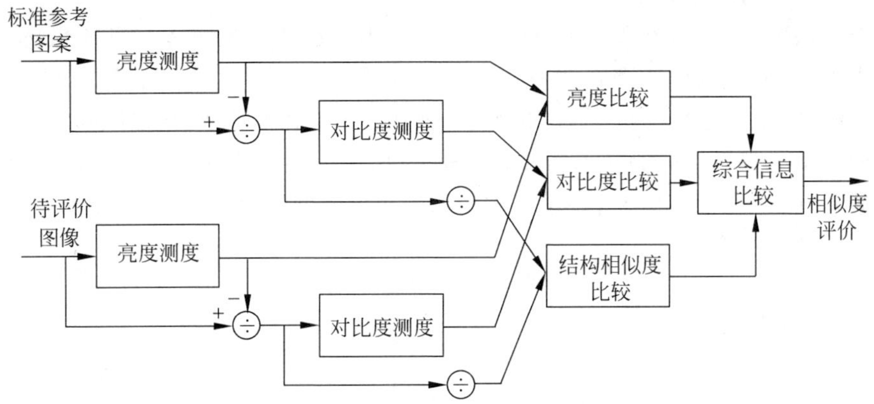

图 5.21　SSIM 评价法步骤流程

SSIM 方法评价函数可表示为

$$S(x,y)=f(l(x,y),c(x,y),s(x,y)) \tag{5-48}$$

式中：$l(x,y)$、$c(x,y)$、$s(x,y)$分别对应亮度相似度、对比度相似度和结构相似度，x、y 分别代表原始图像和待评价图像；$S(x,y)$为 SSIM 评分；$f()$表示某种函数映射,即 SSIM 评分结果由亮度相似度评价、对比度相似度评价和结构相似度评价 3 个要素组成。假设两张图像的平均强度分别记为 μ_x、μ_y,标准差记为 σ_x、σ_y,两图像之间的互相关系数为 σ_{xy},则 3 个分量相似度计算公式为

$$\begin{cases} l(x,y)=\dfrac{2\mu_x\mu_y+C_1}{\mu_x^2+\mu_y^2+C_1} \\ c(x,y)=\dfrac{2\sigma_x\sigma_y+C_2}{\sigma_x^2+\sigma_y^2+C_2} \\ s(x,y)=\dfrac{\sigma_{xy}+C_3}{\sigma_x\sigma_y+C_3} \end{cases} \tag{5-49}$$

式中：C_1、C_2 和 C_3 分别是为了防止分母过小引起函数不稳定而引入的常量。综合以上 3 个比较分量,最终构成了 SSIM 评价模型的评判方法：

$$\mathrm{SSIM}(x,y)=l^\alpha(x,y)c^\beta(x,y)s^\gamma(x,y) \tag{5-50}$$

式中：α、β、γ 为 3 个分量对评分的权重贡献值。若令 $\alpha=\beta=\gamma=1,C_3=0.5\ C_2$,则 SSIM 评价计算公式为

$$\mathrm{SSIM}(x,y)=\frac{(2\mu_x\mu_y+C_1)(2\sigma_{xy}+C_2)}{(\mu_x^2+\mu_y^2+C_1)(\sigma_x+\sigma_y+C_2)} \tag{5-51}$$

SSIM 评价法从另一个较高层次模拟了人眼视觉特性(HVS)的主要功能,从图像中提取结构信息并用对结构信息的度量作为图像感知质量的近似,算法在一定程

度上模拟了人眼对图像的感知原理，因此评价效果相比 MSE、PSNR 等方法更符合主观评价。此外，SSIM 算法计算也相对较简单，从而受到了国内外图像质量评价领域学者和组织的广泛关注，得到了一定的应用。

SSIM 评价方法虽然考虑了亮度对比度的相似度，但对亮度差异并不敏感，且在图像失真、降质程度较为严重时，SSIM 评价结果与主观评价结果不符，准确性急剧下降。SSIM 在高层次模拟了 HVS 的视觉特性，而主观视觉结构信息的处理非常复杂，SSIM 只是进行了较为简单的线性建模处理，因而在准确性上与主观评价存在一定的偏差，而且 SSIM 主要着眼于结构信息的相似度度量，从而一定程度上忽略了更丰富的图像底层信息的差别。

5.5 本章小结

本章着重介绍了制作全景环视图像所涉及的图像变换与拼接的内容方法。全景图需要先将正常斜视角变换到俯视，再将各个方向的俯视图拼接合成为一张以汽车为中心的鸟瞰图，因此本章分两部分介绍。首先介绍图像变换中仿射变换与透视变换，利用后者能生成鸟瞰图。其次介绍了几种特征点检测方法，SIFT 算法是一种计算机视觉的算法，用来侦测与描述影像中的局部性特征，它在空间尺度中寻找极值点，并提取出其位置、尺度、旋转不变量；SURF 算法是对 SIFT 算法的改进，提升了算法的执行效率；RANSAC 算法通过反复观测数据中的随机子集来达成目标。利用不同视角中相交区域的特征点对应关系，将图像拼接起来，在拼接后往往要对图像进行质量评价；PSNR 评价法以图像的峰值信噪比作为评价图像质量的衡量指标，是典型的基于像素误差的图像质量评价方法；SSIM 评价方法采用图像间的结构相似度决定图像感知质量，而不是以前普遍采用的误差可见度，从亮度、对比度和结构相似度 3 个方面对图像质量进行评价。

参考文献

[1] 毛星云，冷雪飞，王碧辉，等. OpenCV3 编程入门[M]. 北京：电子工业出版社，2015. 2.

[2] Robert Laganière. OpenCV 计算机视觉编程攻略[M]. 3 版. 北京：人民邮电出版社，2018. 5.

[3] 鲁斌，秦瑞，李庆，等. 车载环视拼接方法的研究[J]. 计算机科学，2013(09)：299-301.

[4] 冯聪. 360°车载环视系统图像拼接技术研究[D]. 哈尔滨：哈尔滨工业大学，2018.

[5] 张聪. 基于鱼眼镜头的车载全景环视系统[D]. 杭州：浙江大学，2015.

[6] 栾婧. 基于鱼眼摄像头的汽车环视技术研究[D]. 长春：吉林大学，2018.

[7] 刘新明. 基于全景视觉的汽车辅助驾驶系统研究与实现[D]. 北京：北京交通大学，2013.

[8] 杨晓东. 基于光照与色温自动调整的图像拼接算法[D]. 济南：山东大学，2007.

[9] Luo L B，Koh I S，Min K Y，et al. Low-cost implementation of bird's-eye view system for camera-on-vehicle[C]//IEEE International Conference on Consumer Electronics，2010：

270-279.

[10] Liu Y C, Lin K Y, Chen Y S. Bird's-Eye View Vision System for Vehicle Surrounding Monitoring[C]//2nd International Workshop on Robot Vision, 2008: 207-218.

[11] Yeh Y T, Peng C K, Chen K W, et al. Driver Assistance System Providing an Intuitive Perspective View of Vehicle Surrounding[C]//12th Asian Conference on Computer Vision, 2014: 403-417.

[12] 赵三峰,谢明,陈玉明. 基于逆向投影的全景泊车系统设计与实现[J]. 计算机工程与应用, 2017(23): 272-275.

第 6 章

基于机器视觉的停车位检测

随着汽车产业的蓬勃发展，无人驾驶或者人机混合驾驶的智能汽车逐渐成为汽车领域和各大汽车厂商关注的新方向。根据美国汽车工程师协会的定义，智能汽车的驾驶自动化可分为以下 5 个等级：一级为辅助驾驶，二级为部分自动驾驶，三级为有条件自动驾驶，四级为高度自动驾驶，五级为安全自动驾驶。其中，具备一至五级功能的系统均可称为驾驶自动化系统，三到五级可称为自动驾驶系统。

无人驾驶汽车的关键技术主要涉及以下几个方面：环境感知、路径规划、定位导航和运动控制。其中环境感知中就包括停车位检测。“停”和“行”是城市交通研究的两大主题。机动车在“停”和“行”两种状态之间必居其一，机动车在停车位的停泊构成了静态交通，在公共道路的行驶形成了动态交通。随着城市居民机动车保有量的不断增加，许多车辆为了寻找停车位而在道路中不断巡游，造成道路交通流量过大，从而引发道路拥堵。人们在享受便捷出行的同时，却不得不面对车辆停放问题的困扰，可以预见这方面的问题在未来的几年内将会变得更加严重。现在市场上最常见的泊车辅助系统主要有两类：一类是在车辆的后保险杆上安装一个雷达传感器，每当车辆靠近或者是探测到附近有障碍物时，通过声音或是影像画面告诉驾驶员附近障碍物的情况，帮助驾驶员解决在泊车过程中由于视野不足所引发的安全隐患，这对新手驾驶员起到了很好的帮助；另一类是利用安装在汽车上的摄像机直接把车辆周围的真实影像显示在屏幕上，为驾驶员提供准确的信息，增加泊车的安全性。这个系统的原理是直接将车周围的真实影像经摄像机传送到屏幕，所以不会出现像雷达那样的错误判断的现象，如果选择广角摄像机则更可以扩大驾驶员的视野，使其能进行更为精准的判断，所以基于机器视觉的停车位检测就变得越来越重要。本章着重介绍通过机器视觉的方法去检测空闲停车位以及空闲车位的车位线，为自动泊车做好准备。

6.1 OpenCV 以及 Visual Studio

6.1.1 OpenCV 概述

OpenCV 的英文全称是 Open Source Computer Vision Library，直译就是“开源的计算机视觉库”。OpenCV 是一个基于 BSD 许可(开源)发行的跨平台计算机视觉和机器学习软件库，可以运行在 Linux、Windows、Android 和 Mac OS 操作系统上。它轻量级而且高效，由一系列 C 函数和少量 C++类构成，同时提供了 Python、Ruby、MATLAB 等语言的接口，实现了图像处理和计算机视觉方面的很多通用算法。

OpenCV 用 C++语言编写，并支持 Windows，Linux，Android 和 Mac OS。OpenCV 主要倾向于实时视觉应用，并在可用时利用 MMX 和 SSE 指令，如今也提供对 C＃、Ch、Ruby，GO 的支持。

OpenCV 官方主页：https://opencv. org/

OpenCV Github 主页：https://github. com/opencv/opencv

OpenCV 开发板 Wiki 主页：https://github. com/opencv/opencv/wiki

6.1.2 起源及发展

OpenCV 缘起于英特尔想要增强 CPU 集群性能的研究。该项目的结果是英特尔启动了许多项目，包括实时光线追踪算法以及三维墙体的显示。其中一位研究员 Gary Bradski 当时正在为英特尔工作，他在访问大学时注意到很多顶尖大学研究机构，比如 MIT 的媒体实验室，拥有非常完备的内部公开的计算机视觉开发接口——代码从一个学生传到另一个学生手中，并且会给每个新来的学生一个有价值的由他们自己开发的视觉应用方案。相较于从头开始设计并完成基本功能，新来的学生可以在之前的基础上进行很多新的工作。所以，OpenCV 以为计算机视觉提供通用性接口这一思想开始了策划。在英特尔性能实验室(Performance Library)团队的帮助下，OpenCV 最初的核心代码和算法规范是英特尔俄罗斯实验室团队完成的，这就是 OpenCV 的起缘，从英特尔软件性能组的实验研究开始，俄罗斯的专家负责实现和优化。

以下是 OpenCV 想要完成的一些目标：

(1) 为高级的视觉研究提供开源并且优化过的基础代码。

(2) 以提供开发者可以在此基础上进行开发的通用接口为手段传播视觉相关知识，这样代码有更强的可读性和移植性。

(3) 以创造可移植的、优化过的免费开源代码推动基于高级视觉的商业应用，这些代码可以自由使用，不要求商业应用程序开放或免费。

6.1.3 Visual Studio

Microsoft Visual Studio 是 VS 的全称。VS 是美国微软公司的开发工具包系列产品。VS 是一个基本完整的开发工具集，它包括了整个软件生命周期中所需要的大部分工具，如 UML 工具、代码管控工具、集成开发环境(IDE)等。所写的目标代码适用于微软支持的所有平台，包括 Microsoft Windows、Windows Mobile、Windows CE、.NET Framework、.Net Core、.NET Compact Framework 和 Microsoft Silverlight 及 Windows Phone。

除了大多数 IDE 提供的标准编辑器和调试器之外，Visual Studio 还包括编译器、代码完成工具、图形设计器和许多其他功能，以简化软件开发过程，其界面如图 6.1 所示。

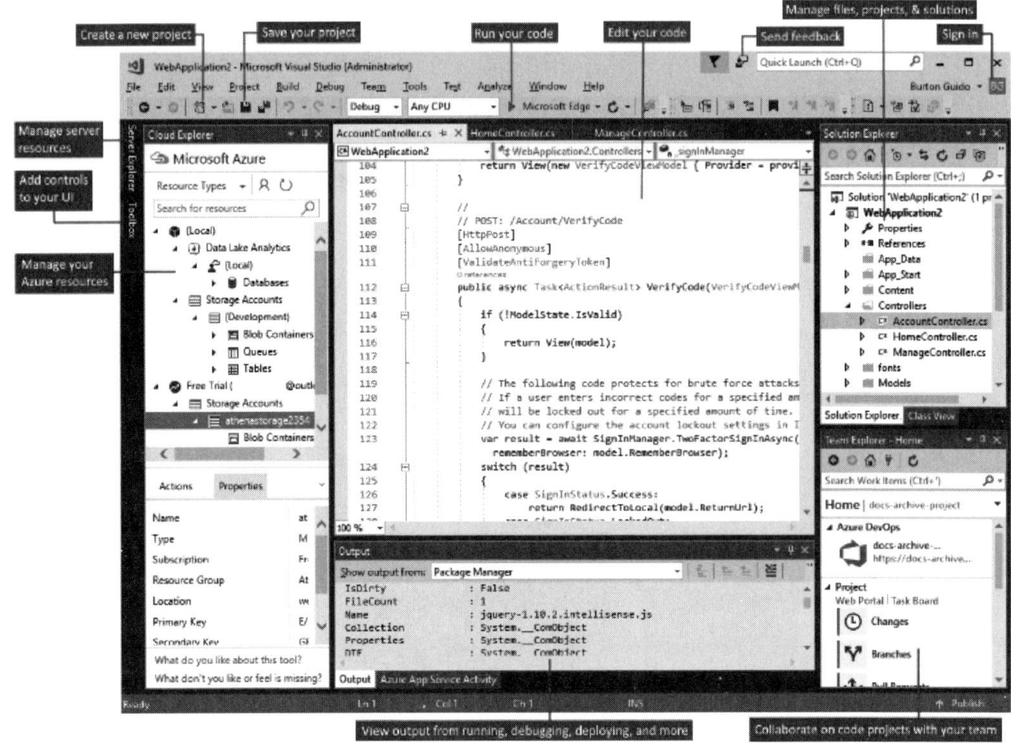

图 6.1　VS 界面

此图像显示 Visual Studio 具有一个打开的项目和若干可能会使用的关键工具窗口：

可通过解决方案资源管理器(右上方) 查看、导航和管理代码文件。解决方案资源管理器可将代码文件分组为解决方案和项目，从而帮助整理代码。

编辑器窗口(中心)用于显示文件内容，用户可能会在该窗口花费大部分时间。

可在该窗口编辑代码或设计用户界面,例如带有按钮和文本框的窗口。

"输出"窗口(底部中心)是 Visual Studio 发送通知(例如,调试和错误消息、编译器警告、发布状态消息等)的位置。每个消息源都有自己的选项卡。

利用版本控制技术[如 Git 和 Team Foundation 版本控制(TFVC)],团队资源管理器(右下方)可让用户跟踪工作项并与他人共享代码。

6.2 检测停车位前图像预处理

6.2.1 线性滤波与非线性滤波

由于成像系统、传输介质和记录设备等的不完善,数字图像在其形成、传输记录过程中往往会受到多种噪声的污染。另外,在图像处理的某些环节当输入的图像并不如预想时也会在结果图像中引入噪声。这些噪声在图像上常表现为引起较强视觉效果的孤立像素点或像素块。一般地,噪声信号与要研究的对象不相关,它以无用的信息形式出现,扰乱图像的可观测信息。对于数字图像信号,噪声表示为或大或小的极值,这些极值通过加减作用于图像像素的真实灰度值上,对图像造成亮、暗点干扰,极大降低了图像质量,影响图像复原、分割、特征提取、图像识别等后继工作的进行。每幅图像都包含某种程度的噪声。我们将噪声看作由多种原因造成的灰度值的随机变化,比如由光子通量的随机性而产生的噪声。在大多数情况下,图像中的噪声必须通过图像平滑处理进行抑制。要构造一种有效抑制噪声的滤波器必须考虑两个基本问题:能有效地去除目标和背景中的噪声;同时,能很好地保护图像目标的形状、大小及特定的几何和拓扑结构特征。

滤波是信号和图像处理中的一种基本操作。它的目的是选择性地提取图像中某些方面的内容,这些内容在特定应用环境下传达了重要信息。滤波可去除图像中的噪声,提取有用的视觉特征,对图像重新采样等。当我们看一幅图像时,就是在观察图像中不同灰度级别(或彩色)组成的图案。图像之间的区别,就在于它们有不同的灰度级分布方式。也可以从其他角度进行图像分析。我们可以看到图像中灰度级的变化。有些图像含有大片强度值几乎不变的区域(如蓝天),而对于其他图像,灰度级的强度值在整幅图像上的变化很大(例如由大量细小物体构成的混乱场景)。

图像滤波,指在尽量保留图像细节特征的条件下对目标图像的噪声进行抑制,是图像预处理中不可缺少的操作,其处理效果的好坏将直接影响到后续图像处理和分析的有效性和可靠性。

消除图像中的噪声成分叫作图像的平滑化或滤波操作。信号或图像的能量大部分集中在幅度谱的低频和中频段,而在较高频段,有用的信息经常被噪声淹没。因此一个能降低高频成分幅度的滤波器就能够减弱噪声的影响。

图像滤波的目的有两个:①抽出对象的特征作为图像识别的特征模式;②为适

应图像处理的要求，消除图像数字化时混入的噪声。

而对滤波处理的要求也有两条：①不能损坏图像的轮廓及边缘等重要信息；②使图像清晰视觉效果好。

平滑滤波是低频增强的空间域滤波技术。它的目的有两类：一类是模糊；另一类是消除噪声。

空间域的平滑滤波一般采用简单平均法进行，就是求邻近像元点的平均亮度值。邻域的大小与平滑的效果直接相关，邻域越大平滑的效果越好；但邻域过大，平滑也会使边缘信息损失的越大，从而使输出的图像变得模糊，因此需合理选择邻域的大小。

关于滤波器，一种形象的比喻是：可以把滤波器想象成一个包含加权系数的窗口，当使用这个滤波器平滑处理图像时，就把这个窗口放到图像之上，透过这个窗口来看我们得到的图像。

滤波器的种类有很多，在新版本的 OpenCV 中，提供了如下 5 种常用的图像平滑处理操作方法，它们分别被封装在单独的函数中，使用起来非常方便。

- 方框滤波——BoxBlur 函数；
- 均值滤波(邻域平均滤波)——Blur 函数；
- 高斯滤波——GaussianBlur 函数；
- 中值滤波——medianBlur 函数；
- 双边滤波——bilateralFilter 函数。

线性滤波器：线性滤波器经常用于剔除输入信号中不想要的频率或者从许多频率中选择一个想要的频率。

几种常见的线性滤波器如下。

- 低通滤波器：允许低频率通过；
- 高通滤波器：允许高频率通过；
- 带通滤波器：允许一定范围频率通过；
- 带阻滤波器：阻止一定范围频率通过并且允许其他频率通过；
- 全通滤波器：允许所有频率通过，仅仅改变相位关系；
- 陷波滤波器：阻止一个狭窄频率范围通过，是一种特殊带阻滤波器。

邻域算子(局部算子)是利用给定像素周围的像素值决定此像素的最终输出值的一种算子。线性邻域滤波就是一种常用的邻域算子，像素的输出值取决于输入像素的加权和。

邻域算子除了用于局部色调调整以外，还可以用于图像滤波，以实现图像的平滑和锐化，图像边缘增强或者图像噪声的去除。

线性滤波处理的输出像素值 $g(i,j)$ 是输入像素 $f(i+k,j+I)$ 的加权和：

$$g(i,j)=\sum_{K,I}f(i+k,j+I)h(k,I) \tag{6-1}$$

式中：$h(k,I)$称为“核”，是滤波器的加权系数，即滤波器的“滤波系数”。

1. 线性滤波器

1）方框滤波

这是所有滤波器中最简单的一种滤波方式。每一个输出像素是内核邻域像素值的平均值得到。

$$K = a\begin{bmatrix} 1 & \cdots & 1 \\ \vdots & \ddots & \vdots \\ 1 & \cdots & 1 \end{bmatrix} \tag{6-2}$$

其中，

$$a\begin{cases} \dfrac{1}{\text{ksize. width} * \text{ksize. height}}, & \text{normalize} = \text{ture} \\ 1, & \text{normalize} = \text{false} \end{cases} \tag{6-3}$$

当 normalize=ture 时，方框滤波就变成了我们熟悉的均值滤波。也就是说，均值滤波是方框滤波归一化后的特殊情况。归一化就是把要处理的量都缩放到一个范围内，比如(0,1)，以便统一处理和直观量化。而非归一化的方框滤波用于计算每个像素邻域内的积分特性。

程序如下：

```
Mat image=imread("1.jpg");
namedWindow("方框滤波【原图】");
namedWindow("方框滤波【效果图】");
//显示原图
imshow("方框滤波【原图】",image);
//进行方框滤波操作
Mat out;
boxFilter(image,out,-1,Size(5,5));
//显示效果图
imshow("方框滤波【效果图】",out);
```

算法执行效果如图 6.2 所示。

2）均值滤波

均值滤波是最简单的一种滤波操作，输出图像的每一个像素是核窗口内输入图像对应像素的平均值(所有像素加权系数相等)，即归一化后的方框滤波。

如果一种滤波器是用邻域像素的加权累加值来替换像素值，我们就说这种滤波器是线性的。即将矩形邻域内的全部像素累加，除以该邻域的数量(即求平均值)，然后用这个平均值替换原像素的值。这相当于把邻域中每个像素乘以 1，然后进行累加。也可以把邻域中每个像素位置对应的放大系数存放在一个矩阵中，用这个矩阵表示滤波器的不同权重。

均值滤波是典型的线性滤波算法，主要方法为邻域平均法，即用一片图像区域的

(a)

(b)

图 6.2 方框滤波效果(见文前彩图)

(a) 原图；(b) 方框滤波效果图

各个像素的均值来代替原图像中的各个像素值。一般需要在图像上对目标像素给出一个模板(内核),该模板包括了其周围的邻近像素(比如以目标像素为中心的周围8(3×3−1)个像素,构成一个滤波模板,即去掉目标像素本身)。再用模板中全体像素的平均值代替原来像素值。即对待处理的当前像素点(x,y)选择一个模板,该模板由其近邻的若干像素组成,求模板中所有像素的均值,再把该均值赋予当前像素点(x,y),作为处理后图像在该点上的灰度点$g(x,y)$,即$g(x,y)=1/m\sum f(x,y)$,其中m为该模板中包含当前像素在内的像素总个数。均值滤波效果如图 6.3 所示。

(a)

(b)

图 6.3 均值滤波效果

(a) 均值滤波原图；(b) 均值滤波效果图

均值滤波本身存在着固有的缺陷,即它不能很好地保护图像细节,在图像去噪的同时也破坏了图像的细节部分,从而使图像变得模糊,不能很好地去除噪声点。

均值滤波的内核可表示为

$$K=\frac{1}{K_{\text{width}} * K_{\text{height}}}\begin{bmatrix}1 & \cdots & 1\\ \vdots & \ddots & \vdots\\ 1 & \cdots & 1\end{bmatrix} \tag{6-4}$$

应用一个线性滤波器相当于将内核移动到图像的每个像素上，并将每个对应像素乘以它的权重。这个运算在数学上称为卷积，规范的写法如下所示：

$$I_{\text{out}}(x,y)=\sum_{i}\sum_{j}I_{\text{in}}(x-i,y-j)K(i,j) \tag{6-5}$$

3）高斯滤波

高斯滤波是一种线性平滑滤波，可以消除高斯噪声，广泛应用于图像处理的减噪过程。通俗地讲，高斯滤波就是对整幅图像进行加权平均的过程，每一个像素点的值，都由其本身和邻域内其他像素值经过加权平均后得到。高斯滤波的具体操作：用一个模板（或称卷积、掩模）扫描图像中的每一个像素，用模板确定的邻域内像素的加权平均灰度值去替代模板中心像素点的值。

通常来说高斯滤波是最有用的滤波操作，虽然它用起来效率往往不是最高的。高斯模糊技术生成的图像，其视觉效果就像是经过一个半透明屏幕在观察图像，这与镜头焦外成像效果散景以及普通照明阴影中的效果都明显不同。高斯平滑也用于计算机视觉算法中的预先处理阶段，以增强图像在不同比例大小下的图像效果（参见尺度空间表示以及尺度空间实现）。从数学的角度来看，图像的高斯模糊过程就是图像与正态分布做卷积。由于正态分布又叫作高斯分布，所以这项技术就叫作高斯模糊。

图像与圆形方框模糊做卷积将会生成更加精确的焦外成像效果。由于高斯函数的傅里叶变换是另外一个高斯函数，所以高斯模糊对于图像来说就是一个低通滤波操作。

高斯滤波器是一类根据高斯函数的形状来选择权值的线性平滑滤波器。高斯平滑滤波器对于抑制服从正态分布的噪声非常有效。一维零均值高斯函数如下：

$$G(x)=\exp(-x^2/(2\text{sigma}^2)) \tag{6-6}$$

其中，高斯分布参数 sigma 决定了高斯函数的宽度。对于图像处理来说，常用二维零均值离散高斯函数作平滑滤波器。

高斯函数是一个对称钟形曲线，因此它非常适用于滤波。

从图 6.4 中可以看出，离中心点越远的像素权重越低，这使像素之间的过渡更加平滑。与之相反，使用扁平的均值滤波器时，远处的像素会使当前平均值发生突变。从频率上看，这意味着均值滤波器并没有消除全部高频成分。

要在图像上应用二维高斯滤波器，只需先在横向线条上应用一维高斯滤波器（过滤水平方向的频率），然后在纵向线条上应用另一个一维高斯滤波器（过滤垂直方向的频率）。这是因为，高斯滤波器是一种可分离滤波器（也就是说，二维内核可分解成两个一维滤波器）。要应用普通的可分离滤波器，可使用 cv::sepFilter2D 函数。也可以用 cv::filter2D 函数直接应用二维内核。由于可分离滤波器所用的乘法运算更少，因此它的计算速度通常比不可分离滤波器要快。

在 OpenCV 中，若要对图像应用高斯滤波器，需要调用 cv::GaussianBlur 函数，并且提供系数的个数（第三个参数，必须是奇数）和 σ 的值（第四个参数）。也可以只

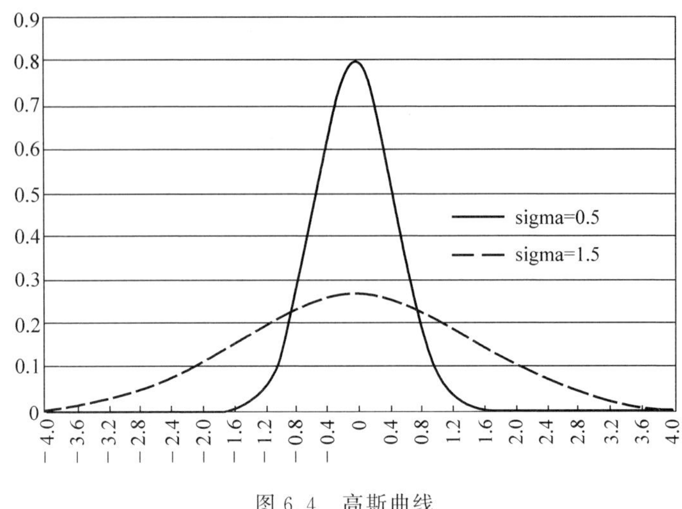

图 6.4 高斯曲线

设置 σ 的值,由 OpenCV 决定系数的个数(输入滤波器尺寸的值为 0)。反过来也可以,即输入参数时提供尺寸的数值,σ 值为 0。函数会自行判断最适合尺寸的 σ 值。

3 种线性滤波器的对比效果如图 6.5 所示。

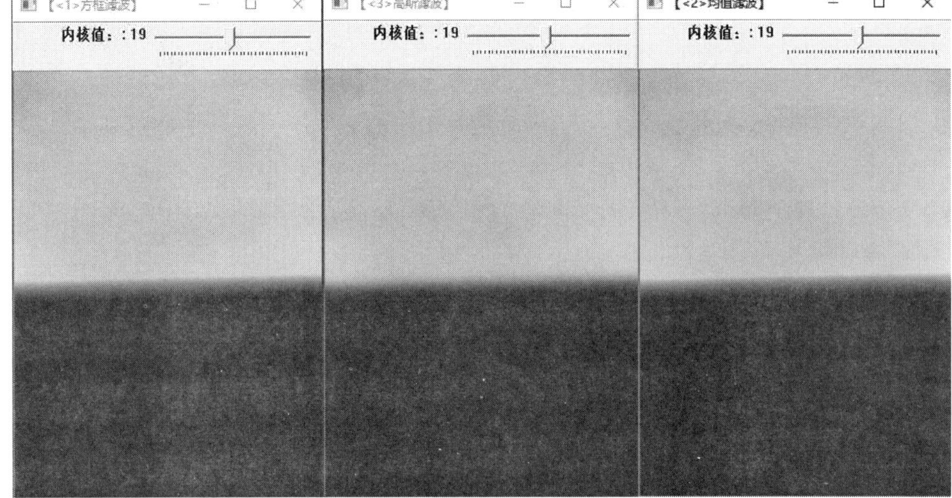

图 6.5 3 种滤波器对比

2. 非线性滤波器

线性滤波可以实现很多种不同的图像变换。而非线性滤波,如中值滤波器和双边滤波器,有时可以达到更好的实现效果。

前面我们所考虑的滤波器都是线性的,即两个信号之和的响应和它们各自响应之和相等。换句话说,每个像素的输出值是一些输入像素的加权和。线性滤波器易于构造,并且易于从频率响应角度来进行分析。

然而,在很多情况下,使用邻域像素的非线性滤波会得到更好的效果。比如在噪声是散粒噪声而不是高斯噪声,即图像偶尔会出现很大的值时,用高斯滤波器对图像进行模糊,噪声像素是不会被去除的,它们只是转换为更为柔和但仍然可见的散粒,这就到了中值滤波登场的时候了。

1) 中值滤波器

中值滤波(median filter)是一种典型的非线性滤波技术,基本思想是用像素点邻域灰度值的中值来代替该像素点的灰度值,该方法在去除脉冲噪声的同时又能保留图像的边缘细节。

中值滤波是基于排序统计理论的一种能有效抑制噪声的非线性信号处理技术,其基本原理是把数字图像或数字序列中一点的值用该点的一个邻域中各点值的中值代替,让周围的像素值接近真实值,从而消除孤立的噪声点。这正是中值滤波器在消除椒盐噪声时如此高效的原因。事实上,如果在某个像素邻域中有一个异常的黑色或白色像素,该像素将无法作为中间值(它是最大值或最小值),因此肯定会被邻域的值替换掉。

中值滤波在一定的条件下可以克服常见线性滤波器,如最小均方滤波、方框滤波器、均值滤波等带来的图像细节模糊,而且对滤除脉冲干扰及图像扫描噪声非常有效,也常用于保护边缘信息。保存边缘的特性使它在不希望出现边缘模糊的场合也很有用,是非常经典的平滑噪声处理方法。中值滤波效果如图 6.6 所示。

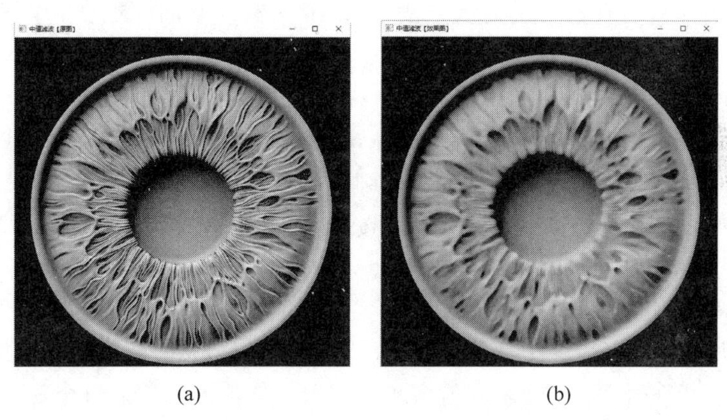

(a) (b)

图 6.6 中值滤波效果

(a) 中值滤波原图; (b) 中值滤波效果图

- 中值滤波与均值滤波器比较

优势:在均值滤波器中,由于噪声成分被放入平均计算中,所以输出受到了噪声的影响。但是在中值滤波器中,由于噪声成分很难选上,所以几乎不会影响到输出。因此同样用 3×3 区域进行处理,中值滤波消除的噪声能力更胜一筹。中值滤波无论是在消除噪声还是保存边缘方面都是一个不错的方法。

劣势：中值滤波花费的时间是均值滤波的 5 倍以上。

顾名思义，中值滤波选择每个像素的邻域像素中的中值作为输出，或者说中值滤波将每一像素点的灰度值设置为该点某邻域窗口内的所有像素点灰度值的中值。

调用中值滤波器函数的方法与调用其他滤波器差不多：

```
cv::medianBlur(image,result,5);
// 最后一个参数是滤波器尺寸
```

例如，取 3×3 的函数窗，计算以点$[i,j]$为中心的函数窗像素中值，具体步骤如下。

(1) 按强度值大小排列像素点。

(2) 选择排序像素集的中间值作为点$[i,j]$的新值。

一般采用奇数点的邻域来计算中值，但像素点数为偶数时，中值就取排序像素中间两点的平均值。

2) 双边滤波

高斯滤波之所以会导致图像变得模糊，是因为它在滤波过程中只关注了位置信息，即在滤波窗口内，距离中心点越近的点的权重越大。这种只关注距离的思想在某些情况下是可行的，例如在平坦的区域，距离越近的区域其像素分布也越相近，自然地，这些点的像素值对滤波中心点的像素值更有参考价值。但是在像素值出现跃变的边缘区域，这种方法会适得其反，损失掉有用的边缘信息。此时就出现了一类算法——边缘保护滤波方法，双边滤波就是最常用的边缘保护滤波方法。

双边滤波是一种非线性的滤波方法，是结合图像的空间邻近度和像素值相似度的一种折中处理，同时考虑空域信息和灰度相似性，达到保边去噪的目的，具有简单、非迭代、局部的特点。

双边滤波器的好处是可以做边缘保存，以往常用维纳滤波或者高斯滤波去降噪，但二者都会较明显地模糊边缘，对于高频细节的保护效果并不明显。双边滤波器顾名思义，比高斯滤波多了一个高斯方差 sigma-d，它是基于空间分布的高斯滤波函数，所以在边缘附近，离得较远的像素不会对边缘上的像素值影响太多，这样就保证了边缘附近像素值的保存。但是，由于保存了过多的高频信息，对于彩色图像里的高频噪声，双边滤波器不能够干净地滤掉，只能对于低频信息进行较好的滤波。

在双边滤波器中，输出像素的值依赖于邻域像素值的加权值组合，公式如下：

$$g(i,j)=\frac{\sum_{k,l} f(k,l)\omega(i,j,k,l)}{\sum_{k,l}\omega(i,j,k,l)} \tag{6-7}$$

定义域滤波和值域滤波如图 6.7 所示。

OpenCV 中的函数为

```
void bilateralFilter (InputArray src, OutputArray dst, int d, double sigmaColor, double
sigmaSpace, int borderType = BORDER_DEFAULT);
```

0.1	0.3	0.4	0.3	0.1
0.3	0.6	0.8	0.6	0.3
0.4	0.8	1.0	0.8	0.4
0.3	0.6	0.8	0.6	0.3
0.1	0.3	0.4	0.3	0.1

(a)

0.0	0.0	0.0	0.0	0.2
0.0	0.0	0.0	0.4	0.8
0.0	0.0	1.0	0.8	0.4
0.0	0.2	0.8	0.8	1.0
0.2	0.4	1.0	0.8	0.4

(b)

图 6.7　定义域滤波和值域滤波

(a) 定义域滤波；(b) 值域滤波

函数中的参数依次表示，src：输入图像，dst：输出图像，d：滤波窗口的直径（函数注释中使用的是 Diameter，那么很可能函数中选取的窗口是圆形窗口），sigmaColor：像素值域方差，sigmaSpace：空间域方差，以及边缘处理方式。双边滤波处理效果如图 6.8 所示。

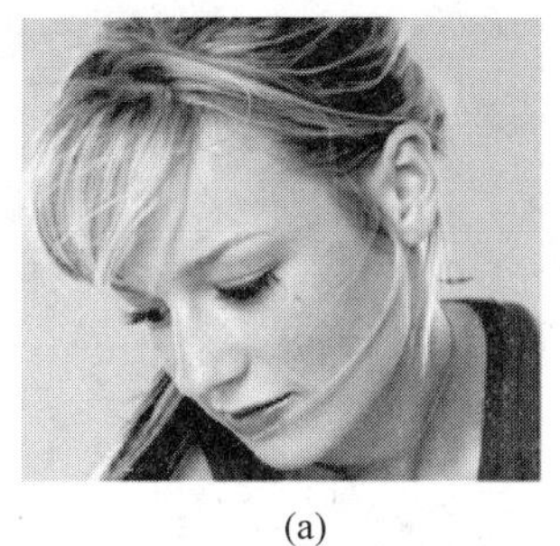

(a)

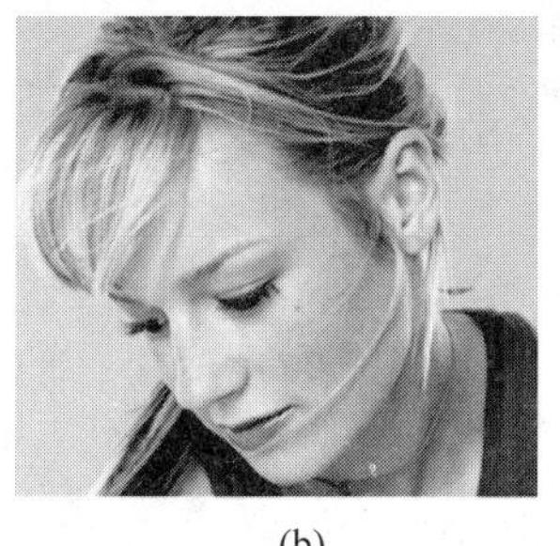

(b)

图 6.8　双边滤波效果（见文前彩图）

(a) 原始图像；(b) bilateralFilter 处理图像

基于车位线检测实验，考虑检测效果和检测时间，采用均值滤波来处理摄像机采集到的图像即可达到不错的效果，如图 6.9 所示。

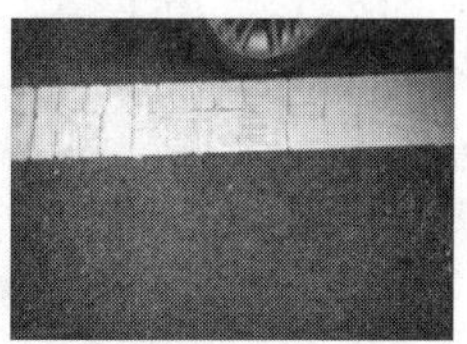

图 6.9　均值滤波后的车位线图像

6.2.2　图像亮度及对比度

1. 亮度

图像亮度通俗理解便是图像的明暗程度，数字图像 $f(x,y)=i(x,y)\ r(x,y)$，如果灰度值在[0,255],则 f 值越接近 0 亮度越低,f 值越接近 255 亮度越高。而且我们也要把亮度和对比度区分开来,正如上述提的对比度指的是最高和最低灰度级之间的灰度差。下面通过图片感受一下亮度变化对数字图像的影响,如图 6.10 所示。

图 6.10 中白色和红色两幅图中,图的右边相对于左边增加了亮度,可以看出图像右边相对于左边亮度有了一个整体的提升,这里只是对亮度做了一个小弧度的提升,我们尝试着将亮度提升得更高,如图 6.11 所示。

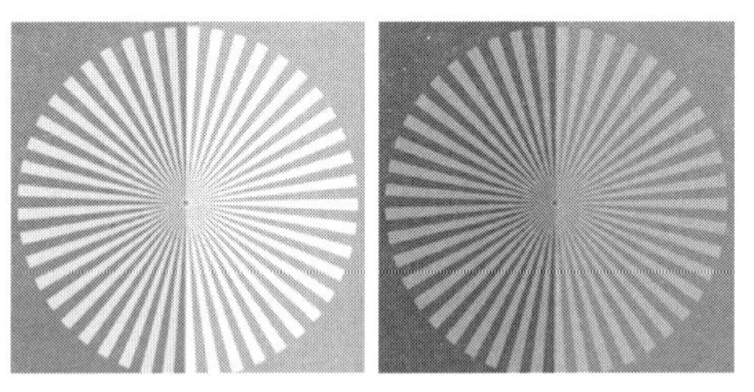

图 6.10　增加亮度(见文前彩图)

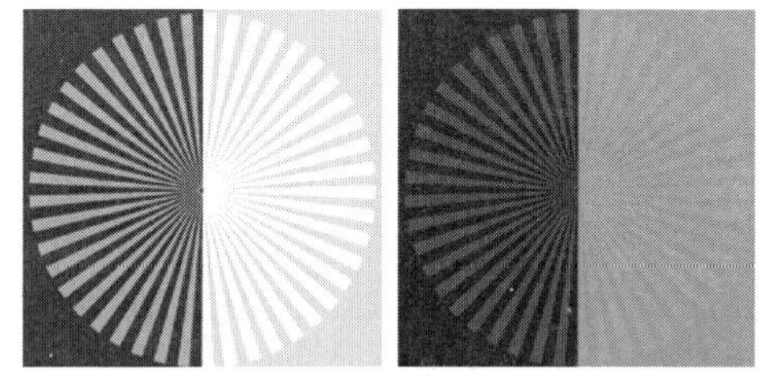

图 6.11　提升更高亮度(见文前彩图)

需要强调的是,如果我们对亮度做这么一个剧烈的改变,那么便会在改变图片强度的同时也影响了图片的饱和度、对比度和清晰度,此时两个图片右边部分饱和度、对比度和清晰度都降低了,原因是过度增加亮度导致阴影赶上了高光,因为最大灰度值是固定的,所以最低灰度值快赶上了最大灰度值,因此影响了图片的饱和度、对比度和清晰度。

2. 对比度和饱和度

(1) 饱和度指的是图像颜色种类的多少,上面提到图像的灰度级是$[L_{\min}, L_{\max}]$,则在 $L_{\min}$、$L_{\max}$ 的中间值越多,便代表图像的颜色种类多,饱和度也就更高,外观上看起来图像会更鲜艳,调整饱和度可以修正过度曝光或者未充分曝光的图片,使图像看上去更加自然。

(2) 对比度指的是图像暗和亮的落差值,即图像最大灰度级和最小灰度级之间的差值,如图 6.12 所示。

上面白色和红色辐条图像的右侧都增加了对比度,但我们可以看出右侧的白色辐条或是红色辐条随着对比度的增加,白/红色辐条都变亮了,背景变暗了,图像看起来更加清晰。

注意:在红色辐条中增加对比度同时也增加了饱和度,但白色辐条的饱和度没有随着亮度的增加而增加,这印证了变化的程度取决于图像本身的特性。因为饱和度对于具有鲜艳颜色、颜色丰富的图像影响很大,而对于暗淡的颜色或几乎是中性

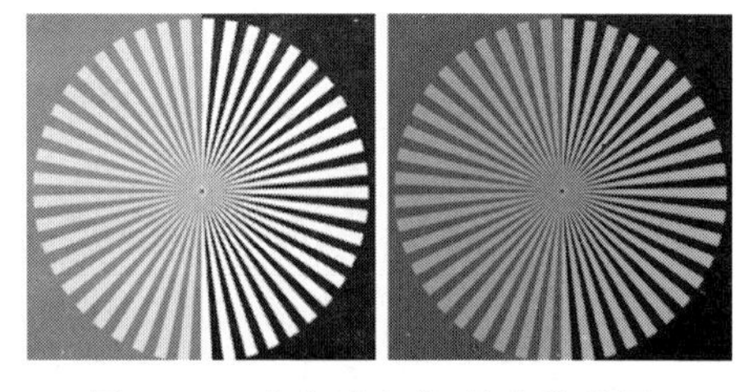

图 6.12　改变对比度(见文前彩图)

颜色影响较小。

3. 锐化

图像锐化是补偿图像的轮廓，增强图像的边缘及灰度跳变的部分，使图像变得清晰(图 6.13)。图像锐化在实际图像处理中经常用到，因为在做图像平滑、图像滤波处理时经过会丢失图像的边缘信息，通过图像锐化便能够增强突出图像的边缘、轮廓。

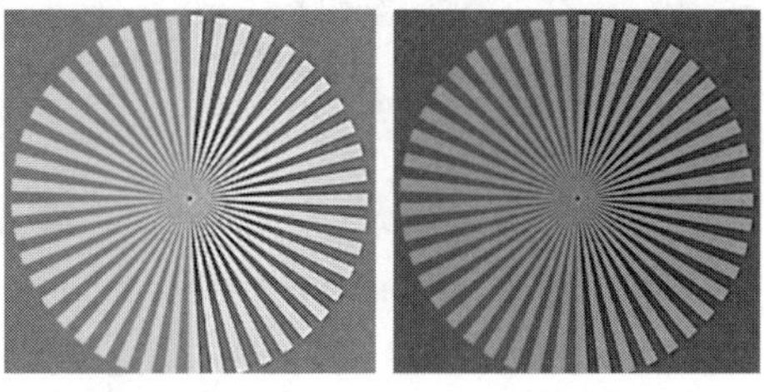

图 6.13　图像锐化(见文前彩图)

从图 6.13 中可以看出图像白(浅)色、红(深)色辐条的接近中心的细辐条亮度、对比度和饱和度有了明显的提升，但外侧却没有太明显的变化，这是因为图像锐化会更多地增强边缘数据，因此影响也就更加明显。

上面分别对图像的亮度、对比度、饱和度、锐化的概念做了基本的阐述，同时配图也着重强调了图像的亮度、对比度、饱和度、锐化之间不是完全孤立存在的，是会互相影响的，所以明白了它们之间的相互影响，在以后进行数字图像处理时能更好地去调节图像亮度、对比度、饱和度、锐化这些属性。

4. 图像亮度、对比度、饱和度、锐化调节

一般的图像处理算子都是一个函数，它接收一个或多个输入图像，并产生输出图像。算子的一般形式如下：

$$g(x)=h(f(x)) \quad 或者 \quad g(x)=h(f0(x)\cdots fn(x)) \tag{6-8}$$

图像亮度和对比度的调整操作，属于图像处理变换中一种点操作。点操作特点：仅仅根据输入像素值(有时加上某些全局信息或参数)来计算相应的输出像素值。这类算子包括亮度和对比度、颜色校正和变换。

两种最常用的点操作(或者说点算子)是乘上一个常数(对应对比度的调节)以及加上一个常数(对应亮度值的调节)，公式如下：

$$g(x)=a*f(x)+b \tag{6-9}$$

其中，参数 $f(x)$表示源图像像素；

参数 $g(x)$表示输出图像像素；

参数 a(需要满足 $a>0$)称为增益(gain)，常常被用来控制图像的对比度；

参数 b 通常称为偏置，常常被用来控制图像的亮度。

式(6-9)可以更进一步写成

$$g(i,j)=a*f(i,j)+b$$

其中，i 和 j 表示像素位于第 i 行和第 j 列。上式可以用来作为我们在 OpenCV 中控制图像的亮度和对比度的理论公式。

(1) $a=1$ 时是原图；

(2) $a>1$ 时对比度增强，图像看起来更加清晰；

(3) $a<1$ 时对比度减弱，图像看起来变暗；

(4) b 影响图像的亮度，随着增加 $b(b>0)$ 和减小 $b(b>0)$，图像整体的灰度值上移或者下移，也就是图像整体变亮或者变暗，不会改变图像的对比度。

代码如下：

```
//三个 for 循环，执行运算 new_image (i,j ) =a * image (i,j ) + b
for(int y = 0; y < image.rows; y++ )
{
    for (int x = 0; x < image.cols; x++ )
    {
        for(int c = 0; c < 3; C++)
        (
            new_image.at < Vec3b >(y, x)[c] = saturate_cast < uchar >((g_
            nContrastValue * 0.01) * (image.at < Vec3b >(y, x)[c] ) + g_
            nBrightValue);
        }
    }
}
```

为了访问图像的每一个像素，使用以下语法：

image.at < Vec3b >(y,x)[c]。

其中，y 是像素所在的行，x 是像素所在的列，c 是 R、G、B（对应 0、1、2）其中之一。

因为运算结果可能会超出像素取值范围（溢出），还可能是非整数（如果是浮点数），所以要用 saturate_cast 函数对结果进行转换，以确保它为有效值。

这里的 a 也就是对比度，一般为了观察效果，它的取值为 0.0～3.0 的浮点值，但是轨迹条一般取值都会取整数，因此在这里我们可以将其代表对比度值的 nContrastValue 参数设为 0～300 的整型，在最后的式子中乘以一个 0.01，这样就完成了轨迹条中 300 个不同取值的变化。

效果图如图 6.14 所示。

6.2.3 形态学运算

数学形态学是一门 20 世纪 60 年代发展起来的理论，用于分析和处理离散图像。它定义了一系列运算，用预先定义的形状元素探测图像，从而实现图像的转换。这个形状元素与像素邻域的相交方式决定了运算的结果。本节将介绍几种最重要的形态学运算。

1. 概述

形态学一词通常表示生物学的一个分支，该分支主要研究动植物的形态和结构。

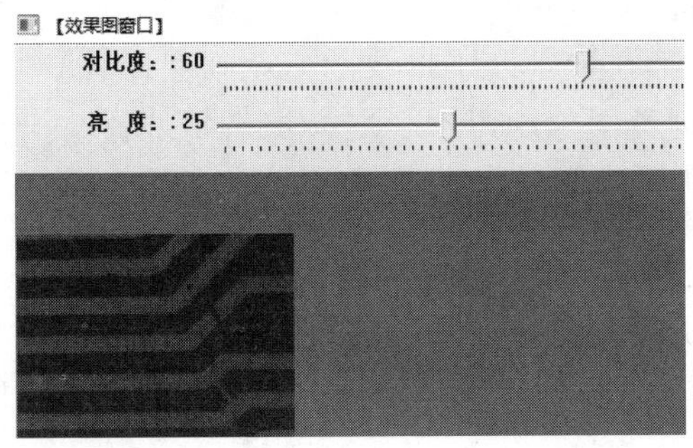

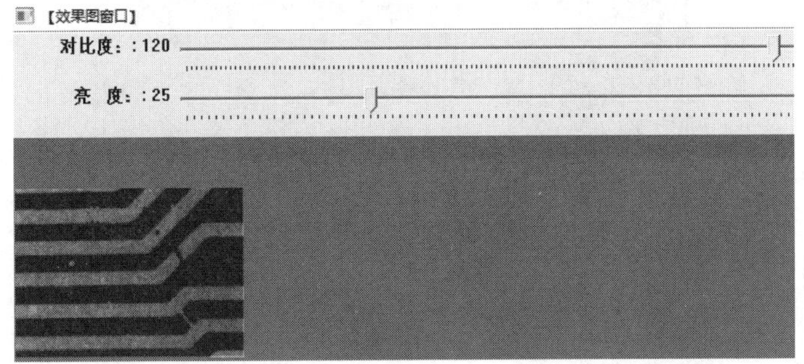

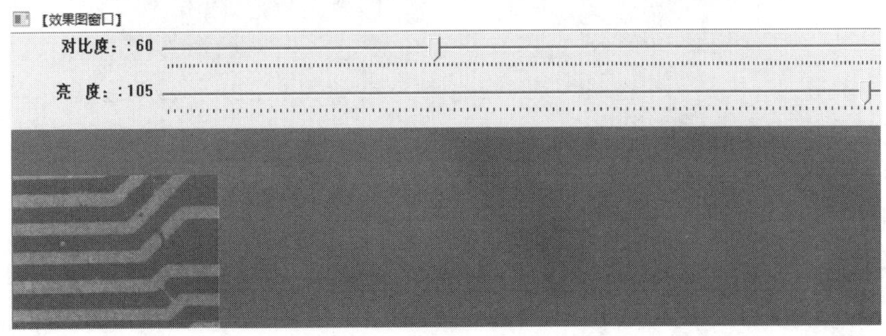

图 6.14　改变图像亮度以及对比度

而图像处理中的形态学，往往指的是数学形态学。

数学形态学是一门建立在格论和拓扑学基础之上的图像分析学科，是数学形态学图像处理的基本理论。其基本的运算包括二值腐蚀和膨胀、二值开闭运算、骨架抽取、极限腐蚀、击中击不中变换、形态学梯度、Top-hat 变换、颗粒分析、流域变换、灰值腐蚀和膨胀、灰值开闭运算、灰值形态学梯度等。

腐蚀和膨胀是最基本的形态学运算，数学形态学中最基本的概念是结构元素。结构元素可以简单地定义为像素的组合（图 6.15 中的正方形），在对应的像素上定义了一个原点（也称锚点）。形态学滤波器的应用过程就包含了用这个结构元素探测图像中每个像素的操作过程。把某个像素设为结构元素的原点后，结构元素和图像重叠部分的像素集（图 6.15 中的 9 个阴影像素）就是特定形态学运算的应用对象。结构元素原则上可以是任何形状，但通常是一个简单形状，如正方形、圆形或菱形，并且把中心点作为原点。自定义结构元素可用于强化或消除特殊形状。

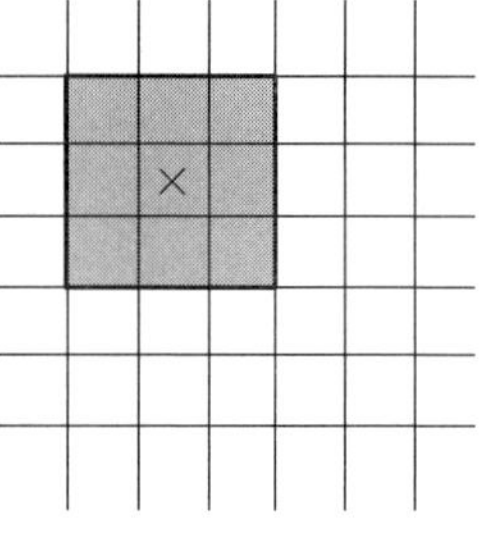

图 6.15 结构元素

简单来讲，形态学操作就是基于形状的一系列图像处理操作。OpenCV 为进行图像的形态学变换提供了快捷、方便的函数。最基本的形态学操作有两种，即膨胀与腐蚀。

膨胀与腐蚀能实现多种多样的功能，主要如下：

(1) 消除噪声；

(2) 分割出独立的图像元素，在图像中连接(join)相邻的元素；

(3) 寻找图像中明显的极大值区域或极小值区域；

(4) 求出图像的梯度。

在进行腐蚀和膨胀的讲解之前，首先提醒大家注意，腐蚀和膨胀都是对白色部分(高亮部分)而言的，不是黑色部分。膨胀是图像中的高亮部分进行膨胀，类似于"邻域扩张"，效果图拥有比原图更大的高亮区域；腐蚀是原图中的高亮部分被腐蚀，类似于"邻域被吞"，效果图拥有比原图更小的高亮区域。

2. 膨胀

膨胀(dilate)就是求局部最大值的操作。从数学角度来说，膨胀或者腐蚀操作就是将图像(或图像的一部分区域，称为 A)与核(称为 B)进行卷积。

核可以是任何形状和大小，它拥有一个单独定义出来的参考点，我们称其为锚点。多数情况下，核是一个小的、中间带有参考点和实心正方形或者圆盘。其实，可以把核视为模板或者掩码。

而膨胀就是求局部最大值的操作。核 B 与图形卷积，即计算核 B 覆盖区域的像素点的最大值，并把这个最大值赋值给参考点指定的像素。这样就会使图像中的高亮区域逐渐增长，如图 6.16 所示。这就是膨胀操作的初衷。

膨胀的数学表达式如下：

$$\mathrm{dst}(x,y)=\max_{(i,j)\in \mathrm{element}} \mathrm{src}(x+i,y+j) \tag{6-10}$$

式(6-10)表示用结构 B 膨胀 A，将结构元素 B 的原点平移到图像像元(x,y)位置。如果 B 在图像像元(x,y)处与 A 的交集不为空(也就是 B 中为 1 的元素位置上对应 A 的图像值至少有一个为 1)，则输出图像对应的像元(x,y)赋值为 1，否则赋值为 0。

膨胀：dilate 函数使用像素邻域内的局部极大运算符来膨胀一张图片，从 src 输入，由 dst 输出。函数原型如下：

```
C++: void dilate(
    InputArray src, OutputArray dst, InputArray kernel, Point anchor=Point(-1, -1), int
    iterations = 1, int borderType = BORDER_CONSTANT, const Scalars borderValue =
    morphologyDefaultBorderValue()
);
```

膨胀处理的效果如图 6.17 所示。

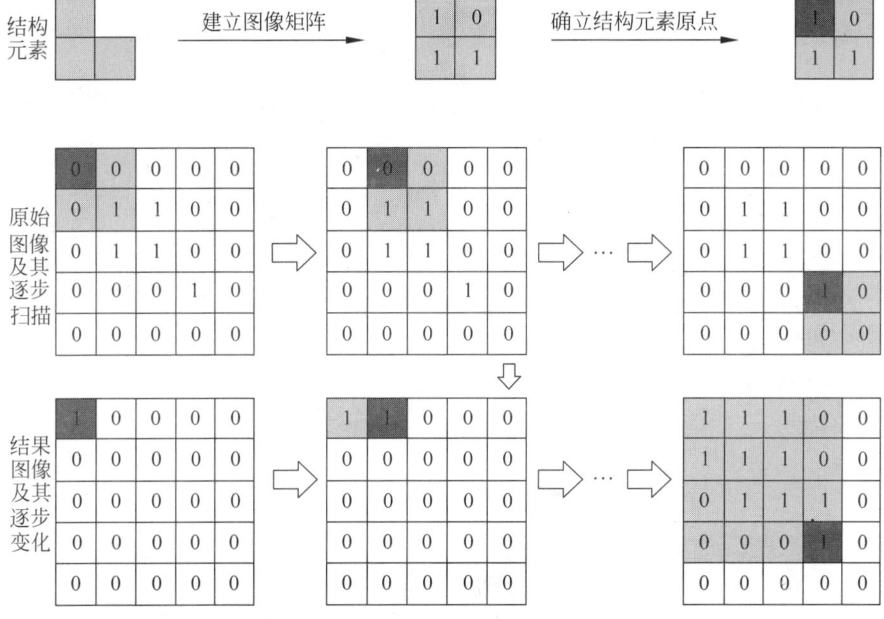

图 6.16　膨胀操作流程

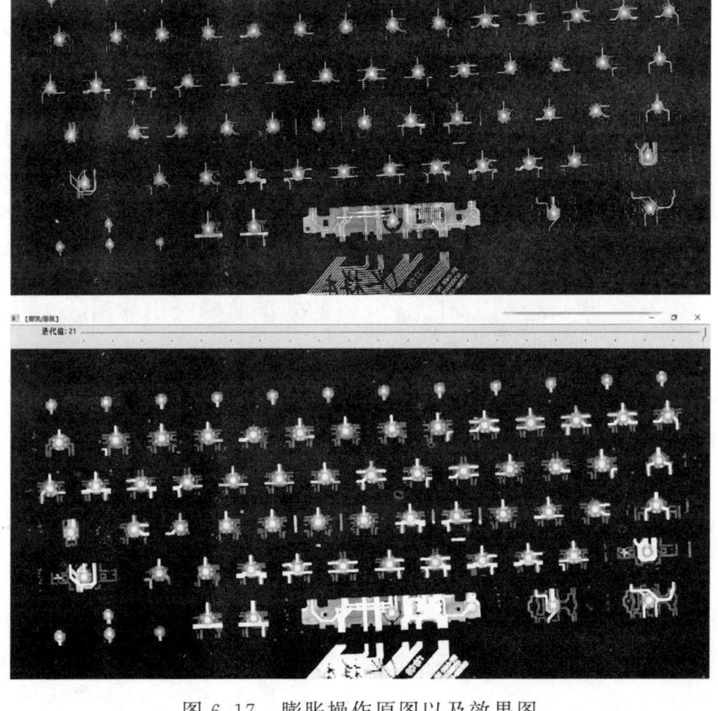

图 6.17　膨胀操作原图以及效果图

3. 腐蚀

膨胀和腐蚀是相反的一对操作，所以腐蚀就是求局部最小值的操作。我们一般都会把腐蚀和膨胀进行对比理解和学习。其操作流程如图 6.18 所示。

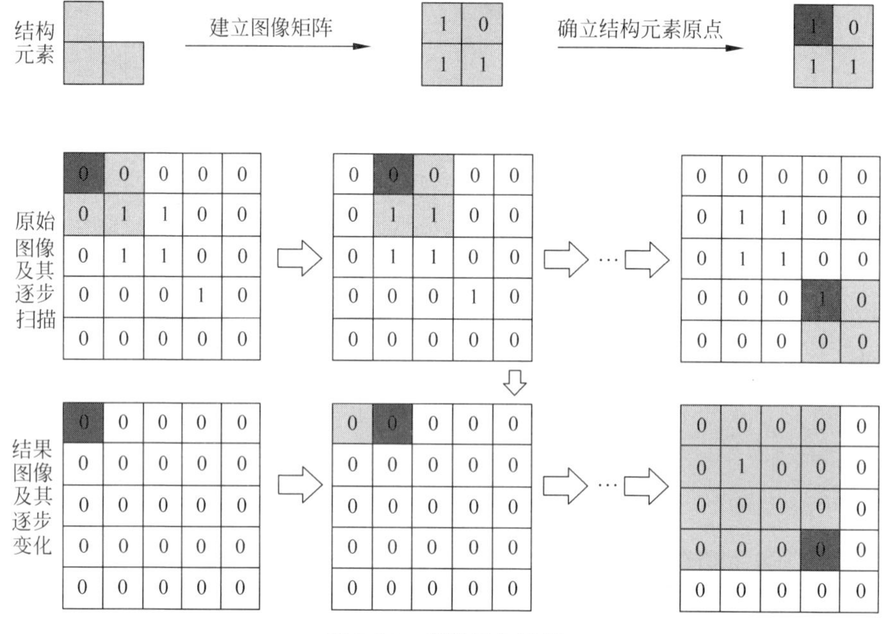

图 6.18　腐蚀操作流程

$$dst(x,y)=\min_{(i,j)\in element} src(x+i,y+j) \tag{6-11}$$

式(6-11)表示用结构 B 腐蚀 A。需要注意的是，B 中需要定义一个原点，而 B 移动的过程与卷积核移动的过程一致，同卷积核与图像有重叠之后再计算一样。当 B 的原点平移到图像 A 的像元(x,y)时，如果 B 在(x,y)处完全被包含在图像 A 重叠的区域(也就是 B 中为 1 的元素位置上对应的 A 图像值全部也为 1)，则将输出图像对应的像元(x,y)赋值为 1，否则赋值为 0。腐蚀处理前后对比如图 6.19 所示。

前面我们介绍了形态学的基本运算，而运用这两个基本运算，可以实现更高级的形态学变换。

4. 开运算和闭运算

开运算其实就是先腐蚀后膨胀的过程。其数学表达式如下：

$$dst=open(src,element)=dilate(erode(src,element)) \tag{6-12}$$

开运算可以用来消除小物体，在纤细点处分离物体，并且在平滑较大物体的边界的同时不明显改变其面积。开运算流程和处理效果图分别如图 6.20 和图 6.21 所示。

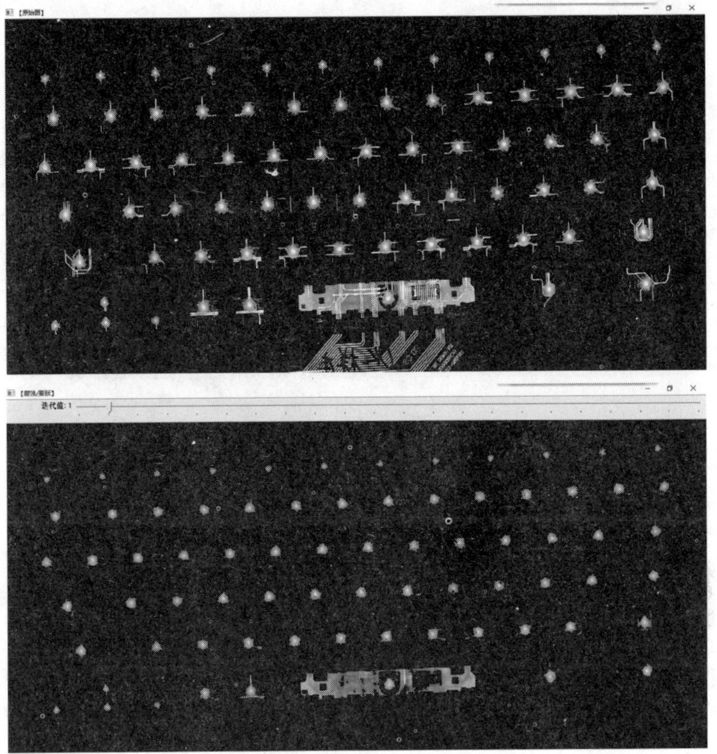

图 6.19 腐蚀操作原图以及效果图

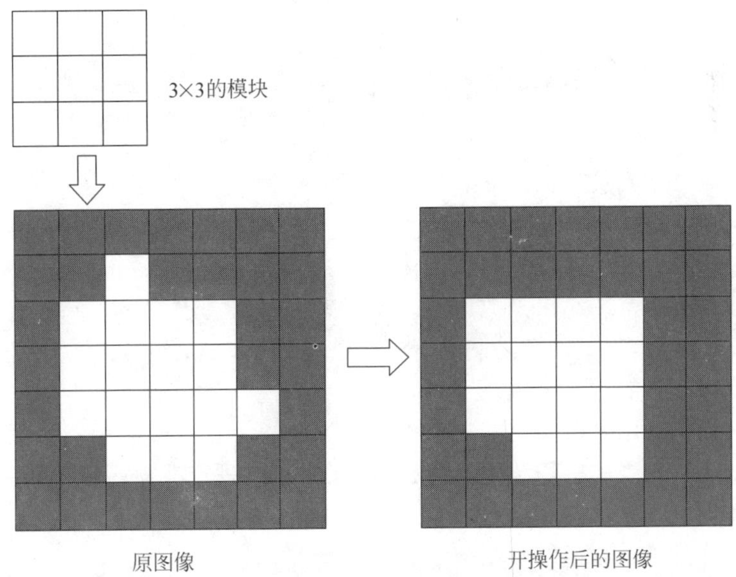

图 6.20 开运算流程

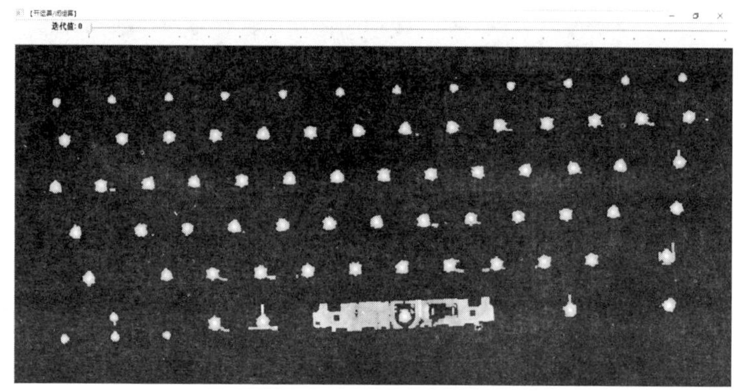

图 6.21 开运算效果图

先膨胀后腐蚀的过程称为闭运算，其数学表达式如下：

$$dst = clese(src, element) = erode(dilate(src, element)) \tag{6-13}$$

作用：排除小型黑洞，突出了比原图轮廓区域更暗的区域，将两个区域连接起来，形成连通域。

闭操作就是对图像先膨胀，再腐蚀。闭操作的结果一般是可以将许多靠近的图块相连成为一个无突起的连通域。在我们的图像定位中，使用了闭操作去连接所有的字符小图块，然后形成一个车牌的大致轮廓。为了说明字符图块连接的过程，在这里选取的原图跟上面不大一样，是一个由两个分开的图块组成的图。原图首先经过膨胀操作，将两个分开的图块结合起来（注意用偏白的灰色图块表示由于膨胀操作而产生的新的白色）。接着通过腐蚀操作，将连通域的边缘和凸起进行削平（注意用偏黑的灰色图块表示由于腐蚀被侵蚀成黑色图块）。最后得到的是一个无凸起的连通域（纯白的部分）。闭运算的操作流程和执行效果分别如图 6.22 和图 6.23 所示。

5. 顶帽和黑帽

顶帽运算又常常被译为“礼帽”运算，是原图像与上文刚刚介绍的开运算的结果图之差，数学表达式如下：

$$dst = tophat(src, element) = src\text{-}open(src, element) \tag{6-14}$$

因为开运算带来的结果是放大了裂缝或者局部低亮度的区域。因此，从原图中减去开运算后的图，得到的效果图突出了比原图轮廓周围的区域更明亮的区域，且这一操作与选择的核的大小相关。

顶帽运算往往用来分离比邻近点亮一些的斑块。在一幅图像具有大幅的背景，而微小物品比较有规律的情况下，可以使用顶帽运算进行背景提取。顶帽运算效果图如图 6.24 所示。

黑帽运算是闭运算的结果图与原图像之差。数学表达式为

$$dst = blackhat\ (src, element) = close(src, element)\text{-}src \tag{6-15}$$

黑帽运算后的效果图突出了比原图轮廓周围的区域更暗的区域，且这一操作和

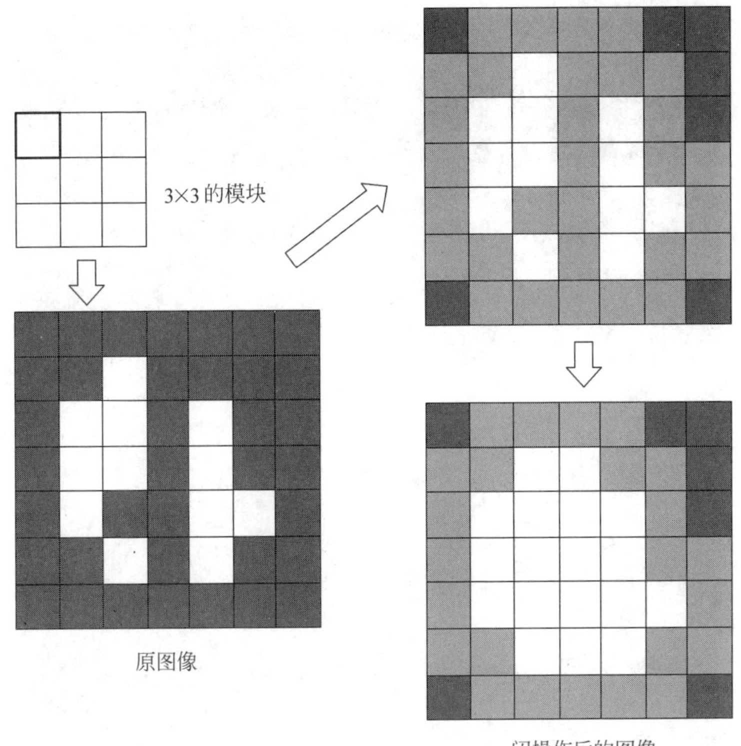

图 6.22 闭运算流程

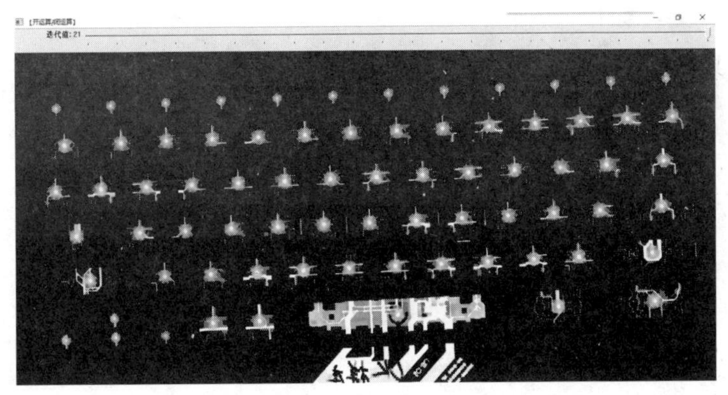

图 6.23 闭运算效果图

选择的核的大小相关。所以，黑帽运算用来分离比邻近点暗一些的斑块，效果图有着非常完美的轮廓。效果图如图 6.25 所示。

基于停车位的检测，因为停车位有缺损破损，所以采用先膨胀再腐蚀的闭运算，将车位上有部分断裂的地方连接起来，减少误差。处理效果如图 6.26 所示。

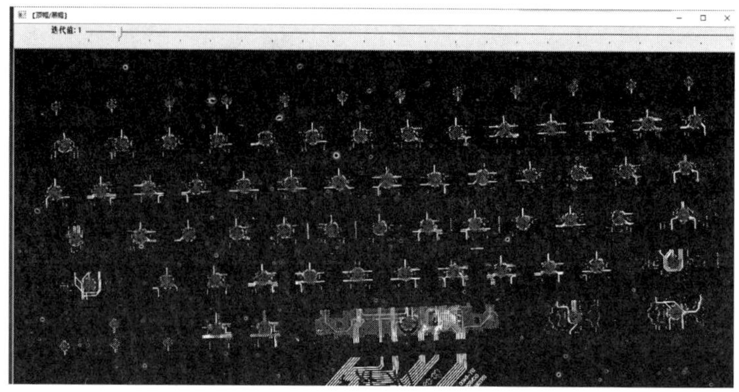

图 6.24 顶帽运算效果图

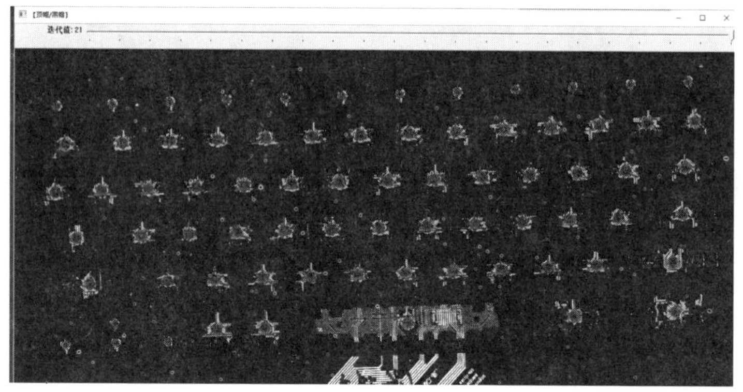

图 6.25 黑帽运算效果图

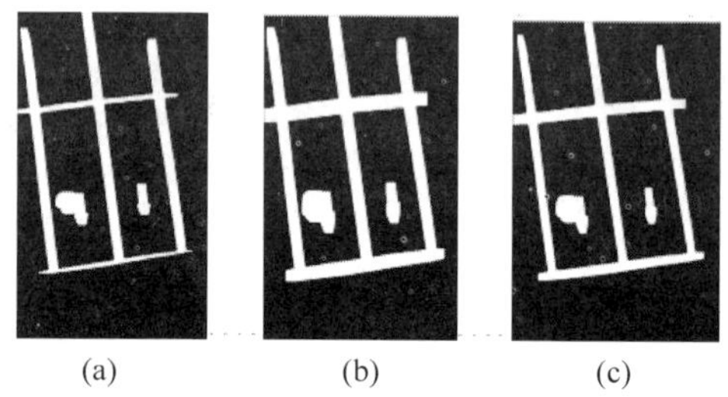

(a) (b) (c)

图 6.26 车位处理结果图

(a) 纵向膨胀车位；(b) 横向膨胀车位；(c) 整体腐蚀车位

```
//横向,纵向膨胀
    Mat element1 = getStructuringElement(MORPH_RECT,Size(30,1));
    Mat element = getStructuringElement(MORPH_RECT,Size(1,20));
    dilate(the_img,open_out,element1);
    dilate(open_out,open_out1,element);
//腐蚀
    Mat element2 = getStructuringElement(MORPH_RECT,Size(10,10));
    erode(open_out1,out,element2);
```

6.2.4 图像金字塔与图像尺寸缩放

我们经常会将某种尺寸的图像转换为其他尺寸的图像，如果要放大或者缩小图片的尺寸，笼统来说，可以使用 OpenCV 提供的如下两种方法。

（1）resize 函数，这是最直接的方式。

（2）pyrUp、pyrDown 函数，即图像金字塔相关的两个函数，对图像进行向上采样和向下采样的操作。

1. 图像金字塔

图像金字塔是图像中多尺度表达的一种，最主要用于图像的分割，是一种以多分辨率来解释图像的有效但概念简单的结构。

图像金字塔最初用于机器视觉和图像压缩，一幅图像的金字塔是一系列以金字塔形状排列的，分辨率逐步降低且来源于同一张原始图的图像集合。其通过梯次向下采样获得，直到达到某个终止条件才停止采样。

金字塔的底部是待处理图像的高分辨率表示，而顶部是低分辨率的近似。我们将一层一层的图像比喻成金字塔，层级越高，则图像越小，分辨率越低。

一般情况下有两种类型的图像金字塔常常出现在文献以及实际运用中。

（1）高斯金字塔（Gaussian pyramid）：用来向下采样，高斯金字塔的顶部是通过将底部图像中的连续的行和列（一般为偶数）去除得到的。顶部图像中的每个像素值等于下一层图像中 5 个像素的高斯加权平均值。这样操作一次一个 $M\times N$ 的图像就变成了一个 $M/2\times N/2$ 的图像，所以这幅图像的面积就变为原来图像面积的 1/4，这被称为 an Octave（一个八度）。连续进行这样的操作就会得到一个分辨率不断下降的图像金字塔。

（2）拉普拉斯金字塔（Laplacian pyramid）：用来从金字塔低层图像重建上层未采样图像，在数字图像处理中即预测残差，可以对图像进行最大程度的还原，配合高斯金字塔一起使用。

2. 尺寸调整：resize 函数

不太规范地说，图像分辨率可以看成图像的大小，分辨率高图像就更大，更清晰；反之，分辨率低图像就小。官方说法：图像分辨率指图像中存储的信息量，是每英寸图像内有多少个像素点，即像素每英寸，单位为 PPI（Pixels Per Inch），因此放大图像便会增强图像的分辨率，图像分辨率大图像更大，更加清晰。例如，一张图片分辨率是 500×200，也就是说这张图片在屏幕上按 1∶1 放大时，水平方向有 500 个像素点（色块），垂直方向有 200 个像素点（色块）。

resize 为 OpenCV 中专门用来调整图像大小的函数。此函数将源图像精确地转换为指定尺寸的目标图像。如果源图像中设置了 ROI（感兴趣区域），那么 resize() 函数会对源图像的 ROI 区域进行调整图像尺寸的操作，并输出到目标图像中。若目标图像中已经设置了 ROI 区域，不难理解 resize 将会对源图像进行尺寸调整并填充到目标图像的 ROI 中。

很多时候，我们并不用考虑第二个参数 dst 的初始图像尺寸和类型（即直接定义一个 Mat 类型，不用对其初始化），因为其尺寸和类型可以由 src、dsize、fx 和 fy 这几个参数来确定。

看一下它的函数原型：

```
C++: void resize (InputArray src, OutputArray dst, Size dsize, double fx=0, double fy=0, int interpolation=INTER_LINEAR)
```

可选的插值方式如下：

INTER_NEAREST——最近邻插值；

INTER LINEAR——线性插值（默认值）；

INTER AREA——区域插值（利用像素区域关系的重采样插值）；

INTER CUBIC——三次样条插值（超过 4×4 像素邻域内的双三次插值）；

INTER LANCZOS4——Lanczos 插值（超过 8×8 像素邻域的 Lanczos 插值）。

若要缩小图像，一般情况下最好用 CV_INTER_AREA 来插值；而若要放大图像，一般情况下最好用 CV_INTER_CUBIC（效率不高，慢，不推荐使用）或 CV_INTER_LINEAR（效率较高，速度较快，推荐使用）。

在停车位以及车位线检测中，主要作用是将采集到的图片进行缩小，然后进行后续相关处理，目的是缩短程序运行时间，达到实时检测的效果，如图 6.27 所示。

```
resize(frame, src, Size(800, 600), INTER_LINEAR);
```

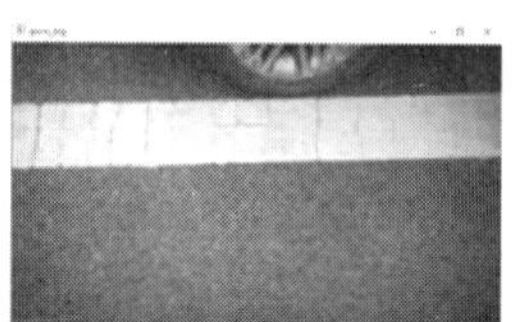

图 6.27 改变图像大小

6.2.5 阈值化

在对各种图形进行处理操作的过程中，我们常常需要对图像中的像素做出取舍与决策，直接剔除一些低于或者高于一定值的像素。

阈值可以被视作最简单的图像分割方法。比如，从一幅图像中利用阈值分割出我们需要的物体部分（当然这里的物体可以是部分或者整体）。这样的图像分割方法基于图像中物体与背景之间的灰度差异，而且此分割属于像素级的分割。为了从一幅图像中提取出我们需要的部分，应该用图像中的每一个像素点的灰度值与选取的阈值进行比较，并作出相应的判断。注意：阈值的选取依赖于具体的问题。即物体在不同的图像中有可能会有不同的灰度值，一旦找到了需要分割的物体的像素点，就可以对这些像素点设定一些特定的值来表示。例如，可以将该物体的像素点的灰度值设定为"0"(黑色)，其他的像素点的灰度值为"255"(白色)。当然像素点的灰度值可以任意，但最好设定的两种颜色对比度较强，以方便观察结果。

1. 固定阈值

函数 Threshold()对单通道数组应用固定阈值操作。该函数的典型应用是对灰度图像进行阈值操作得到二值图像(compare 函数也可以达到此目的)，或者是去掉噪声，例如过滤很小或很大像素值的图像点。

其函数原型如下：

```
double threshold(InputArray src, OutputArray dst, double thresh, double maxval, int type)
```

THRESH_BINARY 二进制阈值化

将灰度值大于 thresh 的设置为 maxval，不大于 thresh 设置为 0。灰度计算式如下：

$$\mathrm{dst}(x,y)=\begin{cases}\mathrm{maxval}, & \mathrm{src}(x,y)>\mathrm{thrcsh}\\ 0, & \text{其他}\end{cases} \tag{6-16}$$

THRESH_BINARY_INV 反二进制阈值化

将灰度值大于 thresh 的设置为 0，不大于 thresh 设置为 maxval。灰度计算式如下：

$$\mathrm{dst}(x,y)=\begin{cases}\mathrm{maxval}, & \mathrm{src}(x,y)\leqslant\mathrm{thresh}\\ 0, & \text{其他}\end{cases} \tag{6-17}$$

THRESH_TRUNC 截断阈值化

将灰度值大于 thresh 的设置为 threshold，不大于 thresh 的灰度值不变。灰度计算式如下：

$$\mathrm{dst}(x,y)=\begin{cases}\mathrm{threshold}, & \mathrm{src}(x,y)>\mathrm{thresh}\\ \mathrm{src}(x,y), & \text{其他}\end{cases} \tag{6-18}$$

THRESH_TOZERO 阈值化为 0

将灰度值大于 thresh 的不变，不大于 thresh 的灰度值设置为 0。灰度计算式如下：

$$\mathrm{dst}(x,y)=\begin{cases}\mathrm{src}(x,y), & \mathrm{src}(x,y)>\mathrm{thresh}\\ 0, & \text{其他}\end{cases} \tag{6-19}$$

THRESH_TOZERO_INV 反阈值化为 0

将灰度值小于 thresh 的不变，不大于 thresh 的灰度值设置为 0。灰度计算式如下：

$$\mathrm{dst}(x,y)=\begin{cases}\mathrm{src}(x,y), & \mathrm{src}(x,y)\leqslant \mathrm{thresh}\\ 0, & 其他\end{cases} \tag{6-20}$$

处理效果如图 6.28 所示。

图 6.28 固定阈值分割的原图与效果图(见文前彩图)

2. OSTU 阈值化

在阈值化处理中,常用的算法就是 OTSU。这种二值化操作阈值的选取非常重要,阈值选取得不合适,可能得到的结果就毫无用处。简单地说,这种算法假设一幅图像由前景色和背景色组成。通过统计学的方法来选取一个阈值,使这个阈值可以将前景色和背景色尽可能分开。

我们知道一幅灰度图像,可以计算它的颜色平均值,或者更进一步,可以计算出灰度直方图。我们可以把这幅图的灰度平均值设为 M,任意选取一个灰度值 t,则可以将这个直方图分成前后两部分。我们称这两部分分别为 A 和 B,对应的就是前景色和背景色。这两部分各自的平均值为 M_0 和 M_1。A 部分的像素占总像素数的比例为 P_0,B 部分里的像素数占总像素数的比例为 P_1。Nobuyuki Ostu 给出的类间方差定义为

$$\mathrm{ICV}=P_0\times(M_0-M)^2+P_1\times(M_1-M)^2 \tag{6-21}$$

全局阈值法方法就是将图像中低于某个阈值的像素设置为黑色,而其他的设置为白色。常见的算法就是选择所有可能取值的中间值,因此对于 8 位深的图像(范围 0～255),128 将会被选中。这个方法在图像黑色像素确实在 128 以下,而白色也在 128 以上时工作得很好。但是如果图像过或欠曝光,图像可能全白或全黑。基本思

路为首先找到图像中所有像素的最大值和最小值，然后取中点作为阈值。一个更好的选择阈值的方法是不仅查看图像实际的范围，还要看其分布。比如，如果希望图像类似于一幅黑色线条画，或者在白纸上的文字效果，那么你就期望大部分像素是背景颜色，而少部分是黑色。一幅像素的直方图如图 6.29 所示。

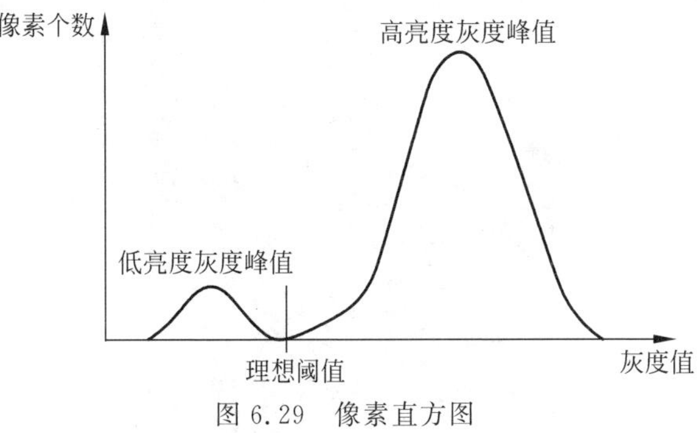

图 6.29　像素直方图

3. 自适应阈值化

前面介绍了 OTSU 算法和固定阈值化，但这两种算法都属于全局阈值法，所以对于某些光照不均的图像，这种全局阈值分割的方法会显得苍白无力。在图像阈值化操作中，我们更关心的是从二值化图像中分离目标区域和背景区域，仅仅通过固定阈值很难达到理想的分割效果。在图片中的灰度是不均匀的，所以通常情况下图片中不同区域的阈值是不一样的。在不同局部选取阈值的方法有多种。在 OpenCV 中实现了两种方法：

(1) 局部邻域块的均值；

(2) 局部邻域块的高斯加权和。其函数原型如下：

```
void adaptiveThreshold ( InoutArray src, OutputArray dst, double maxValue, int
adaptiveMethod, int thresholdType, int blockSize, double C)
```

4. 不同灰度值下的阈值分割

在不同灰度值下筛选出轮廓。将 0～255 个灰度值分为 N 个区域，作为二值化的 N 个阈值，然后将阈值以上的取 1 全变白，阈值以下的取 0 全变黑，形成二值图。例如，255/30=8.5，当 $l=14$ 时，图像中像素值大于 127.5 的图像为白色，小于 127.5 的图像为黑色。

$$I=\frac{l\times 255}{N} \tag{6-22}$$

```
for (int l = 14; l < 30; l++)
{
    gray = image >= (l + 1) * 255 / N;
    the_img = gray.clone();
}
```

其中，I 为不断变化的阈值；l 为份数；N 为划分区域数。不同份数的阈值图如图 6.30 所示。

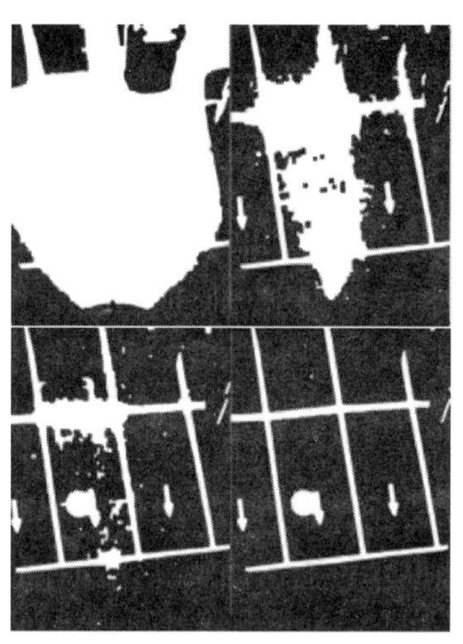

图 6.30 不同灰度值下的阈值分割

6.3 停车位及车位线的特征提取

经过了前期的预处理，我们对采集到的停车位信息进行了一定的预处理，这样对我们的后续处理减轻了很大的负担。接下来就是停车位及车位线的特征提取。

6.3.1 边缘检测

在具体介绍之前，先来看看边缘检测的一般步骤。

第一步：滤波。

边缘检测的算法主要是基于图像强度的一阶和二阶导数，但导数通常对噪声很敏感，因此必须采用滤波器来改善与噪声有关的边缘检测器的性能。常见的滤波方法主要有高斯滤波，即采用离散化的高斯函数产生一组归一化的高斯核，然后基于高斯核函数对图像灰度矩阵的每一点进行加权求和。

第二步：增强。

增强边缘的基础是确定图像各点邻域强度的变化值。增强算法可以将图像灰度点邻域强度值有显著变化的点凸显出来。在具体编程实现时，可通过计算梯度幅值来确定。

第三步：检测。

经过增强的图像，往往邻域中有很多点的梯度值比较大，而在特定的应用中，这些点并不是要找的边缘点，所以应该采用某种方法来对这些点进行取舍。实际工程中，常用的边缘检测方法是通过阈值化方法来检测，下面分别简要介绍。

1. Canny 算子

Canny 边缘检测是一种非常流行且好用的边缘检测算法，Canny 边缘检测是从不同视觉对象中提取有用的结构信息并大大减少要处理的数据量的一种技术，目前已广泛应用于各种计算机视觉系统。

Canny 发现，在不同视觉系统上对边缘检测的要求较为类似，因此，可以实现一种具有广泛应用意义的边缘检测技术。边缘检测的一般标准包括：

- 低错误率：标识出尽可能多的实际边缘，尽可能减少噪声产生的误报；
- 高定位：标识的边缘要与图像中实际边缘尽可能接近；
- 最小响应：图像中的边缘只能标识一次，噪声不能被标识为边缘。

为了满足这些要求，Canny 使用了变分法。Canny 检测器中的最优函数使用 4 个指数项的和来描述，它可以由高斯函数的一阶导数来近似。在目前常用的边缘检测方法中，Canny 边缘检测算法是具有严格定义的，可以提供良好可靠检测的方法之一。由于它具有满足边缘检测的 3 个标准和实现过程简单的优势，成为边缘检测最流行的算法之一。

第一步，图像降噪。我们知道梯度算子可以用于增强图像，本质上是通过增强边缘轮廓来实现的，也就是说是可以检测到边缘的。但是，它们受噪声的影响都很大。那么，我们第一步就是要先去除噪声，因为噪声就是灰度变化很大的地方，所以容易被识别为伪边缘。

第二步，计算图像梯度，得到可能边缘。因为梯度是灰度变化明显的地方，而边缘也是灰度变化明显的地方。当然这一步只能得到可能的边缘。因为灰度变化的地方可能是边缘，也可能不是边缘。通过这一步就产生了所有可能是边缘的集合。

第三步，非极大值抑制。通常灰度变化的地方都比较集中，将局部范围内的梯度方向上灰度变化最大的保留下来，其他的不保留，这样可以剔除掉一大部分的点。将有多个像素宽的边缘变成一个单像素宽的边缘，即“胖边缘”变成“瘦边缘”。

第四步，双阈值筛选。通过非极大值抑制后，仍然有很多的可能边缘点，进一步地设置一个双阈值，即低阈值(low)和高阈值(high)。灰度变化大于 high 的，设置为强边缘像素，低于 low 的剔除。在 low 和 high 之间的设置为弱边缘。进一步判断，如果其邻域内有强边缘像素就保留，如果没有则剔除。

这样做的目的是只如果保留强边缘轮廓，有些边缘可能不闭合，需要从满足 low 和 high 之间的点进行补充，使得边缘尽可能地闭合。

Canny 函数利用 Canny 算子来进行图像的边缘检测操作。

```
C++: void Canny(InputArray image, OutputArray edges, double thresholdl,
double threshold2, int apertureSize=3, bool L2gradient=false)
```

Canny 边缘检测效果如图 6.31 所示。

Canny 方法不容易受噪声干扰，能够检测到真正的弱边缘。其优点在于，使用两

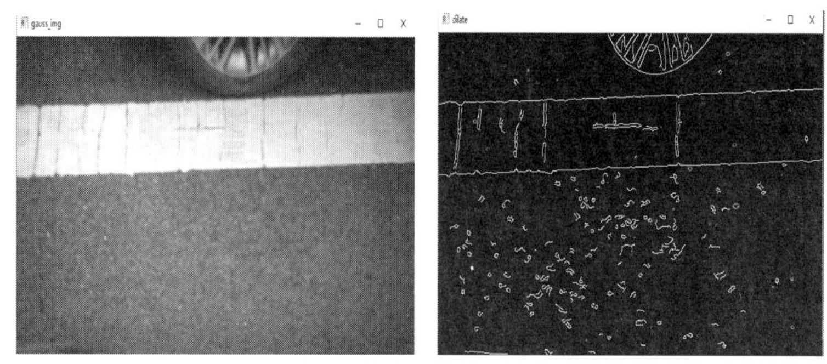

图 6.31 canny 边缘检测效果图

种不同的阈值分别检测强边缘和弱边缘，并且当弱边缘和强边缘相连时，才将弱边缘包含在输出图像中。

2. Sobel 算子

Sobel 算子是一个主要用于边缘检测的离散微分算子(discrete differentiation operator)，它结合了高斯平滑和微分求导，用来计算图像灰度函数的近似梯度。在图像的任何一点使用此算子，都将会产生对应的梯度矢量或是其法矢量。

Sobel 算子对图像进行卷积(协相关)：

(1) 水平变化：将图像 I 与一个奇数大小的内核进行卷积(图像中的卷积其实是协相关操作，对应位置相乘求和)，例如：

$$G_x = \begin{bmatrix} -1 & 0 & 1 \\ -2 & 0 & 2 \\ -1 & 0 & 1 \end{bmatrix} \times \boldsymbol{I} \tag{6-23}$$

(2) 垂直变化：将 I 与一个奇数大小的内核进行卷积，例如：

$$G_y = \begin{bmatrix} -1 & -2 & 1 \\ 0 & 0 & 0 \\ 1 & 2 & 1 \end{bmatrix} \times \boldsymbol{I} \tag{6-24}$$

$$G = \sqrt{G_x^2 + G_y^2} \tag{6-25}$$

3. Laplacian 算子

Laplacian 算子是 n 维欧几里得空间中的一个二阶微分算子，定义为梯度 grad 的散度 div。由于使用了图像梯度，内部代码调用了 Sobel 算子。根据图像原理可知，二阶导数可以进行边缘检测，因为图像是二维的，需要在两个方向上求导，使用 Laplacian 算子会使求导过程变得很简单。

Laplacian 算子法对噪声比较敏感，所以很少用该算子检测边缘。拉普拉斯-高斯算子是一种二阶导数算子，将在边缘处产生一个陡峭的零交叉；Laplacian 算子是各向同性的，能对任何走向的界线和线条进行锐化，无方向性。这是拉普拉斯算子区别于其他算法的最大优点。

$$\text{Laplace}(f)=\frac{\partial^2 f}{\partial x^2}+\frac{\partial^2 f}{\partial y^2} \tag{6-26}$$

4. Scharr 滤波器

我们一般直接称 Scharr 为滤波器，而不是算子。它在 OpenCV 中主要是配合 Sobel 算子的运算而存在的。

使用 Scharr 滤波器运算符计算 x 或 y 方向的图像差分。其实它的参数变量和 Sobel 基本上是一样的，除了没有 Ksize 核的大小。

```
C++: void Scharr(
Input Array src,                         //源图
OutputArray dst,                         //目标图
int ddepth,                              //图像深度
int dx,                                  //x 方向上的差分阶数
int dy,                                  //y 方向上的差分阶数
double scale=1                           //缩放因子
double delta=0,//delta 值 intborderType=BORDER_DEFAULT)    //边界模式
```

图 6.32 为多种边缘检测算子处理对比图。

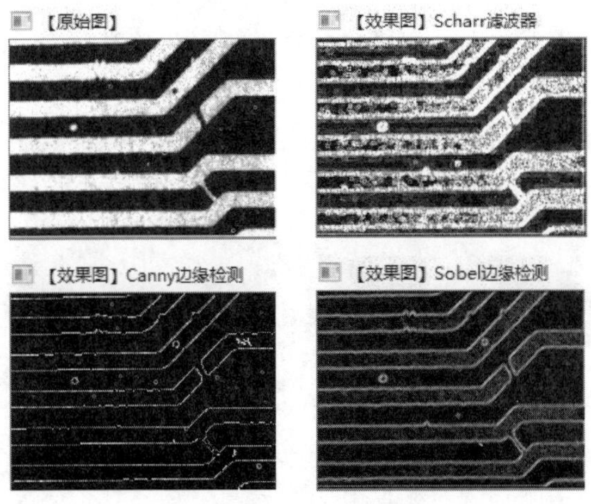

图 6.32　多种边缘检测效果图

6.3.2　直线检测

1. 霍夫变换

人造世界中充满了平面和线性结构，因此直线在图像中是很常见的。它们是很有意义的特征，在目标识别和图像理解领域起着非常重要的作用。霍夫变换(Hough transform)是一种常用于检测此类具体特征的经典算法。该算法起初用于检测图像

中的直线，后来经过扩展，也能检测其他简单的图像结构。

在霍夫变换中，用式(6-27)表示直线：

$$\rho = x\cos\theta + y\sin\theta \tag{6-27}$$

式中：参数 ρ 是直线与图像原点(左上角)的距离；θ 是直线与垂直线间的角度。在这种表示法中，图像中的直线有一个 0～π(弧度)的角 θ，而半径 ρ 的最大值是图像对角线的长度。

霍夫变换是图像处理中的一种特征提取技术，该过程在一个参数空间中通过计算累计结果的局部最大值得到一个符合该特定形状的集合作为霍夫变换结果。霍夫变换于 1962 年由 Paul Hough 首次提出，最初的霍夫变换是设计用来检测直线和曲线的。起初的方法要求知道物体边界线的解析方程，但不需要有关区域位置的先验知识。这种方法的一个突出优点是分割结果的鲁棒性，即对数据的不完全或噪声不是非常敏感。然而，要获得描述边界的解析表达常常是不可能的。经典霍夫变换用来检测图像中的直线，后来霍夫变换扩展到任意形状物体的识别，多为圆和椭圆。霍夫变换运用两个坐标空间之间的变换将在一个空间中具有相同形状的曲线或直线映射到另一个坐标空间的一个点上形成峰值，从而把检测任意形状的问题转化为统计峰值问题。

霍夫变换的原理：

众所周知，一条直线在图像二维空间可由两个变量表示，有以下两种情况：

(1) 在笛卡儿坐标系，可由参数斜率和截距(m,b)表示。

(2) 在极坐标系，可由参数极径和极角(r,θ)表示。

对于霍夫变换，我们将采用第二种方式极坐标系来表示直线。因此，直线的表达式为

$$r = x\cos\theta + y\sin\theta \tag{6-28}$$

一般来说，对于点(x_0,y_0)，可以将通过这个点的一族直线统一定义为

$$r_\theta = x_0\cos\theta + y_0\sin\theta \tag{6-29}$$

这就意味着每一对(r_θ,θ)代表一条通过点(x_0,y_0)的直线。

如果对于一个给定点(x_0,y_0)，我们在极坐标对极径-极角(θ-r)平面绘出所有通过它的直线，将得到一条正弦曲线。

我们可以对图像中所有的点进行上述操作，如果两个不同点进行上述操作后得到的曲线在 θ-r 平面相交，这就意味着它们通过同一条直线。

以上的说明表明，一般来说，一条直线能够通过在 θ-r 平面寻找交于一点的曲线数量来检测。而越多曲线交于一点也就意味着这个交点表示的直线由更多的点组成。一般来说，我们可以通过设置直线上点的阈值来定义多少条曲线交于一点，这样才认为检测到了一条直线。

这就是霍夫变换要做的。它追踪图像中每个点对应曲线间的交点，如果交于一点的曲线的数量超过了阈值，那么可以认为这个交点所代表的参数对(θ,r_θ)在原图

像中为一条直线。

OpenCV 支持 3 种不同的霍夫变换，即标准霍夫变换、多尺度霍夫变换和累计概率霍夫变换。

其中，多尺度霍夫变换(MSHT)为经典霍夫变换(SHT)在多尺度下的一个变种。而累计概率霍夫变换(PPHT)算法是标准霍夫变换(SHT)算法的一个改进，它在一定的范围内进行霍夫变换，计算单独线段的方向以及范围，从而减少计算量，缩短计算时间。之所以称 PPHT 为"概率"的，是因为并不将累加器平面内的所有可能的点累加，而只是累加其中的一部分，该想法是如果峰值足够高，只用一小部分时间去寻找它就够了。按照猜想，可以实质性地减少计算时间。

在 OpenCV 中可以用 HoughLines 函数来调用标准霍夫变换(SHT)和多尺度霍夫变换(MSHT)。

而 HoughLinesP 函数用于调用累计概率霍夫变换 PPHT。累计概率霍夫变换执行效率很高，所有相比于 HoughLines 函数，我们更倾向于使用 HoughLinesP 函数。

总结来说，OpenCV 中的霍夫变换有如下 3 种：

- 标准霍夫变换由 HoughLines 函数调用。
- 多尺度霍夫变换由 HoughLines 函数调用。
- 累计概率霍夫变换由 HoughLinesP 函数调用。

累计概率霍夫变换 HoughLinesP()函数在 HoughLines()的基础上，在末尾加了一个代表 Probabilistic (概率)的 P，表明它可以采用累计概率霍夫变换(PPHT)来找出二值图像中的直线。

```
C++: void HoughLinesP(InputArray image, OutputArray lines, double rho, double theta, int threshold, double minLineLength=0, double maxLineGap=0)
```

累计概率霍夫变换 HoughLinesP()函数不仅能够减少计算时间，还能输出检测到的线段的端点(x_0, y_0, x_1, y_1)，这样更能为后续停车位以及车位线的判断提供方便。其检测效果如图 6.33 所示。

2. 高斯线检测

经典的 Steger 算法是基于 Hessian 矩阵的一种线检测方法，它能够实现光条中心亚像素级的精度定位。首先通过图像与一个高斯掩模的卷积的偏导数来决定图像中的每个点在 x 方向和 y 方向的泰勒二次多项式的参数，进而获得该点的线条方向和二阶导数极大值，然后再根据双阈值的限定提取需要的像素点。首先对图像进行高斯滤波，高斯滤波广泛应用于图像处理的减噪过程，用一个模板(或称卷积、掩模)扫描图像中的每一个像素，用模板确定的邻域内像素的加权平均灰度值去替代模板中心像素点的值。对图像来说，常用二维离散高斯函数作平滑滤波器，函数表达式如下：

图 6.33 累计概率霍夫变换原图及效果图(见文前彩图)

$$g_{\sigma}(x,y)=\frac{1}{2\pi\sigma^2}\mathrm{e}^{-\frac{(x^2+y^2)}{2\sigma^2}} \tag{6-30}$$

式中：σ 为高斯分布的标准差；x，y 表示当前点到对应目标点的距离，常用二维零均值离散高斯函数作平滑滤波器。

Steger 算法的初步计算可以得到每一点的方向向量和二阶方向导数，最后根据算法中参数的设定来实现线条的检测。高斯线检测算法的参数为(σ，Low，High)，其中 σ 指定了高斯模板的参数(平滑程度)，Low 和 High 为高低阈值参数。如果被标记点的二阶偏导数值大于参数 High，其被认为是线条上的点而被立即接受；如果低于参数 Low，其被认为不是线条上的点而被立即舍弃；如果其大于参数 Low 但小于参数 High，则仅在此点能够通过某一路径与已经被接受的点相连时这些点才被接受。关于参数的选择，σ 越大，图像的平滑程度越大，二阶导数越小，因此在选择高低阈值时，平滑程度越大，所选择的 High 和 Low 值就要越小。

```
lines _ gauss ( Image, Lines, Sigma, Low, High, LightDark, ExtractWidth, LineModel, CompleteJunctions : )
```

Image：输入图像

Lines：提取出的亚像素级精度线条

Sigma：应用的高斯平滑的系数

Low：后滞阈值分割的低值

High：后滞阈值分割的高值

LightDark：提取图像中的亮色或者暗色线条

ExtractWidth：是否提取线条的宽度

LineModel：提取线条的模式，有 none，bar-shaped，parabolic，gaussian 4 种

CompleteJunctions：是否添加能够提取的接合点(junction)

高斯线检测效果图如图 6.34 所示。

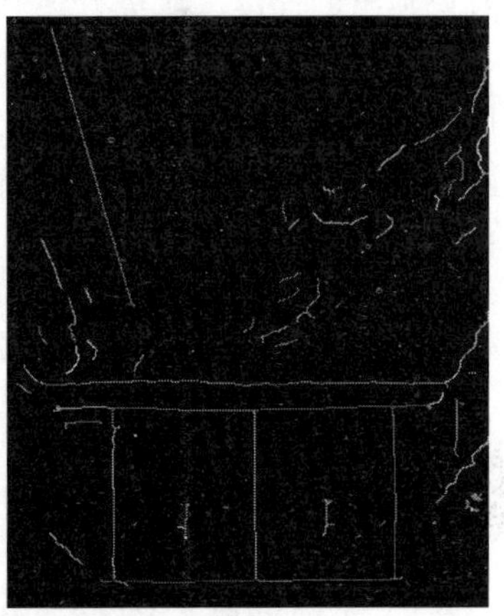

图 6.34　高斯线检测效果图(见文前彩图)

6.3.3　图像轮廓与分割

虽然 Canny 之类的边缘检测算法可以根据像素之间的差异，检测出轮廓边界的像素，但是它并没有将轮廓作为一个整体。所以，下一步便是把这些边缘像素组装成轮廓。

图像通常包含各种物体，图像分析的目的之一就是识别和提取这些物体。在物体检测和识别程序中，第一步通常就是生成二值图像，找到感兴趣物体所处的位置。不管用什么方式获得二值图像。

OpenCV 提供了一个简单的函数，可以提取出图像中连续区域的轮廓，这个函数就是 cv::findContours：

```
/用于存储轮廓的向量 std::vector<std::vector<cv::Point>> contours;
cv::findContours(image,
contours,[1]                              //存储轮廓的向量
cv::RETR_EXTERNAL,[1]                     //检索外部轮廓
cv::CHAIN_APPROX_NONE);[1]                //每个轮廓的全部像素
```

显然，函数输入的就是上述二值图像。输出的是一个存储轮廓的向量，每个轮廓用一个 cv::Point 类型的向量表示。因此输出参数是一个由 std::vector 实例构成的 std::vector 实例。此外，函数还指明了两个选项，第一个选项表示只检索外部轮

廓；第二个选项指明了轮廓的格式。使用当前的选项，向量将列出轮廓的全部点。如使用 cv::CHAIN_APPROX_SIMPLE，则只会列出包含水平、垂直或对角线轮廓的端点。用其他选项可得到逼近轮廓的更复杂的链，对轮廓的表示将更紧凑。

提取轮廓的算法很简单，它系统地扫描图像，直到找到连续区域。从区域的起点开始，沿着它的轮廓对边界像素做标记。处理完这个轮廓后，就从上个位置继续扫描，直到发现新的区域。

也可以对识别出的连续区域进行独立的分析。例如，如果事先已经知道感兴趣物体的大小，就可以将部分区域删除。我们采用区域边界的最小值和最大值，具体做法是迭代遍历存放轮廓的向量，并且删除无效的轮廓。

approxPolyDP 多边拟合函数主要功能是把一个连续光滑曲线折线化，对图像轮廓点进行多边形拟合(图 6.35)。

inputArray curve：输入曲线，数据类型可以为 vector < Point >。

OutputArray approxCurve：输出折线，数据类型可以为 vector < Point >。

double epsilon：判断点到相对应的 line segment 的距离的阈值(距离大于此阈值则舍弃，小于此阈值则保留。epsilon 越小，折线的形状越接近曲线)。

bool closed：曲线是否闭合的标志位。

图 6.36 为将一个圆拟合成多边形的过程。

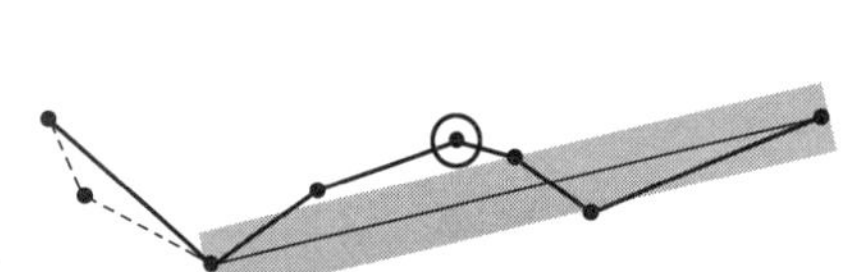

图 6.35　多边形拟合效果图

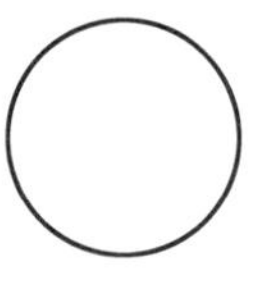

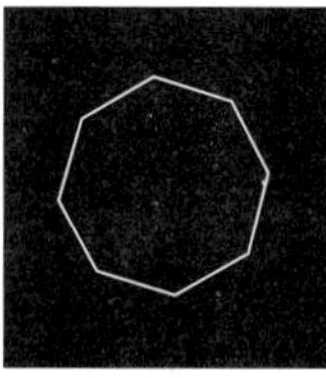

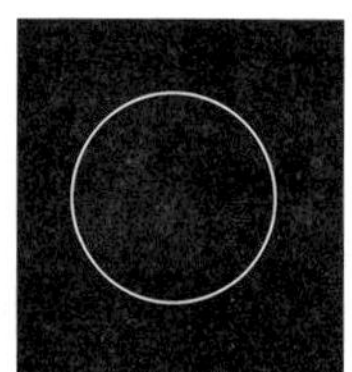

图 6.36　将圆拟合成多边形的过程

cv::drawContours()用于绘制 cv::findContours()找到的轮廓。使用方法其实和 OpenCV3 中常用的绘图函数类似。具体调用方法如下：

```
void cv::drawContours(
cv::InputOutputArray image,                //用于绘制的输入图像
cv::InputArrayOfArrays contours,           //点的 vectors 的 vector
int contourIdx,                            //需要绘制的轮廓的指数 (-1 表示 "all")
const cv::Scalar& color,                   //轮廓的颜色
int thickness = 1,                         //轮廓线的宽度
int lineType = 8,                          //轮廓线的邻域模式(4 邻域或 8 邻域)
cv::InputArray hierarchy = noArray(),      //可选 (从 findContours 得到)
int maxLevel = INT_MAX,                    //轮廓中的最大下降
cv::Point offset = cv::Point()             //可选(所有点的偏移)
//轮廓查找
    findContours(out, contours, RETR_LIST, CHAIN_APPROX_SIMPLE);
```

```
        for (size_t i = 0; i < contours.size(); i++)
        {
            // 对图像轮廓点进行多边形拟合
            approxPolyDP(Mat(contours[i]), approx, arcLength(Mat(contours[i]), true) *
0.02,true);
             if (approx.size() == 4 &&fabs(contourArea(Mat(approx))) > 10000
&&isContourConvex(Mat(approx)))
            {
                double maxCosine = 0;
                int i = 0;
                for (int j = 2; j < 5; j++)
                {
                    // 找四边形,3 个角余弦值
                    double cosine = fabs(angle(approx[j % 4],approx[j-2],approx[j-1]));
                    if (cosine < 0.2)
                    {
                        i++;
                    }
                }
                if (i == 3)
                squares.push_back(approx);
            }
        }
    }
}
```

所画轮廓如图 6.37 所示。

图 6.37 车位轮廓图

6.4 停车位及车位线判定

因为现实中停车位环境复杂多变,所以针对不同的情况就会有不同的检测与判断算法,下面分别进行介绍。

6.4.1 完整停车位检测

当摄像机能拍摄到完整的停车位并且车位线信息比较完整时,可以直接提取图像中停车位的特征,方法包括灰度阈值分割、膨胀和腐蚀的形态学运算、轮廓查找及多边形拟合。

因为车位线都是区别于地面的白线,所以我们从 128 这个灰度等级开始操作,每隔 10 个灰度级做一次阈值分割,每个阈值下都生成一幅二值图片。以灰度级为 128 为例,首先将图像中灰度值大于 128 的部分都取白色,小于 128 的部分都取黑色。其次对每个阈值下的二值图都进行膨胀和腐蚀操作,通过这两个操作来去除一些干扰,并且能够连接一些断开的车位线形成二值化结果,如图 6.38 所示。

图 6.38 不同灰度值下阈值分割

然后对每幅膨胀腐蚀后的二值图像进行轮廓查找和四边形拟合，对查找到的轮廓点集进行逼近。

```
//对图像轮廓点进行四边形拟合
approxPolyDP(Mat(contours[i]), approx, arcLength(Mat(contours[i]), true) * 0.02, true);
```

将膨胀腐蚀后的图形进行四边形拟合后通过下列条件来初步删选出轮廓：

```
if (approx.size() == 4 &&fabs(contourArea(Mat(approx))) > 10000 &&isContourConvex(Mat(approx)))
```

将找到的所有轮廓筛选一遍，将满足以下 3 个要求的轮廓保留下来：

(1) 轮廓为四边形。

(2) 轮廓面积大于一定值，并且是凸包的轮廓。程序中轮廓面积用像素个数来表示。这个一定像素值通过实验根据实际车位来确定。

(3) 轮廓中 3 个角的余弦值小于 0.2 的四边形。

接下来对停车位进行判断，其具体步骤如下：

对初步筛选到的停车位进行二次阈值筛选，根据国家规定的停车位长和宽的大小，对其面积和长宽比设定阈值来进一步筛选：①面积阈值取 a 个像素值到 b 个像素值之间；②长和宽的比例在 c 到 d 之间。程序中轮廓面积用像素个数来表示。a，b 两个像素值通过实验根据实际车位来确定；c，d 两个长度比也通过实验根据实际车位来确定。

这样，每个阈值下的二值图都会有符合要求的轮廓，比较所有二值图中的轮廓，将面积最大的轮廓作为最终停车位检测结果，通过绘制轮廓函数，自动用黑线在图中描出轮廓，完成最终停车位的检测。

```
//轮廓筛选,设定阈值
for (size_t i = 0; i < squares.size(); i++)
{
    double tmparea = fabs(contourArea(squares[i]));
    cout << tmparea << endl;
    if (tmparea > 55000 && tmparea < 68000)
    {
        if (maxarea < tmparea)
        {
            maxarea = tmparea;
            maxAreaIdx = i;
            floag = 1;
        }
    }
}
```

可通过 cout 打印像素面积值来设定面积阈值。

再对找到的轮廓进行四边形拟合，将符合要求的，且面积最大的轮廓通过 drawSquares 函数模块画出，即为最终检测出的轮廓。判断轮廓流程图如图 6.39 所示。

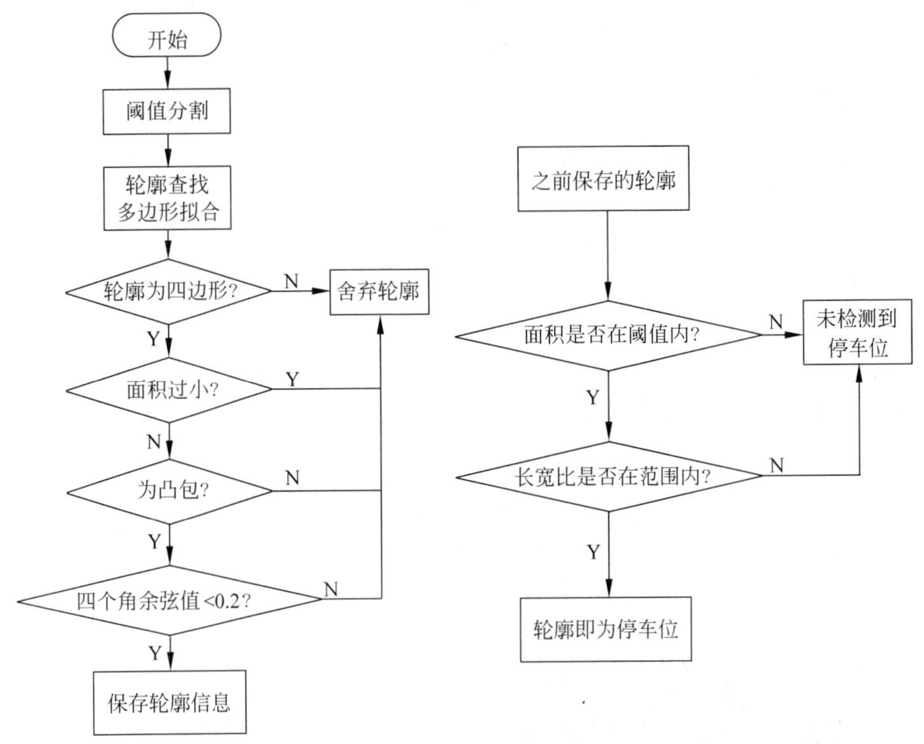

图 6.39　判断轮廓流程图

最终结果如图 6.40 所示。

最后输出停车位信息。

根据找到的轮廓，在程序中用序列形式来存储轮廓信息，停车位轮廓上每个点都会被保存，四边形拟合后会保存停车位轮廓的四个角点分别为 a、b、c、d，找到车位长的两个端点分别为 a、b；车位宽的两个端点分别为 b、c；通过 a、b、c 的坐标点求得车位的长宽，再以车位的底边 bc 为基准求得车位距车的距离，以车位的左侧边 ab 为基准，利用停车位左侧边两端点 a、b 求得车位线偏转的角度，即为车偏离的角度。

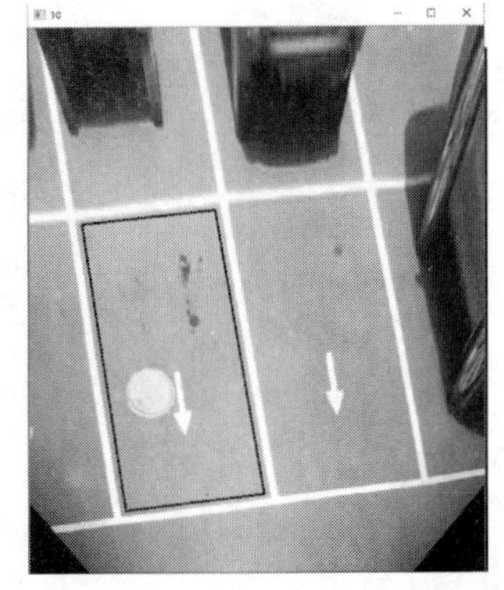

图 6.40　用轮廓标记出停车位

输出的停车位信息在 drawSquares 函数模块

中给出。

```
//角度计算,找车位的左边竖线
float tem_x = 1000.0;
float tem_x1 = 1000.0;
int tem_id_x = 0;
for (int i = 0; i < 4; i++)
{
    if (tem_x > rect[i].x)
    {
        tem_x = rect[i].x;
        tem_id_x = i;
    }
}
int tem_id_x2 = 0;
for (int i = 0; i < 4; i++)
{
    if (tem_id_x != i)
    {
        if (tem_x1 > rect[i].x)
        {
            tem_x1 = rect[i].x;
            tem_id_x2 = i;
        }
    }
}
//找车位底部直线,中点计算
float tem_y = 0.0;
float tem_y_1 = 0.0;
int tem_id_y = 0;
int tem_id_y2 = 0;
for (int i = 0; i < 4; i++)
{
    if (tem_y < rect[i].y)
    {
        tem_y = rect[i].y;
        tem_id_y = i;
    }
}

for (int i = 0; i < 4; i++)
{
    if (tem_id_y != i)
    {
        if (tem_y_1 < rect[i].y)
        {
            tem_y_1 = rect[i].y;
```

```
            tem_id_y2 = i;
        }
    }
}
```

6.4.2 不完整停车位检测

针对不完整的停车位就需要另一种判别条件。前面的流程基本不变,先利用均值滤波对摄像机采集到的图像进行预处理,然后通过 rect 函数对图片截取出想要的部分。之后通过使用累计概率霍夫变换 HoughLinesP,画出预处理后二值图像中所有的线段。

```
//霍夫
hough_img = Mat::zeros(src_roi.size(),CV_8UC1);
HoughLinesP(out,line_storage,1,CV_PI/180,60,450,20);
```

接下来就是车位的判断,因为停车位的 3 条线是有一定规律的:有一条长的边缘车位线,还有两条互相平行的车位线与边缘车位线互相垂直。所以通过累计概率霍夫变换 HoughLinesP 来得到所有车位线的两个端点,然后根据端点来进行判断。

```
float x = (line_select[2] - line_select[0]);
float y = abs((line_select[3] - line_select[1]));
float next_lines_abgle = (y / x);
float z = 180 * atan(next_lines_abgle) / pi;
```

(1) 通过角度判断,删除角度大于 9°的线段。

(2) 在所有线段中筛选出两条平行的线段。先选择一条线为基准,选择其他的线与其做比较。利用阈值筛选出两条线段垂直间距在 t_1 像素值和 t_2 像素值内,并且角度(该角度指所检测到线段相互之间所成的锐角)之差小于 4°的两条线段,t_1、t_2 通过实验根据实际车位线宽确定。

```
for (; line_storage.size() != 0; )
{
    line_1_p = line_storage.begin();
    bool find_flag = false;
    Vec4i one_lines = *line_1_p;
    //size_t j = i + 1;
    for (line_2_p = line_1_p + 1; line_2_p != line_storage.end(); line_2_p++)
    {
        //j = i + 1;
        Vec4i next_lines = *line_2_p;
        int f = abs(next_lines[1] -one_lines[1]);
        int g = abs(next_lines[0] -one_lines[0]);
        //两线间距,角度
        if ((f > 8) && (f <= 30))
```

```
        {
            std::pair< Vec4i, Vec4i > p(one_lines, next_lines);
            line_result.push_back(p);
            line_storage.erase(line_2_p);
            line_storage.erase(line_1_p);
            find_flag = true;
            break;
}
```

通过以上两个条件就可以组合出一个停车位。但是组合成停车位之后怎么知道车位里有没有车呢，这就需要另外一个判别条件：

首先选取一个初步确定的停车位，然后分别挑选 1/4 处、1/2 处和 3/4 处的每一列的像素求平均值。

```
Mat line = img1.col(Number_col /4);
Mat line1 = img1.col(Number_col /2);
Mat line2 = img1.col((Number_col * 3) /4);
double m = 0, sd = 0, msd = 0;
m = mean(line)[0];
sd = mean(line1)[0];
msd = mean(line2)[0];
```

用后一个平均值分别减去前一个平均值来进行比较，如果两两差值小于一定范围，就说明停车位里面没有物体，可以判定其为一个空的停车位。如果两两差值大于一定值，说明车位里的某一位置存在物体导致其灰度值发生变化，就判定其为不空的停车位。不完整停车位检测效果图如图 6.41 所示。

图 6.41 不完整停车位检测效果图

6.4.3 缺损停车位检测

当停车位有缺损、阴影或者障碍物遮挡时，就需要进行另一步的预处理。采用自适应阈值分割的方法，提取亮的停车位：

```
adaptiveThreshold (dstimg, imgshow, 255, CV_ADAPTIVE_THRESH_MEAN_C, 1,
blockSize, constValue);
```

自适应阈值分割效果图如图 6.42 所示。

然后分别采用横向开运算和纵向开运算的方式分解图像，连接断裂处，去除细小干扰：

```
//横向开运算
Mat element = getStructuringElement(MORPH_RECT, Size(9,1));
//纵向开运算
Mat element1 = getStructuringElement(MORPH_RECT, Size(1,3));
```

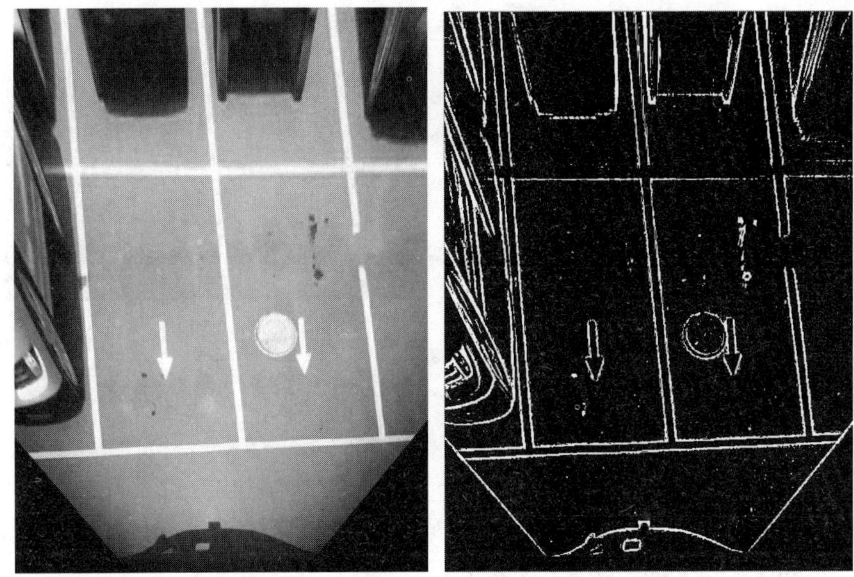

图 6.42　自适应阈值分割原图与效果图

程序执行效果如图 6.43 所示。

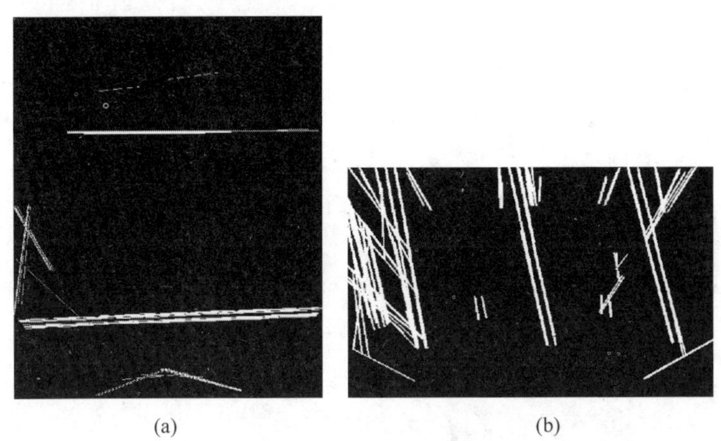

(a)　　(b)

图 6.43　横纵开运算

(a) 横向开运算效果图；(b) 纵向开运算效果图

然后将两图叠加得到图 6.44 所示效果。

```
Mat image;
addWeighted(hough_img,1,hough_img1,1,0,image);
```

最后再通过找轮廓的方法确定停车位，效果图如图 6.45 所示。

同理，用同种方法也可针对一些部分遮挡的停车位进行检测，检测效果图如图 6.46 所示。

图 6.44　两图叠加

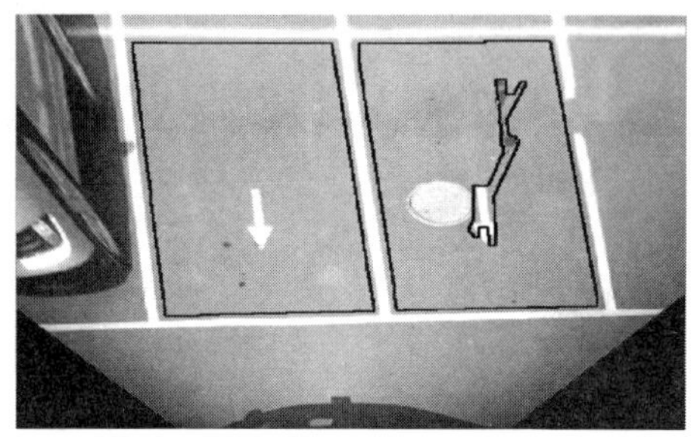
图 6.45　车位断裂情况下车位查找效果图

车位线检测的判定：

针对停车位与其他背景的差异，使用累计概率霍夫变换 HoughLinesP，画出预处理后二值图像中所有的线段。通过以下 3 个判断来筛选出车位线。

(1) 通过角度(该角度指以同侧前后车轮中心连线为基准线，所检测到线段与该基准线所成的锐角)判断，删除角度大于 7°的线段。

(2) 先选择一条线为基准，选择其他的线与其做比较。利用阈值筛选出两条线段垂直间距在 t_1 像素值和 t_2 像素值内，并且角度(该角度指所检测到线段相互之间所成的锐角)之差小于 4°的两条线段，t_1、t_2 通过实验根据实际车位线宽确定。

(3) 先选择一条线的左端点，选择其他线的左端点与其做比较。筛选出左端点水平距离小于 200 像素的两条线段。

最后得到同时满足以上 3 点的两条线段，选取两条线段的两个端点，分别取两个左端点的中点和两个右端点的中点，通过程序利用两个中点画出一条线段即为倒车过程中的车辆左右两侧车位线。

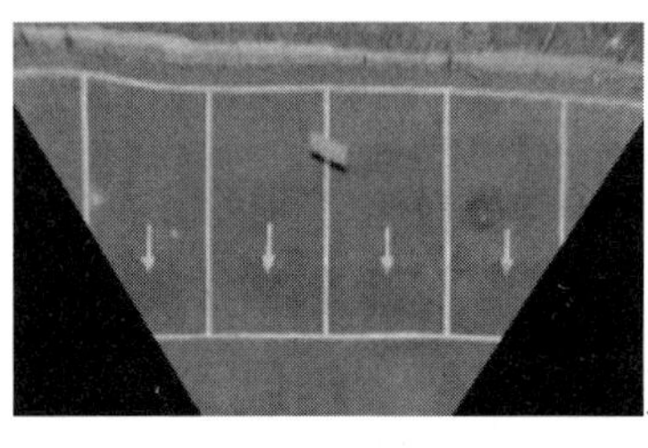

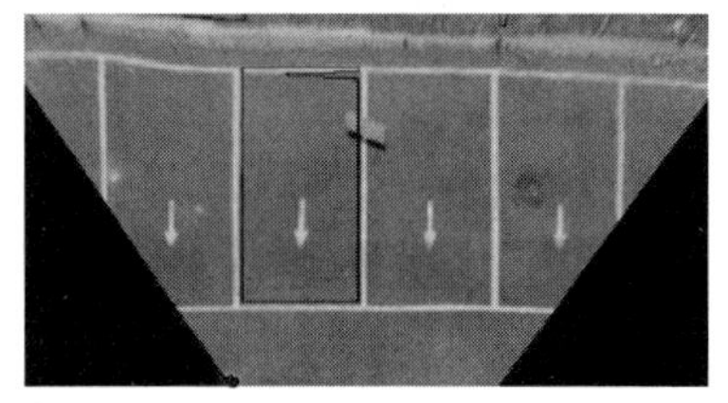
图 6.46　有障碍物遮挡情况下车位查找效果图

图 6.47　车位线查找结果图

6.4.4 示例程序：停车位检测

```
#include <iostream>
#include <stdio.h>
#include <stdlib.h>
#include <opencv2\opencv.hpp>
#include <time.h>
#include <windows.h>
using namespace std;
using namespace cv;
#define pi 3.1415926

Mat the_img, pyr, timg, gray, gray1, open_out1, out, src, open_out;
DWORD start, stop;
vector<Point> rect;
vector<vector<Point>> squares;
vector<vector<Point>> contours;
vector<Point> approx;
int N = 35;
//角度计算
static double angle(Point pt1, Point pt2, Point pt0)
{
    double dx1 = pt1.x - pt0.x;
    double dy1 = pt1.y - pt0.y;
    double dx2 = pt2.x - pt0.x;
    double dy2 = pt2.y - pt0.y;
    return (dx1 * dx2 + dy1 * dy2) / sqrt((dx1 * dx1 + dy1 * dy1) * (dx2 * dx2 + dy2 *
dy2) + 1e-10);
}
static void findSquares(const Mat& image, vector<vector<Point>> & squares)
{
    // 不同灰度值找轮廓
    for (int l = 14; l < 30; l++)
    {
        gray = image >= (l + 1) * 255 / N;
        the_img = gray.clone();
        //横向,纵向膨胀
        Mat element1 = getStructuringElement(MORPH_RECT, Size(30, 1));
        Mat element = getStructuringElement(MORPH_RECT, Size(1, 20));
        dilate(the_img, open_out, element1);
        dilate(open_out, open_out1, element);
        //腐蚀
        Mat element2 = getStructuringElement(MORPH_RECT, Size(10, 10));
        erode(open_out1, out, element2);
        imshow("out", out);
        waitKey(0);
```

```
        //轮廓查找
        findContours(out, contours, RETR_LIST, CHAIN_APPROX_SIMPLE);
        for (size_t i = 0; i < contours.size(); i++)
        {
            // 对图像轮廓点进行多边形拟合
            approxPolyDP(Mat(contours[i]), approx, arcLength(Mat(contours[i]), true) *
0.02, true);
            if (approx.size() == 4 &&fabs(contourArea(Mat(approx))) > 10000 &&
            isContourConvex(Mat(approx)))
            {
                double maxCosine = 0;
                int i = 0;
                for (int j = 2; j < 5; j++)
                {
                    // 找四边形,3 个角余弦值
                    double cosine = fabs(angle(approx[j % 4], approx[j - 2], approx
[j - 1]));
                    if (cosine < 0.2)
                    {
                        i++;
                    }
                }
                if (i == 3)
                    squares.push_back(approx);
            }
        }
    }
}

static void drawSquares(Mat& image, const vector<vector<Point>>& squares)
{
    double maxarea = 0;
    int maxAreaIdx = 0;
    int floag = 0;
    rect.clear();
    //轮廓筛选,设定阈值
    for (size_t i = 0; i < squares.size(); i++)
    {
        double tmparea = fabs(contourArea(squares[i]));
        cout << tmparea << endl;
        if (tmparea > 55000 && tmparea < 68000)
        {
            if (maxarea < tmparea)
            {
                maxarea = tmparea;
                maxAreaIdx = i;
                floag = 1;
```

```
            }
        }
    }

    if (floag == 0)
    {
        cout << "未检测到车位" << endl;
        return;
    }
    for (int i = 0; i < 4; i++)
    {
        rect.push_back(squares[maxAreaIdx][i]);
    }
    //角度计算,找车位的左边竖线
    float tem_x = 1000.0;
    float tem_x1 = 1000.0;
    int tem_id_x = 0;
    for (int i = 0; i < 4; i++)
    {
        if (tem_x > rect[i].x)
        {
            tem_x = rect[i].x;
            tem_id_x = i;
        }
    }
    int tem_id_x2 = 0;
    for (int i = 0; i < 4; i++)
    {
        if (tem_id_x != i)
        {
            if (tem_x1 > rect[i].x)
            {
                tem_x1 = rect[i].x;
                tem_id_x2 = i;
            }
        }
    }
    float x = (rect[tem_id_x2].x - rect[tem_id_x].x);
    float y = (rect[tem_id_x2].y - rect[tem_id_x].y);
    float next_lines_abgle = -(x / y);
    float z = atan(next_lines_abgle) * 180 / pi;
    //找车位底部直线,中点计算
    float tem_y = 0.0;
    float tem_y_1 = 0.0;
    int tem_id_y = 0;
    int tem_id_y2 = 0;
    for (int i = 0; i < 4; i++)
```

```
    {
        if (tem_y < rect[i].y)
        {
            tem_y = rect[i].y;
            tem_id_y = i;
        }
    }
    for (int i = 0; i < 4; i++)
    {
        if (tem_id_y != i)
        {
            if (tem_y_1 < rect[i].y)
            {
                tem_y_1 = rect[i].y;
                tem_id_y2 = i;
            }
        }
    }
    for (int j = 0; j < 4; j++)
    {
        line(src, rect[j], rect[(j + 1) % 4], Scalar(0, 0, 0), 2, 8);
                                                    //绘制最小外接矩形每条边
    }
    //找车位左侧直线,计算长度得到车位高
float line_high=1.469 * sqrt((rect[tem_id_x].x-rect[tem_id_x2].x) * (rect[tem_id_x].x
- rect[tem_id_x2].x)+(rect[tem_id_x].y-rect[tem_id_x2].y) * (rect[tem_id_x].y-
rect[tem_id_x2].y));
    //找车位底部直线,计算长度得到车位宽
floatline_width=1.469 * sqrt((rect[tem_id_y].x - rect[tem_id_y2].x) * (rect[tem_id_y].
x -rect[tem_id_y2].x)+(rect[tem_id_y].y-rect[tem_id_y2].y) * (rect[tem_id_y].y-
rect[tem_id_y2].y));
    float rate = line_high /line_width;
    if ((rate > 1.4) && (rate < 2.6))
    {
        floag = 2;
    }
    if (floag != 2)
    {
        cout << "未检测到车位" << endl;
        return;
    }
    //车位底部直线中点计算
float line_x1 = ((rect[tem_id_y].x + rect[tem_id_y2].x) / 2) * 1.469;
float line_y1 = (800 - ((rect[tem_id_y].y + rect[tem_id_y2].y) / 2)) * 1.469+
115.976;
    cout << "中点,x:" << line_x1 << ",y:" << line_y1 << endl;
    cout << "高: " << line_high << ",宽: " << line_width << endl;
```

```
    //根据左侧直线大小,判断车位偏转方向
    if (z > 0)
    {
        cout << "车位线左偏: " << z << "度." << endl;
    }
    else
    {
        cout << "车位线右偏: " << abs(z) << "度." << endl;
    }

}
int main()
{
    VideoCapture capture("车位二.avi");
    Mat originalImage;
    //capture.set(CV_CAP_PROP_FRAME_WIDTH, 1600);
    //capture.set(CV_CAP_PROP_FRAME_HEIGHT, 1200);


    if (!capture.isOpened())
    {
        cout << "摄像头打开失败!" << endl;
        return -1;
    }
    //Mat originalImage;
    char image_name[25];
    //int i = 0;
    int j = 0;
    while (1)
    {
        //起始时间
        start = GetTickCount();
        capture >> originalImage;
        if (originalImage.empty())
        {
            break;
        }
        j++;
        if (j == 618)
        {
        // 透视变换
        Mat perspectiveImage;
        Point2f objectivePoints[4], imagePoints[4];
        // original image points.
        imagePoints[0].x = 1.0; imagePoints[0].y = 840.0;
        imagePoints[1].x = 507.0; imagePoints[1].y = 600.0;
        imagePoints[2].x = 1112.0; imagePoints[2].y = 611.0;
```

```
imagePoints[3].x = 1574.0; imagePoints[3].y = 853.0;

// objective points of perspective image.
// move up the perspective image : objectivePoints.y - value.
// move left the perspective image : objectivePoints.x - value.
double moveValueX = 0.0;
double moveValueY = 0.0;
objectivePoints[0].x = 200.0 + moveValueX; objectivePoints[0].y = 1389.05 +
moveValueY;
objectivePoints[1].x = 200 + moveValueX; objectivePoints[1].y = 679.0 +
moveValueY;
objectivePoints[2].x = 1000.0 + moveValueX; objectivePoints[2].y = 679.0 +
moveValueY;
objectivePoints[3].x = 1000.0 + moveValueX; objectivePoints[3].y = 1389.05 +
moveValueY;
Mat transform = cv::getPerspectiveTransform(objectivePoints, imagePoints);
warpPerspective(originalImage, perspectiveImage, transform, cv::Size(originalImage.
rows, originalImage.cols),cv::INTER_LINEAR | cv::WARP_INVERSE_MAP);
if (perspectiveImage.empty())
{
    cout << "没有视频" << endl;
    return 0;
}
//转灰度图
cvtColor(perspectiveImage, gray1, CV_RGB2GRAY);
//改变图像大小
resize(gray1, src, Size(600, 800), 0, 0, INTER_LINEAR);
//轮廓查找
findSquares(src, squares);
//轮廓查找为空
if (squares.empty())
{
cout << "未找到停车位" << endl;
    stop = GetTickCount();
    cout << "时间" << (stop - start) << endl;
    sprintf_s(image_name, "%s%05d%s", "..\\2\\", ++j, ".jpg");
                                                //保存的图片名
    cout <<"未找到停车位"<< endl;
    stop = GetTickCount();
    cout <<"时间"<<(stop-start)<< endl;
    continue;
}
//轮廓查找不为空,画出轮廓
drawSquares(src, squares);
//截止时间
stop = GetTickCount();
cout << "时间" << (stop - start) << endl;
```

```
            squares.clear();
            contours.clear();
            approx.clear();
            }
        }
        system("pause");
        return 0;
}
```

车位线检测：

```
#include< iostream >
#include< opencv2/opencv.hpp >
#include< windows.h >
#define pi 3.14159;
using namespace std;
using namespace cv;
DWORD start, stop;
vector< Vec4i > line_storage;
vector< Vec4i > diatance_storage;

int main()
{
    VideoCapture capture("车位线.avi");
    Mat frame;
    int j = 0;
    char image_name[25];
    Mat src, imgshow, trans_img, gray, rot_img, src_roi, gauss_img, out1, dst, dilate_
img, inner_img, hough_img;
    while (1)
    {
        //start = GetTickCount();
        capture >> frame;
        if (frame.empty())
        {
            break;
        }
        int line_one = 0;
        int line_two = 0;
        resize(frame, src, Size(800, 600), INTER_LINEAR);
        cvtColor(src, gray, CV_RGB2GRAY);
        //图片截取
        Rect rect(0, 0, 800, 385);
        src_roi = gray(rect);
        //滤波
        blur(src_roi, gauss_img, Size(3, 3));
        //边缘检测
```

```
Canny(gauss_img, out1, 50, 50 * 3, 3);
Mat element = getStructuringElement(MORPH_RECT, Size(7, 5));
Mat out;
dilate(out1, out, element);
//霍夫
hough_img = Mat::zeros(src_roi.size(), CV_8UC1);
HoughLinesP(out, line_storage, 1, CV_PI / 180, 60, 450, 20);
//删除角度大于7°的线
for (size_t i = 0; i < line_storage.size(); )
{
    Vec4i line_select = line_storage[i];
    float x = (line_select[3] - line_select[1]);
    float y = (line_select[2] - line_select[0]);
    float next_lines_abgle = (x / y);
    float z = abs(180 * atan(next_lines_abgle)) / pi;
    if (z > 7 || z < (-7))
    {
        //cout << z << endl;
        line_storage.erase(line_storage.begin() + i);
        continue;
    }
    i++;
}
//所有直线中选出两条平行的线
if (line_storage.size() >= 1)
{
    Vec4i one = line_storage[0];
    line_one = 1;
    float min_angle = 10;
    int max_distance = 0;
    int stor_i, stor_j;
    for (size_t i = 0; i < line_storage.size() - 1; i++)
    {
        Vec4i one_lines = line_storage[i];
        size_t j = i + 1;
        for (; j < line_storage.size(); j++)
        {
            Vec4i next_lines = line_storage[j];
            float next_distance;
            float x = (one_lines[3] - one_lines[1]);
            float y = (one_lines[2] - one_lines[0]);
            float one_lines_abgle = (x / y);
            float z = 180 * atan(one_lines_abgle) / pi;
            float x1 = (next_lines[3] - next_lines[1]);
            float y1 = (next_lines[2] - next_lines[0]);
            float next_lines_abgle = (x1 / y1);
            float z1 = 180 * atan(next_lines_abgle) / pi;
```

```
            int distance = abs(next_lines[0] - one_lines[0]);
            float differ_angle = abs(z - z1);
            int f = abs(next_lines[1] - one_lines[1]);
            //两线间距,角度
            if ((f > 35) && (f <= 100) && (abs(differ_angle) < 4.0) &&
(distance < 200))
                {
                int f = abs(next_lines[1] - one_lines[1]);
                if (min_angle > abs(differ_angle))
                {
                    min_angle = differ_angle;
                    if (max_distance < f)
                    {
                        max_distance = f;
                        stor_i = i;
                        stor_j = j;
                    }
                }
                line_two = 1;
            }
        }
    }
    //两条直线去中间
    if (line_two == 1)
    {
        Vec4i dis_one_lines = line_storage[stor_i];
        Vec4i dis_next_lines = line_storage[stor_j];
        Vec4i dis_lines;
        if (dis_one_lines[0] < dis_next_lines[0])
        {
            dis_lines[0] = dis_one_lines[0];
        }
        else
        {
            dis_lines[0] = dis_next_lines[0];
        }
        if (dis_one_lines[2] > dis_next_lines[2])
        {
            dis_lines[2] = dis_one_lines[2];
        }
        else
        {
            dis_lines[2] = dis_next_lines[2];
        }
        dis_lines[1] = (dis_one_lines[1] + dis_next_lines[1]) / 2;
        dis_lines[3] = (dis_one_lines[3] + dis_next_lines[3]) / 2;
        diatance_storage.push_back(dis_lines);
```

```
            }
        }
        //测出直线的角度,直线的中点
        if (line_two == 1)
        {
            Vec4i angle_distance;
            double line_dst;
            angle_distance = diatance_storage[0];
            float x = (angle_distance[3] - angle_distance[1]);
            float y = (angle_distance[2] - angle_distance[0]);
            float next_lines_abgle = (x / y);
            float z = 180 * atan(next_lines_abgle) / pi;
            float line_dis = (angle_distance[3] + angle_distance[1]) / 2;
            line_dst = (line_dis) * (line_dis) * 0.000086 - 0.2684 * (line_dis)+90.5517 + 1.5;
            cout << "停车线距离为" << line_dst << ",停车线角度 " << z << endl;
            line(gray, Point(angle_distance[0], angle_distance[1]), Point(angle_distance[2],
angle_distance[3]), Scalar(0, 0, 0), 1, LINE_AA);
        }
        else
        {
            cout << "没有停车线" << endl;
        }
        //终止时间
        //stop = GetTickCount();
        //cout << "时间" << (stop - start) << endl;
        line_storage.clear();
        diatance_storage.clear();
    }
    system("pause");
    return 0;
}
```

6.5 实验流程

具体实验流程如下：

(1) 摄像机的安装与标定。

4 个摄像头多路采集,每安装一个摄像头都单独用棋盘标定板对摄像头标定,方便后续测量距离和角度。

(2) 图像视角转换。

将拍摄车位摄像头采集到的图像,从正常视角转换为鸟瞰图的形式,便于车位检测。

(3) 图像预处理。

对视角转换后的图像进行预处理,包括将彩色图像转为灰度图,改变图像大小。

(4) 停车位特征提取。

针对步骤(3)预处理之后的图像中停车位与背景的差异,对预处理后的图像进行阈值分割与形态学运算,初步筛选出停车位。

(5) 停车位检测。

对初步筛选出的停车位进行二次阈值筛选,根据停车位的规定大小,通过面积阈值和车位长宽比,准确筛选出停车位。

(6) 停车位信息输出。

利用检测出的车位,计算车位与车之间的距离关系、车位长宽,以及车左偏右偏的角度。

(7) 车位线检测。

针对车位线与其他背景的差异,在提取到的背景图像中进行直线检测和提取。

(8) 车位线信息输出。

利用检测出的车位线,计算出车位线与车之间的距离关系和偏转角度。

1. 数据处理

首先采集停车位视频,将其按情况分类处理,方便后续统计比较。

2. 测试

基于该实验平台,在侧向距离为 2～4m 的情况下,对此停车位及车位线检测系统在不同场景分别进行了实车测试,分别在水泥路面检测 100 个停车位,柏油路面检测 110 个停车位。

在测距方面,以停车位为基准建立坐标系。取车位中靠近车的车位线为底边,取底边中点为坐标原点,以车位底边为 x 轴,垂直底边向车辆方向为 y 轴正半轴建立坐标系,把车的两后轮连线的中心作为车辆坐标,车辆坐标距原点的距离即为车位与车之间的距离。停车位检测测试结果如表 6.1 所示。

表 6.1 车位测试结果

检测项 场景	车位长度误差均值/cm	车位宽度误差均值/cm	车位与车距离误差均值/cm	检测率/%	单个车位检测时间/ms
水泥路停车位	9.41	6.82	9.49	87	74.1
柏油路停车位	8.47	5.72	7.95	94.2	73.4

从表 6.1 可以看出,针对水泥路面和柏油路面这两种场景,对停车位的长宽和距离车辆的距离进行检测,在侧向距离为 2～4m 的情况下,测距误差在 10cm 之内,误差较小;单个车位检测时间在 70ms 内,基本能够达到实时检测;检测率与测试环境有关,水泥路面停车位中破损和缺失的像素较多,导致检测率降低。

在泊车过程中对左右后侧车位线进行了检测,分别在两种路面找到清晰的车位进行泊车,在水泥路面和柏油路面各泊车 100 次。测距的过程计算车辆坐标距离左右后车位线的垂直距离,检测结果如表 6.2 所示。

表 6.2 车位线测试结果

场景＼检测项	左车位线距车距离误差均值/cm	右车位线距车距离误差均值/cm	后车位线距车距离误差均值/cm	车位线检测时间/ms
水泥路停车位	1.87	1.79	2.02	12.2
柏油路停车位	1.56	1.88	1.67	11.6

从表 6.2 可以看出，车辆在泊车过程中分别对车辆的左右后车位线进行了距离检测，误差在 2cm 左右，检测比较准确；检测时间在 12ms 左右，速度很快，能够达到实时检测的效果。

6.6 本章小结

本章着重介绍了机器视觉的一些基本方法和重要理论，针对自动驾驶汽车环境感知中较为困难复杂场景，提出了一些方案与解决办法。本章主要通过 3 个情况来讨论：第一种是比较理想的情况，车位没有破损，而且摄像头能够拍摄到完整停车位的情况，这种情况就直接用阈值分割和查找轮廓的方法来解决；第二种是车位完整，但是摄像头采集不到完整的停车位，这种情况下找不到一个闭合的轮廓，只能通过车位线的一些特征来判断，通过找到 3 条车位线来确定空闲停车位；第三种则是停车位不是完好的情况，包括自身的破损以及障碍物的遮挡，可以通过分别对停车位进行横向以及纵向开运算的方法，连接破损车位，去除障碍的干扰。最后，通过一些实验数据来印证方案，并展示了关键代码提供读者理解。

参考文献

[1] Ichihashi H, Notsu A, Honda K, et al. Vacant parking space detector for outdoor parking lot by using surveillance camera and FCM classifier[C]//IEEE International Conference on Fuzzy Systems, 2009: 127-134.

[2] Suhr J K, Jung H G. Fully-automatic recognition of various parking slot markings in Around View Monitor (AVM) image sequences[C]//IEEE Conference on Intelligent Transportation Systems, 2012: 1294-1299.

[3] Almeida P, Oliveira L S, Silva E, et al. Parking space detection using textural descriptors[C]//IEEE International Conference on Systems, Man, and Cybernetics(SMC), 2013: 3603-3608.

[4] Rahtu E, Heikkilä J, Ojansivu V, et al. Local phase quantization for blur-insensitive image analysis[J]. Image and Vision Computing, 2012, 30(8): 501-512.

[5] Shaaban K, Tounsi H. Parking space detection system using video images[J]. Transportation Research Record: Journal of the Transportation Research Board, 2015 (2537): 137-147.

[6] Suhr J K, Jung, Ho Gi. Automatic parking space detection and tracking for underground and indoor environments [J]. IEEE Transactions on Industrial Electronics, 2016, 63 (9):

5687-5698.

[7] Karakaya M, Aklncl F C. Parking space occupancy detection using deep learning methods [C]//26th IEEE Signal Processing and Communications Applications Conference. 2018: 1-4.

[8] 周培义. 单目视觉自动泊车控制系统研究[D]. 长沙: 湖南大学, 2014.

[9] 韩之刚. 基于数字图像的倒车辅助技术的研究与实现[D]. 沈阳: 东北大学, 2013.

[10] 仇小刚. 基于机器视觉的智能倒车辅助系统研究[D]. 沈阳: 东北大学, 2014.

[11] 夏菲. 基于视觉监测的停车场车位自动识别技术研究[D]. 沈阳: 沈阳理工大学, 2015.

[12] 陈奋. 基于机器视觉的自动泊车技术的研究[D]. 成都: 电子科技大学, 2016.

[13] 庄一玮. 基于机器视觉的车位状态检测研究[D]. 西安: 长安大学, 2017.

[14] 李磊. 基于全景视觉自动泊车的停车位检测与识别方法[D]. 西安: 西安电子科技大学, 2018.

[15] 张乾, 肖永菲, 杨玉成, 等. 基于计算机视觉的室外停车场车位检测实验设计[J]. 实验技术与管理, 2019, 36(07): 138-140, 146.

[16] 毛星云, 冷雪飞, 王碧辉, 等. OpenCV3 编程入门[M]. 北京: 电子工业出版社, 2015.

第7章

基于深度学习的停车位检测

随着神经科学、认知科学的发展，我们逐渐了解到人类的智能行为都和大脑活动有关，人脑神经网络可以将声音、视觉等信号经过多层的编码，从最原始的低层特征不断加工、抽象，最终得到原始信号的语义编码。神经网络研究经过不断更新，可以应用的地方也越来越多，本章着重介绍通过深度学习的方法来进行停车位检测。

7.1 深度学习的基本原理

深度学习是机器学习的分支，是一种以人工神经网络为架构，对数据集进行表征学习的算法。观测值(例如一幅图像)可以使用多种方式来表示，如每个像素强度值的向量，或者更抽象地表示成一系列边、特定形状的区域等。而使用某些特征的表示方法更容易从实例中学习任务(例如，人脸识别或面部表情识别)。

从理论上来说，参数越多的模型复杂度越高，“容量”越大，这意味着它能完成更复杂的学习任务，但一般情形下，复杂模型的训练效率低、易陷入过拟合。

7.1.1 人工神经网络

对人类中枢神经系统的观察启发了人工神经网络这个概念。在人工神经网络中，简单的人工节点称作神经元，连接在一起形成一个类似生物神经网络的网状结构，如图7.1所示。

人工神经网络目前尚没有一个统一的正式定义。不过，具有下列特点的统计模型可以被称作是“神经化”的：

- 具有一组可以被调节的权重(被学习算法调节的数值参数)；
- 可以估计输入数据的非线性函数关系。

单层神经元网络是最基本的神经元网络形式，由有限个神经元构成，所有神经元的输入向量都是同一个向量。由于每一个神经元都会产生一个标量结果，所以单层神经元的输出是一个向量，向量的维数等于神经元的数目。神经元的连接方式如图7.2所示。

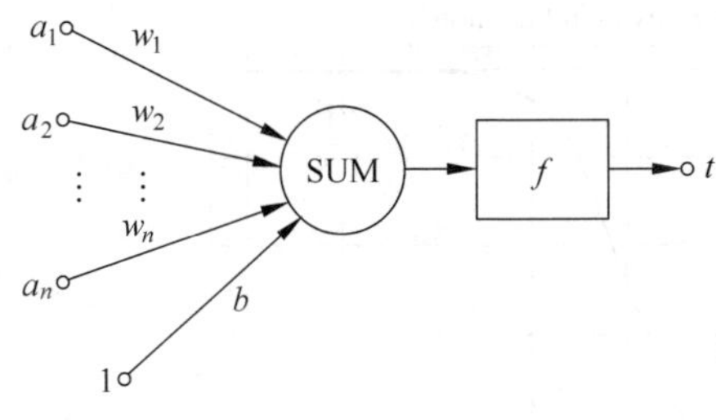

图 7.1　神经元模型

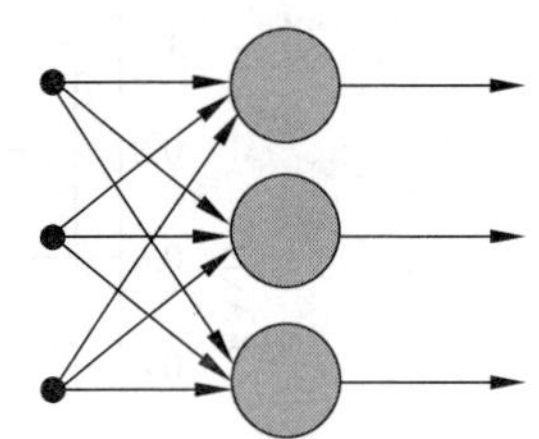

图 7.2　神经元的连接方式

通常来说，一个人工神经元网络是由一个多层神经元结构组成的，每层神经元拥有输入(其输入是前一层神经元的输出)和输出，我们把神经元和与之对应的神经元之间的连线称作突触。在数学模型中每个突触有一个加权数值(权重)，那么要计算第 i 层上的某个神经元所得到的势能等于每一个权重乘以第 $i-1$ 层上对应的神经元的输出，然后全体求和得到了第 i 层上的某个神经元所得到的势能，势能值通过该神经元上的激活函数，求出该神经元的输出。该输出是一个非线性的数值，也就是说，通过激励函数求的数值根据极限值来判断是否要激活该神经元。换句话说，我们对一个神经元网络的输出是否线性并不感兴趣。

在计算网络中，一个节点的激活函数(Activation Function)定义了该节点在给定的输入或输入的集合下的输出。标准的计算机芯片电路可以看作根据输入得到开(1)或关(0)输出的数字电路激活函数，这与神经网络中的线性感知机的行为类似。然而，只有非线性激活函数才允许这种网络仅使用少量节点来计算非平凡问题。在人工神经网络中，这个功能也被称为传递函数。常用的激活函数有 Sigmoid，tanh，ReLU 等，它们的函数图像如图 7.3 所示。

7.1.2　反向传播算法

反向传播(back propagation，BP)是"误差反向传播"的简称，是一种与最优化方法(如梯度下降法)结合使用的，用来训练人工神经网络的常见方法。该方法对网络中所有权重计算损失函数的梯度，这个梯度会反馈给最优化方法，用来更新权值以最小化损失函数。

反向传播要求有对每个输入值想得到的已知输出，来计算损失函数梯度。因此，它通常被认为是一种监督式学习方法，虽然它也用在一些无监督网络(如自动编码器)中。它是多层前馈网络的 Delta 规则的推广，可以用链式法则对每层迭代计算梯度。反向传播要求人工神经元(或节点)的激励函数可微。

反向传播算法(BP 算法)主要由两个阶段组成：激励传播与权重更新。

1. 激励传播

每次迭代中的传播环节包含两步：

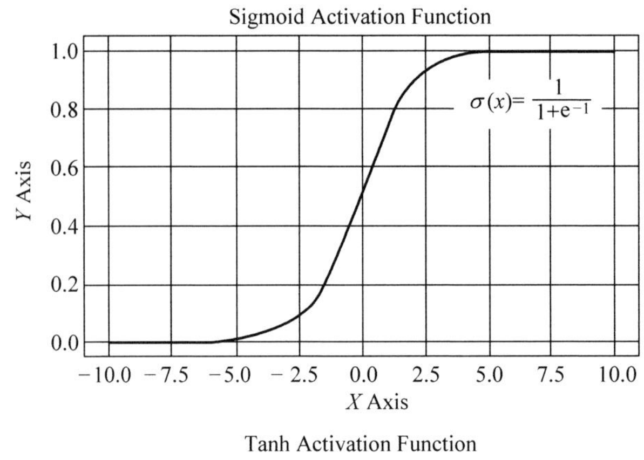

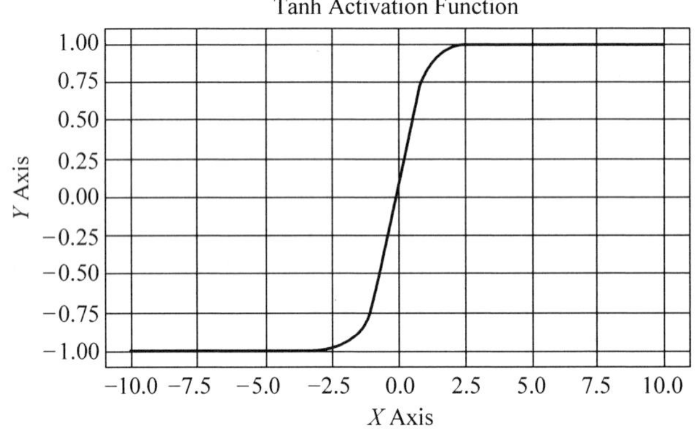

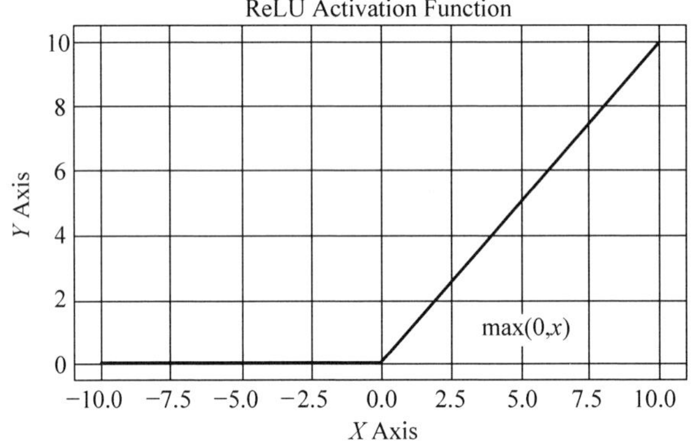

图 7.3　激活函数

- 前向传播阶段：将训练输入送入网络以获得激励响应。
- 反向传播阶段：将激励响应同训练输入对应的目标输出求差，从而获得输出层和隐藏层的响应误差。

2. 权重更新

对于每个突触上的权重，按照以下步骤进行更新：

- 将输入激励和响应误差相乘，从而获得权重的梯度。
- 将这个梯度乘上一个比例并取反后加到权重上。

这个比例(百分比)将会影响到训练过程的速度和效果，因此称为“训练因子”。梯度的方向指明了误差扩大的方向，因此在更新权重时需要对其取反，从而减小权重引起的误差。

这两个阶段可以反复循环迭代，直到网络对输入的响应达到满意的预定的目标范围为止。

7.1.3 卷积神经网络

卷积神经网络(convolutional neural network，CNN)是一种前馈神经网络，它的人工神经元可以响应一部分覆盖范围内的周围单元，对于大型图像处理有出色表现。

卷积神经网络由一个或多个卷积层和顶端的全连通层(对应经典的神经网络)组成，同时也包括关联权重和池化层(pooling layer)，典型的结构如图 7.4 所示。这一结构使得卷积神经网络能够利用输入数据的二维结构。与其他深度学习结构相比，卷积神经网络在图像和语音识别方面能够给出更好的结果。这一模型也可以使用反向传播算法进行训练。相比较其他深度、前馈神经网络，卷积神经网络需要考量的参数更少，使之成为一种颇具吸引力的深度学习结构。

卷积神经网络一般包含卷积层、线性整流层、池化层和完全连接层。

卷积层是一组平行的特征图(feature map)，它通过在输入图像上滑动不同的卷积核并运行一定的运算而组成。此外，在每一个滑动的位置上，卷积核与输入图像之间会运行一个元素对应乘积并求和的运算以将感受野内的信息投影到特征图中的一个元素。这一滑动的过程可称为步幅 Z_s，步幅 Z_s 是控制输出特征图尺寸的一个因素。卷积核的尺寸要比输入图像小得多，且重叠或平行地作用于输入图像中，一张特征图中的所有元素都是通过一个卷积核计算得出的，即一张特征图共享了相同的权重和偏置项。卷积运算过程如图 7.5 所示。

线性整流层(Rectified Linear Units layer，ReLU layer)使用线性整流 $f(x)=\max(0,x)$ 作为这一层神经的激励函数。它可以增强判定函数和整个神经网络的非线性特性，而本身并不会改变卷积层。

事实上，其他的一些函数也可以用于增强网络的非线性特性，如双曲正切函数 $f(x)=\tanh(x)$，$f(x)=|\tanh(x)|$，或者 Sigmoid 函数 $f(x)=(1+e^{-x})^{-1}$。相比其他函数来说，ReLU 函数更受青睐，这是因为它可以将神经网络的训练速度提升数倍，而并不会对模型的泛化准确度造成显著影响。

池化(pooling)是卷积神经网络中另一个重要的概念，它实际上是一种非线性形式的降采样。有多种不同形式的非线性池化函数，而其中“最大池化”(max pooling)是最为常见的。它是将输入的图像划分为若干个矩形区域，对每个子区域输出最大值。最大池化运算如图 7.6 所示。

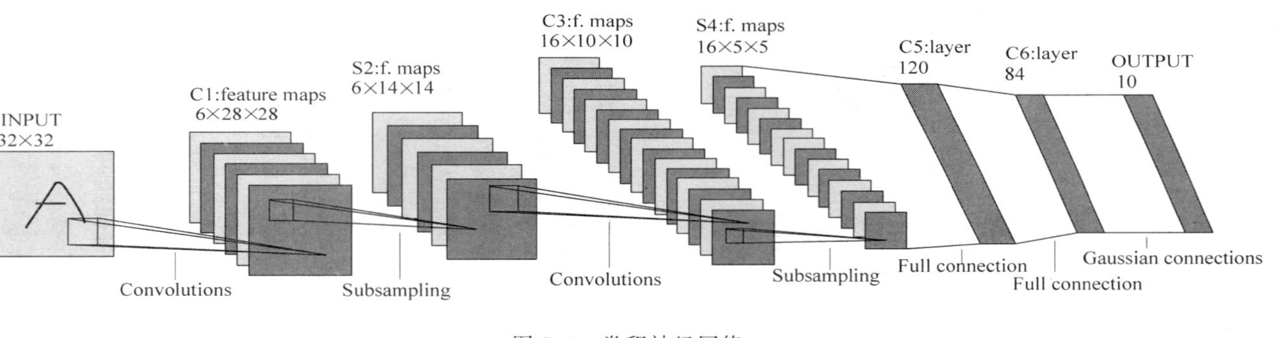

图 7.4　卷积神经网络

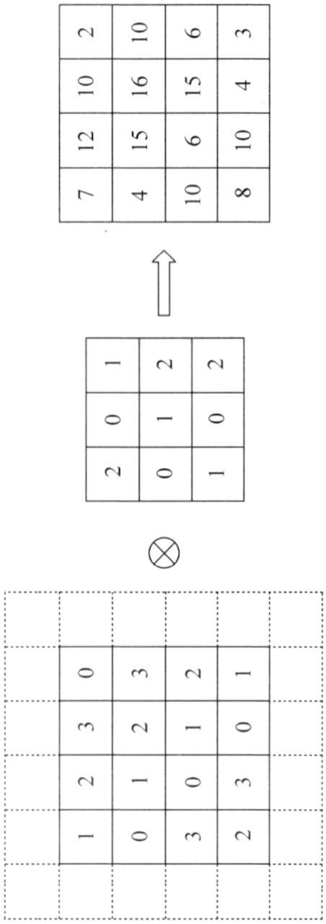

	1	2	3	0	
	0	1	2	3	
	3	0	1	2	
	2	3	0	1	

⊗

2	0	1
0	1	2
1	0	2

⇨

7	12	10	2
4	15	16	10
10	6	15	6
8	10	4	3

图 7.5　卷积运算

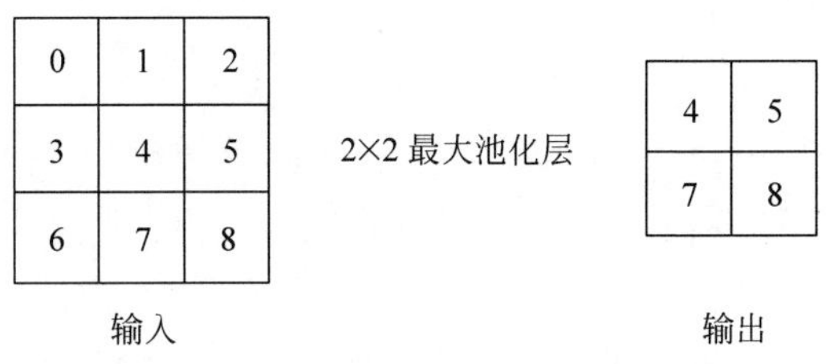

图 7.6 最大池化运算

直觉上，这种机制有效的原因在于，一个特征的精确位置远不及它相对于其他特征的粗略位置重要。池化层会不断地减小数据的空间大小，因此参数的数量和计算量也会下降，这在一定程度上也控制了过拟合。通常来说，CNN 的网络结构中的卷积层之间都会周期性地插入池化层。池化操作提供了另一种形式的平移不变性。因为卷积核是一种特征发现器，通过卷积层可以很容易地发现图像中的各种边缘。但是卷积层发现的特征往往过于精确，我们即使高速连续拍摄一个物体，照片中物体的边缘像素位置也不大可能完全一致，通过池化层我们可以降低卷积层对边缘的敏感性。

池化层每次在一个池化窗口(depth slice)上计算输出，然后根据步幅移动池化窗口，如式(7-1)所示。图 7.6 是目前最常用的池化层，步幅为 2，池化窗口为 2×2 的二维最大池化层。每隔 2 个元素从图像划分出 2×2 的区块，然后对每个区块中的 4 个数取最大值。这将会减少 75%的数据量。

$$f_{X,Y}(S) = \max_{a,b=0}^{1} S_{2X+a,2Y+b} \tag{7-1}$$

除了最大池化之外，池化层也可以使用其他池化函数，例如平均池化甚至 L2 范数池化等。过去，平均池化的使用曾经较为广泛，但是最近由于最大池化在实践中的表现更好，平均池化已经不太常用。

由于池化层过快地减少了数据的大小，目前文献中的趋势是使用较小的池化滤镜，甚至不再使用池化层。

RoI 池化(region of interest)是最大池化的变体，其中输出大小是固定的，输入矩形是一个参数。

最后，在经过几个卷积和最大池化层之后，神经网络中的高级推理通过全连接层来完成。就和常规的非卷积人工神经网络中一样，全连接层中的神经元与前一层中的所有激活都有联系。因此，它们的激活可以作为仿射变换来计算，也就是先乘以一个矩阵然后加上一个偏差(bias)偏移量(向量加上一个固定的或者学习来的偏差量)。

7.2 经典的卷积神经网络

7.2.1 LeNet

LeNet 诞生于 1994 年，是最早的卷积神经网络之一，并且推动了深度学习领域的发展。自从 1988 年开始，在许多次成功的迭代后，这项由 Yann LeCun 完成的开拓性成果被命名为 LeNet5。LeNet5 的架构基于这样的观点：图像的特征分布在整张图像上，以及带有可学习参数的卷积是一种用少量参数在多个位置上提取相似特征的有效方式。那时，没有 GPU 帮助训练，甚至 CPU 的速度也很慢。因此，能够保存参数以及计算过程是一个关键进展，这和将每个像素用作一个大型多层神经网络的单独输入相反。LeNet5 阐述了那些像素不应该被使用在第一层，因为图像具有很强的空间相关性，而使用图像中独立的像素作为不同的输入特征则利用不到这些相关性。

除了输入层外，LeNet 包含 7 层，每层都包含可训练参数；每层都有多个特征图，每个特征图通过一种卷积滤波器提取输入的特征，网络结构如图 7.7 所示。

LeNet 的输入为 32×32，若尺寸不为 32×32，需要通过输入层调整输入图像的大小。

C1 层为卷积层，包含 6 个大小为 5×5 的卷积核，输出的特征图大小为 6×28×28，C1 包含 156 个可训练参数和 122304 个连接。

S2 层为下采样层，也称为池化层。在第一次卷积操作后，使用 2×2 的核进行池化，对 C1 的特征图的 2×2 区域内的像素乘以一个可训练权重系数，并加上一个偏差，然后再将所得的结果通过 Sigmoid 函数做一次映射。由于 2×2 的感受域不重叠，因此 S2 中的特征图只有 C1 中的特征图一半的行数和列数。S2 层有 12 个可训练参数和 5880 个连接。

C3 层是卷积层，包含 16 个 5×5 的卷积核，输出为 16×10×10。C3 的前 6 个特征图以 S2 中 3 个相邻的特征图子集为输入。接下来 6 个特征图以 S2 中 4 个相邻特征图子集为输入。然后的 3 个特征图以不相邻的 4 个特征图子集为输入。最后一个将 S2 中所有特征图为输入。C3 层有 1516 个可训练参数和 156000 个连接。

S4 层与 S2 层类似，大小为 2×2，输出为 16 个 5×5 的特征图。S4 层有 32 个可训练参数和 2000 个连接。

C5 层是卷积层，包含 120 个 5×5 的卷积核。由于 S4 池化层的输出大小为 5×5，所以经过 5×5 的卷积后输出为 1×1。S4 和 C5 之间是全连接的，C5 被标记为卷积层，而不是完全连接的层，是因为如果 LeNet5 输入变得更大而其结构保持不变，则其输出大小会大于 1×1，即不是完全连接的层了。C5 层有 48120 个连接。

F6 层为全连接层，F6 层完全连接到 C5，输出 84 张特征图。它有 10164 个可训练参数。

Output 层也是全连接层，输出为 10 个节点，使用径向基函数连接，若第 i 个输出的值为 0，则识别结果为 i。

7.2.2 AlexNet

AlexNet 是 Alex Krizhevsky 等在 2012 年发表的 *ImageNet Classification with Deep Convolutional Neural Networks* 论文中提出的，并夺得了 2012 年 ImageNet LSVRC

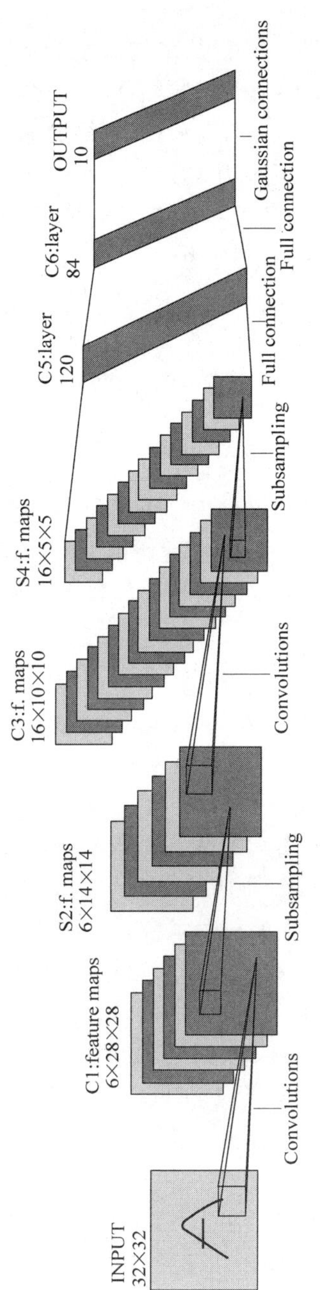

图 7.7 LeNet 网络结构

的冠军,引起了很大的轰动。相比于 LeNet,AlexNet 使用了更深的网络结构、使用层叠的卷积层提取特征、使用 Dropout 抑制网络过拟合、使用数据增强的方式抑制过拟合、使用 ReLU 激活函数、使用多 GPU 进行训练。

网络结构如图 7.8 所示,上下两个平行的结构分别为运行在两个 GPU 上的网络,结构大致相似,共分为 8 层,前 5 层为卷积层,后 3 层为全连接层。

第一个卷积层包含 96 个 11×11×3 的卷积核,网络的输入为 227×227×3 的图像,卷积核的步长为 4,得到的特征图大小为 55×55×96。然后使用 ReLU 函数进行运算,运算结果使用大小为 3×3、步长为 2 的池化层处理,输出为 27×27×96,最后经过局部响应归一化处理,把 96 个特征图分为两组,每组分别在一个 GPU 上运算。

第二个卷积层与第一个类似,流程为卷积、ReLU、池化、归一化。首先使用 128 个大小为 5×5 的卷积核运算,使用像素填充保持输出的大小不变,卷积后的特征图为两组,每组的大小为 27×27×128。使用 ReLU 函数进行运算,使用大小为 3×3、步长为 2 的池化层,输出为 13×13×256,使用局部响应归一化,然后将输出分为两组,每组的大小为 13×13×128。

第三个卷积层使用 384 个大小为 13×13、步长为 1 的卷积核,输出为 13×13×384,分为两组,每组的大小为 13×13×192,然后使用 ReLU 函数运算。

第四个卷积层与第三个类似,使用相同的卷积核和激活函数运算,输出结果为两组 13×13×192 的特征图。

第五个卷积层的流程为卷积、ReLU、池化。卷积的输入为两组共 13×13×384,使用两组卷积核,每组都是 128 个,大小为 3×3×192,步长为 1,边缘填充 1,输出为 13×13×256,经过 ReLU 运算后,使用大小为 3×3、步长为 2 的池化层,输出大小为 6×6×256 的特征图。

第六个为全连接层,输入的特征图大小为 6×6×256,使用 4096 个该大小的卷积核,使每个特征图的输出大小为 1,运算结果为 4096×1。由于卷积核的大小刚好与输入的特征图大小相同,即卷积核中的每个系数只与特征图中的一个像素值相乘,并且每个卷积核都与输入的所有特征图进行卷积运算,因此第六层被称为全连接层。卷积后的结果使用 ReLU 函数进行运算,并使用 Dropout 抑制过拟合。

第七层为全连接层,流程为全连接、ReLU、Dropout。这一层使用 4096 个神经元与第六层的输出连接,输出仍为 4096,经过 ReLU 运算和 Dropout。

第八层为输出层,使用 1000 个神经元,将 4096 个输入数据进行全连接,输出 1000 个预测结果。

在 AlexNet 网络中,由于网络的参数更多,需要更多的数据量,在图像数量一定的情况下,通过适当的数据增强方法,使网络学习到更加有效的特征。常用的处理方法有翻转、随机裁剪、平移等。AlexNet 把 256×256 的图像随机裁取 224×224 的区域,进行水平翻转,并在 RGB 空间上使用 PCA,对主成分增加一个随机扰动,服从(0,0.1)的高斯分布,使网络的预测结果不随光照强度和颜色而改变。

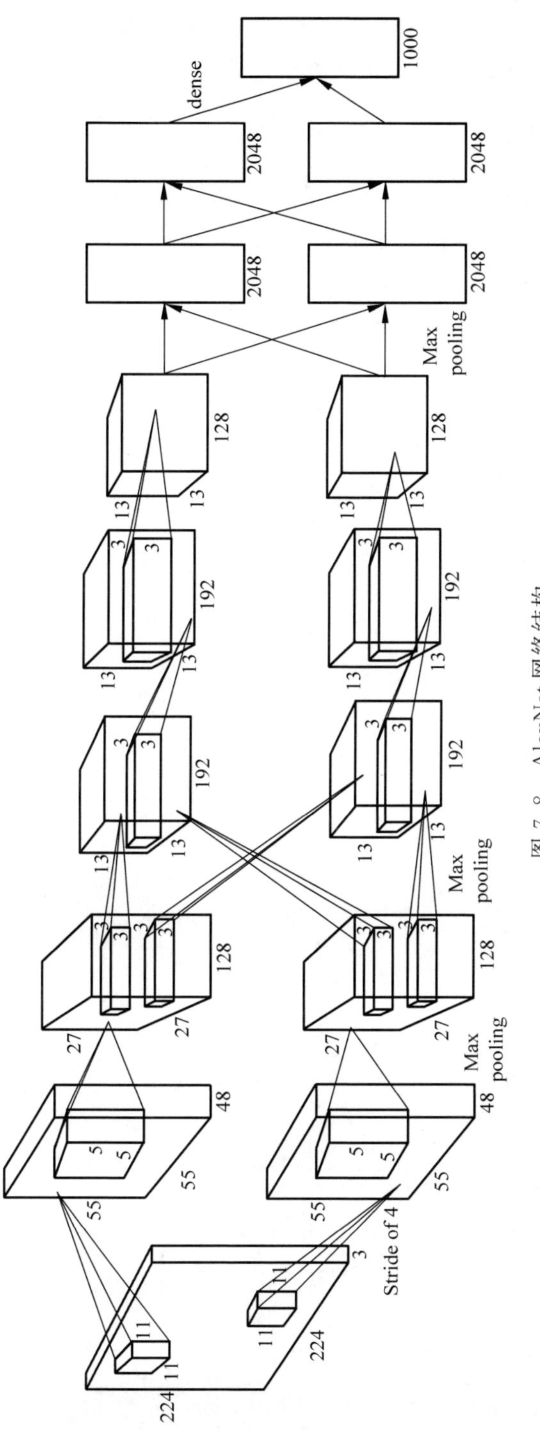

图 7.8 AlexNet 网络结构

Dropout 能够有效地抑制过拟合,在训练过程中,随机将某些神经元置 0,此神经元不再进行前向传播和反向传播,在下一次的迭代中,再随机失活某些神经元。通过这种方式,减少了网络的复杂性,但也会降低网络的训练效率。

7.2.3 VGGNet

VGGNet 由牛津大学视觉几何小组(Visual Geometry Group,VGG)提出,主要贡献在于从网络深度这一角度出发对卷积神经网络进行了改进。VGGNet 全局使用 3×3 大小的卷积核: 使用 2 个 3×3 的卷积可以代替一个 5×5 的卷积,但参数仅为原本的 0.72 倍; 3 个 3×3 的卷积可以代替一个 7×7 的卷积,但参数仅为原本的 0.6 倍。使用多个 3×3 的卷积代替一个大的卷积,引入了更多的非线性,降低了参数量,使网络学习特征的能力更强。

表 7.1 为 VGGNet 的网络结构参数,图 7.9 为网络结构。在论文 *Very Deep*

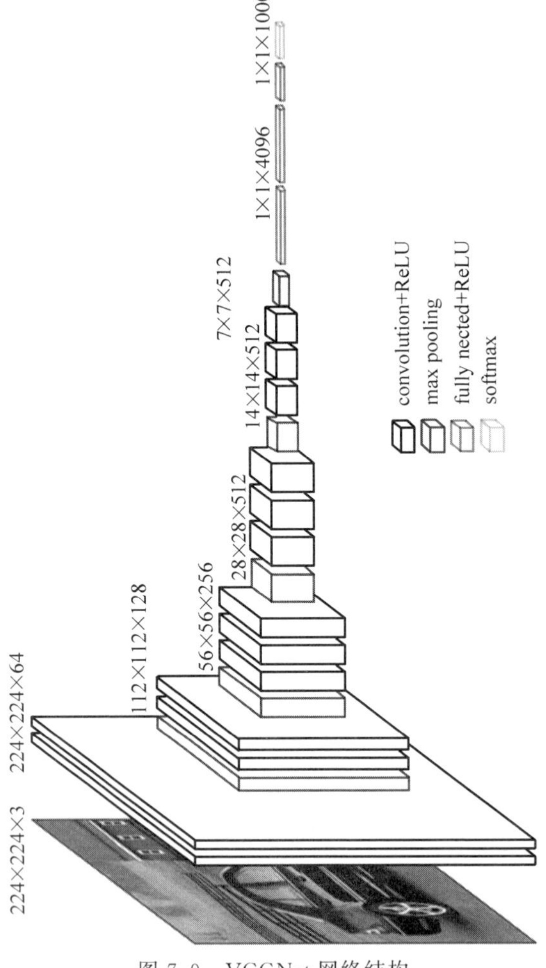

图 7.9 VGGNet 网络结构

Convolutional Networks for Large-Scale Image Recognition 中提出了多种不同深度的网络结构，最浅的有 11 层，最深的有 19 层，但总体结构相似。每个网络都有 5 段卷积，不同的网络中卷积层的数目不同，每一段中的卷积核都相同，一个段中使用多个 3×3 卷积是为了能够替代更大的卷积核，在参数更少的情况下获得相同的感受野。每一段卷积后都会连接一个池化层，使用最大池化的方法，取 2×2 区域内的最大值作为输出。

表 7.1 VGGNet 的网络结构参数

ConvNet Configuration					
A	A-LRN	B	C	D	E
11 weight layers	11 weight layers	13 weight layers	16 weight layers	16 weight layers	19 weight layers
input(224×224 RGB image)					
conv3-64	conv3-64 LRN	conv3-64 conv3-64	conv3-64 conv3-64	conv3-64 conv3-64	conv3-64 conv3-64
maxpool					
conv3-128	conv3-128	conv3-128 conv3-128	conv3-128 conv3-128	conv3-128 conv3-128	conv3-128 conv3-128
maxpool					
conv3-256 conv3-256	conv3-256 conv3-256	conv3-256 conv3-256	conv3-256 conv3-256 conv1-256	conv3-256 conv3-256 conv3-256	conv3-256 conv3-256 conv3-256 conv3-256
maxpool					
conv3-512 conv3-512	conv3-512 conv3-512	conv3-512 conv3-512	conv3-512 conv3-512 conv1-512	conv3-512 conv3-512 conv3-512	conv3-512 conv3-512 conv3-512 conv3-512
maxpool					
conv3-512 conv3-512	conv3-512 conv3-512	conv3-512 conv3-512	conv3-512 conv3-512 conv1-512	conv3-512 conv3-512 conv3-512	conv3-512 conv3-512 conv3-512 conv3-512
maxpool					
FC-4096					
FC-4096					
FC-1000					
soft-max					

在完成 5 段卷积并池化操作后，得到一个 7×7×512 的特征图(图 7.9)，将这幅三维的特征图展开成一维，使用 4096 个神经元连接，形成一个全连接层，接下来仍然是一个拥有 4096 个神经元的全连接层。两个全连接层都是用 ReLU 激活函数。第三个全连接层有 1000 个神经元，并且使用 softmax 激活函数。在网络结构 C 中，使用了 1×1 的卷积核，在不影响感受野的情况下，为网络增加更多的非线性。

VGGNet 网络的结构简洁，全局使用 3×3 的卷积和 2×2 的最大池化，使用多个小卷积操作代替一次大的卷积操作具有更好的效果，并且验证了通过加深网络可以提高网络的性能，但也是因为网络太大，尤其是最后 3 个全连接层的神经元数量庞大，导致了 VGGNet 需要更多的计算资源。

7.2.4 ResNet

在之前的深度卷积网络中，多采用多层端到端的方式，集成了低中高 3 个层次的特征和分类器，并且可以通过加深网络层数的方式增加特征的数量。但是随着网络层数的增加会出现梯度消失/爆炸的问题，这将会影响网络的收敛，收敛问题可以通过正则化解决。但即使能够收敛，随着网络深度的增加，训练结果的正确率开始饱和甚至下降，这种现象称为退化。

网络退化的根本原因是一个优化问题，残差网络(ResNet)正是为了解决优化问题而提出的。在残差网络中，不是让网络直接拟合原先的映射，而是拟合残差映射。如图 7.10 所示，ResNet 提出了两种映射：identity mapping 和 residual mapping。identity mapping 指本身，输入为 x，输出也为 x。residual mapping 指经过卷积运算后的输出，即残差 $F(x)$。最后的输出为 $y=F(x)+x$。

ResNet 提出了两种残差结构，如图 7.11 所示。左侧的结构与图 7.10 相同，被称为 building block，由两个卷积层组成，每个卷积层都有 64 个大小为 3×3 的卷积核，这种结构用于 ResNet34 中。右侧的结构被称为 bottleneck design，由 3 个卷积

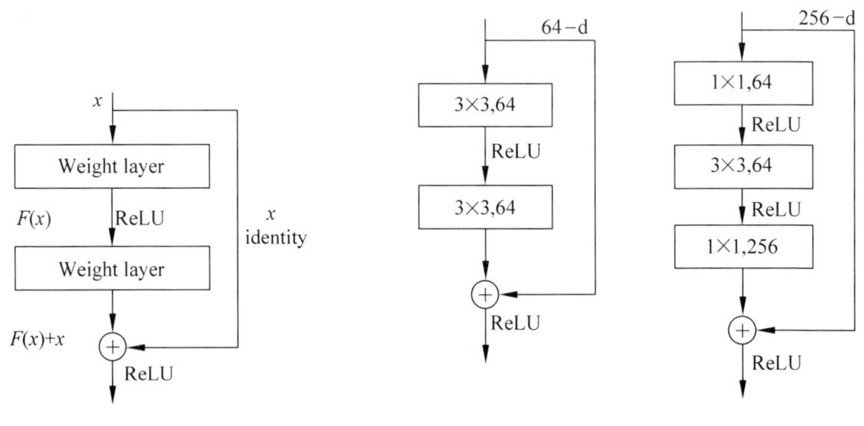

图 7.10 残差结构

图 7.11 两种残差结构

层组成，首先使用 1×1 的卷积核将 256 层的输入降为 64 层，然后使用 3×3 的卷积核提取特征，再使用 1×1 将 64 层的特征升维成 256 层。这种结构用于 ResNet50/101/152，能够有效降低网络参数的数量。

ResNet 将部分原始输入的信息不经过矩阵乘法和非线性变化，直接传输到下一层，假定某段神经网络的输入是 x，期望输出是 $H(x)$，即 $H(x)$是期望的复杂潜在映射，但学习难度大；如果直接把输入 x 传到输出作为初始结果，通过残差网络，那么此时我们需要学习的目标就是 $F(x)=H(x)-x$，于是 ResNet 相当于将学习目标改变了，不再是学习一个完整的输出，而是最优解 $H(x)$和全等映射 x 的差值，即残差 $F(x)=H(x)-x$。残差网络解决了传统的卷积神经网络在深度过大时出现的梯度消失/爆炸问题。ResNet 网络结构如表 7.2 所示。

表 7.2　ResNet 网络结构

layer name	output size	18-layer	34-layer	50-layer	101-layer	152-layer
conv1	112×112	7×7,64,stride 2				
conv2 x	56×56	3×3 max pool,stride 2				
		$\begin{bmatrix}3\times3,64\\3\times3,64\end{bmatrix}\times2$	$\begin{bmatrix}3\times3,64\\3\times3,64\end{bmatrix}\times3$	$\begin{bmatrix}1\times1,64\\3\times3,64\\1\times1,256\end{bmatrix}\times3$	$\begin{bmatrix}1\times1,64\\3\times3,64\\1\times1,256\end{bmatrix}\times3$	$\begin{bmatrix}1\times1,64\\3\times3,64\\1\times1,256\end{bmatrix}\times3$
conv3 x	28×28	$\begin{bmatrix}3\times3,128\\3\times3,128\end{bmatrix}\times2$	$\begin{bmatrix}3\times3,128\\3\times3,128\end{bmatrix}\times4$	$\begin{bmatrix}1\times1,128\\3\times3,128\\1\times1,512\end{bmatrix}\times4$	$\begin{bmatrix}1\times1,128\\3\times3,128\\1\times1,512\end{bmatrix}\times4$	$\begin{bmatrix}1\times1,128\\3\times3,128\\1\times1,512\end{bmatrix}\times8$
conv4 x	14×14	$\begin{bmatrix}3\times3,256\\3\times3,256\end{bmatrix}\times2$	$\begin{bmatrix}3\times3,256\\3\times3,256\end{bmatrix}\times6$	$\begin{bmatrix}1\times1,256\\3\times3,256\\1\times1,1024\end{bmatrix}\times6$	$\begin{bmatrix}1\times1,256\\3\times3,256\\1\times1,1024\end{bmatrix}\times23$	$\begin{bmatrix}1\times1,256\\3\times3,256\\1\times1,1024\end{bmatrix}\times36$
conv5 x	7×7	$\begin{bmatrix}3\times3,512\\3\times3,512\end{bmatrix}\times2$	$\begin{bmatrix}3\times3,512\\3\times3,512\end{bmatrix}\times3$	$\begin{bmatrix}1\times1,512\\3\times3,512\\1\times1,2048\end{bmatrix}\times3$	$\begin{bmatrix}1\times1,512\\3\times3,512\\1\times1,2048\end{bmatrix}\times3$	$\begin{bmatrix}1\times1,512\\3\times3,512\\1\times1,2048\end{bmatrix}\times3$
1×1 average pool,1000-d fc,softmax						
FLOPs		1.8×10^9	3.6×10^9	3.8×10^9	7.6×10^9	11.3×10^9

7.2.5　YOLO v3

YOLO 全称 You Only Look Once，是由 Redmon 等在 2016 年的一篇研究论文中命名的，在实时目标检测方面有很高的应用价值，YOLO v3 是此算法的第三个版本，网络结构如图 7.12 所示。

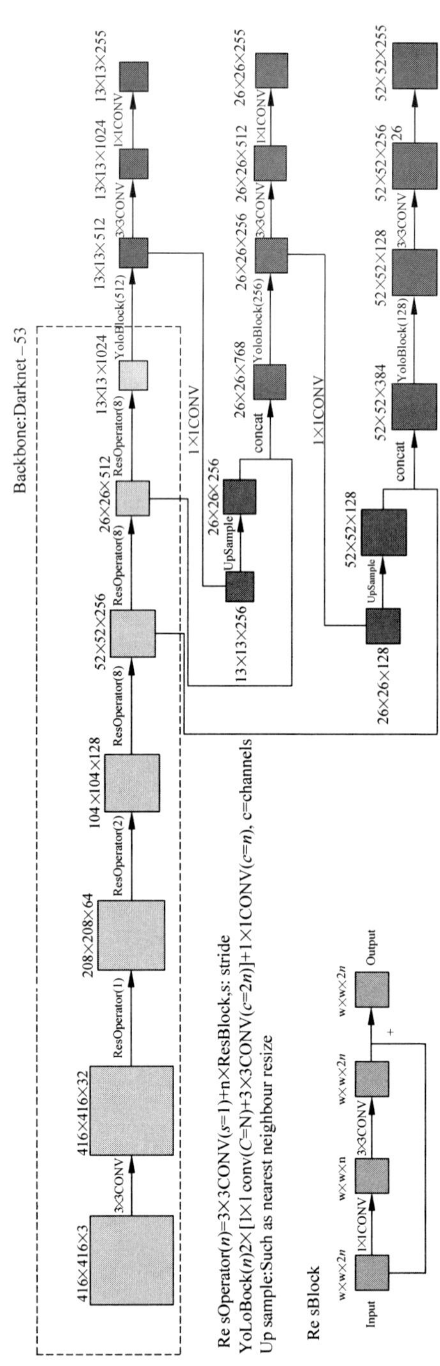

图 7.12 YOLO v3 网络结构

YOLO v3 首先使用 Darknet-53 提取特征，结构如表 7.3 所示。相比于之前的版本，为了降低池化带来的梯度负面效果，YOLO v3 使用大小为 3×3、步长为 2 的卷积代替池化层，并且网络中的每一次卷积后通常都会跟随归一化和激活操作。

表 7.3 Darknet-53 网络结构

	Type	Filters	Size	Output
	Convolutional	32	3×3	256×256
	Convolutional	64	3×3/2	128×128
1×	Convolutional	32	1×1	
	Convolutional	64	3×3	
	Residual			128×128
	Convolutional	128	3×3/2	64×64
2×	Convolutional	64	1×1	
	Convolutional	128	3×3	
	Residual			64×64
	Convolutional	256	3×3/2	32×32
8×	Convolutional	128	1×1	
	Convolutional	256	3×3	
	Residual			32×32
	Convolutional	512	3×3/2	16×16
8×	Convolutional	256	1×1	
	Convolutional	512	3×3	
	Residual			16×16
	Convolutional	1024	3×3/2	8×8
4×	Convolutional	512	1×1	
	Convolutional	1024	3×3	
	Residual			8×8
	Avgpool		Global	
	Connected		1000	
	Softmax			

Darknet-53 使用了 5 次下采样操作，每次下采样后，都连接一个卷积块。每个卷积块都包含不同大小的残差结构，重复运行一定次数后进入下一个卷积块。经过 5 次下采样后，网络输出的特征图大小变为原图像的 1/32，若输入图像为 256×256，则卷积操作完成后的特征图为 8×8×1024，然后会传递给后续的网络提取特征，而不会使用接下来的全连接层。

Darknet-53 最终提取出的特征图经过 5 次卷积后，获得输出的特征图 A1，A1 在经过 2 次操作后，获得了整个网络的第一个输出结果，特征图大小为 8×8×255。

将特征图 A1 使用卷积和上采样升维成分辨率为 16×16，与 Darknet-53 的第四个卷积块的输出结果进行拼接，经过 5 次卷积后获得特征图 A2，A2 经过两次卷积后获得网络的第二个输出结果，大小为 16×16×255，使用 A2 与 Darknet-53 的第三个卷积块进行相同的操作，得到网络的第三个输出结果，特征图大小为 32×32×255。

YOLO v3 的输出为 3 个不同尺度的特征图，分别为下采样 32 倍、16 倍、8 倍的输出结果，每个尺度分别对不同尺寸的目标进行检测，下采样倍数越高，所检测的目标尺寸越大，输出特征图的每一个点都对应输入图像的一个特定的区域，每个区域称为一个网格（cell）。

预测结果使用边界框（bounding box）表示，每个边界框包含 4 个预测结果，分别为 t_x, t_y, t_w, t_h。对应的真实坐标计算公式为

$$b_x = \sigma(t_x) + c_x \tag{7-2}$$

$$b_y = \sigma(t_y) + c_y \tag{7-3}$$

$$b_w = p_w e^{t_w} \tag{7-4}$$

$$b_h = p_h e^{t_h} \tag{7-5}$$

式中：c_x, c_y 为每一个网格左上角的坐标；p_w, p_h 为该边界框所对应的先验框的宽度和高度。除 4 个位置预测结果外，每个边界框还包含 1 个置信度和 80 个类别的得分，置信度即为此边界框是否预测到目标的得分，80 个类别得分对应 80 个检测目标。每个位置都会预测 3 个边界框，因此输出特征图的维度为 3×(5+80)=255。

若输入图像大小为 416×416，则多尺度的特征图大小为 13×13、26×26、52×52。YOLO v3 有 9 种先验框，大小为(116×90)、(156×198)、(373×326)的先验框对应分辨率为 13×13 的特征图，大小为(30×61)、(62×45)、(59×119)的先验框对应分辨率为 26×26 的特征图，大小为(10×13)、(16×30)、(33×23)的先验框对应分辨率为 53×53 的特征图。

7.3 车位检测的方法

相比于其他目标检测，如人体、车辆、飞机等，车位因为结构简单，特征较少，因此检测起来更加容易，但仍然可以通过多种方法进行检测，比如检测车位的角点、根据检测结果拟合出车位、直接在整张图像中检测车位、将车位的入口作为目标，检测其位置和角度。以上几种方法都是基于目标检测，也可以使用图像分割的方法，找到图像中是车位的部分。

7.3.1 基于标记点的检测方法

1. HRNet 结构

HRNet（High-Resolution Representations for Labeling Pixels and Regions）是中国科学技术大学与微软亚洲研究院发布的人体姿态估计模型，现有的大多数人体姿态估计的都是从高分辨率到低分辨率网络产生的低分辨率表征中恢复高分辨率表征，而 HRNet 在整个过程中都保持高分辨率的表征。

网络的结构如图 7.13 所示，由 4 个阶段组成，第 2、3、4 个阶段由模块化的多分

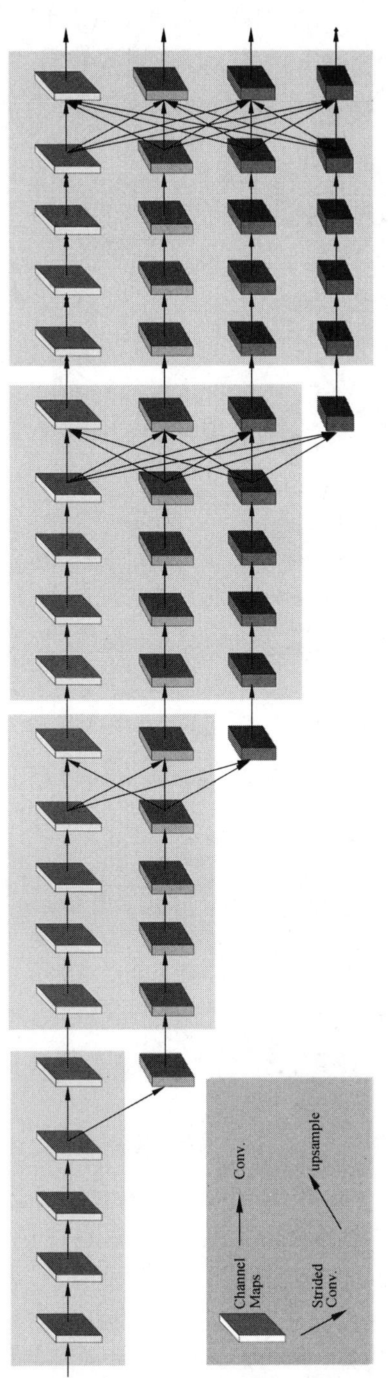

图 7.13 网络结构

辨率块组成，每个多分辨率块包含一个多分辨率群卷积和多分辨率卷积，如图 7.14(a)和 7.14(b)所示。多分辨率群卷积由一组卷积扩展而成，它将输入信道分成多个信道子集，分别对不同空间分辨率下的每个子集进行规则的卷积，为增加网络的效率，每组卷积中的卷积操作都是由残差块完成的，残差块的两种结构如图 7.15 所示。

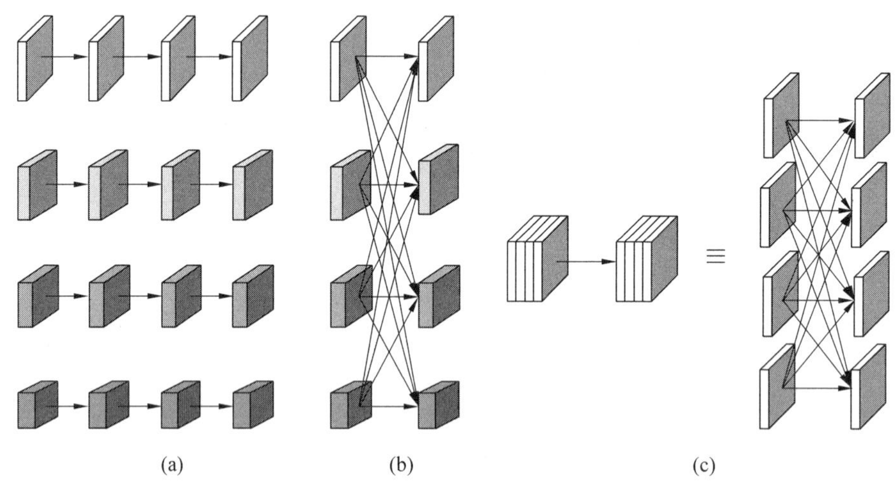

图 7.14　多分辨率块

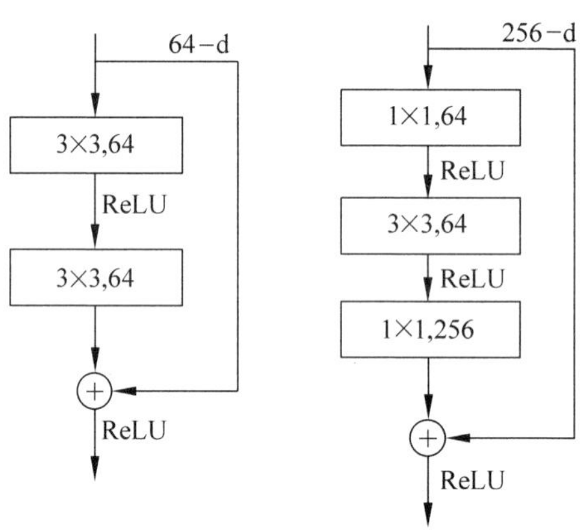

图 7.15　两种残差块

多分辨率卷积如图 7.14(b)所示，它类似于规则卷积的多分支全连接方式，如图 7.14(c)所示。输入通道被划分为几个子集，输出通道也被划分为几个子集。输入和输出子集以全连通的方式连接，每个连接都是规则的卷积。输出通道的每个子集是每个输入通道子集上的卷积输出的总和，在这一结构中，使用步长为 2、3×3 的卷积实现高分辨率到低分辨率的转换，使用双线性上采样实现分辨率的提高。

经过前 4 个阶段后，网络的输出结果是 4 个不同分辨率的特征图，为得到最终结果，需要对这 4 个特征图进一步处理。图 7.16 为 3 种结构，图 7.16(a)直接取最高分辨率的分支为最终输出结果，图 7.16(b)和图 7.16(c)做了一个简单而有效的修改，利用其他子集的通道输出从低分辨率卷积，其优点是充分挖掘了多分辨率卷积的能力。这个修改只增加了一个小参数和计算开销。

图 7.16(b)和图 7.16(c)通过双线性上采样将低分辨率表示重新调整为高分辨率，并将表示的子集连接起来，从而得到高分辨率表示，采用该表示来估计分割图/面部地标热图。在对象检测的应用中，通过将具有平均池化的高分辨率表示向下采样到多个层次来构建多层表示，如图 7.16(c)所示。

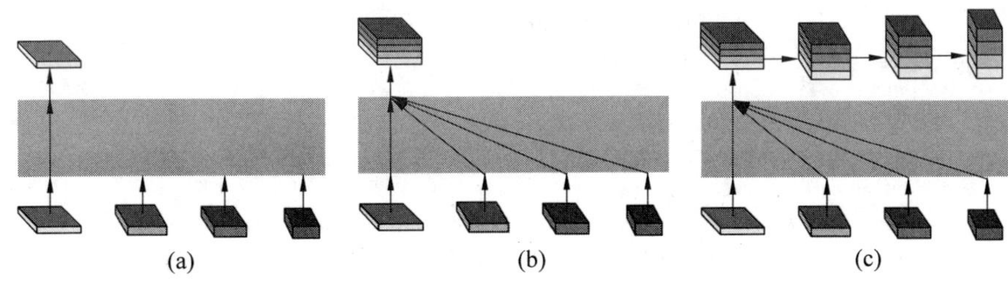

图 7.16　HRNet 输出方式

2. 车位标记点检测

HRNet 作为预测人体骨骼关键点的网络，输出结果是关键点的热图，当输入的某一个位置存在关键点，输出的热图中将会存在一个以对应的位置为中心的区域，如图 7.17 所示。中心的值最大并且接近 1，距离中心越远值越小，直到趋近于 0。每个点值的大小为

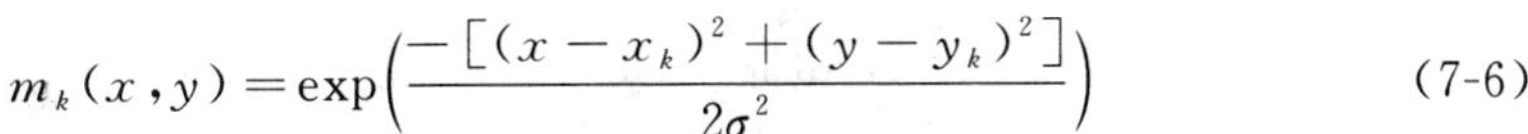

$$m_k(x,y)=\exp\left(\frac{-\left[(x-x_k)^2+(y-y_k)^2\right]}{2\sigma^2}\right) \tag{7-6}$$

图 7.17　高斯热图

高斯热图的生成代码如下：

```
def generate_heatmaps(self, marking_points, heatmap_h=128, heatmap_w=128):
    sigma = 2
    tmp_size = sigma * 3
    h = heatmap_h
    w = heatmap_w
```

```
    heatmap_pos = torch.zeros((2, w, h), dtype=torch.float32)
    heatmap_angle = torch.zeros((2, int(w / 8), int(h / 8)), dtype=torch.float32)
    for marking_point in marking_points:
        shape = int(marking_point.shape)
        P_x = math.floor(marking_point.x * w)
        P_y = math.floor(marking_point.y * h)
        a_x = math.floor(marking_point.x * w / 8)
        a_y = math.floor(marking_point.y * h / 8)
        direction = marking_point.direction
        cos = math.cos(direction)
        sin = math.sin(direction)
        ul = [int(P_x - tmp_size), int(P_y - tmp_size)]
        br = [int(P_x + tmp_size + 1), int(P_y + tmp_size + 1)]
        size = 2 * tmp_size + 1
        x = np.arange(0, size, 1, np.float32)
        y = x[:, np.newaxis]
        x0 = y0 = size // 2
        # The gaussian is not normalized, we want the center value to equal 1
        g = np.exp(- ((x - x0) ** 2 + (y - y0) ** 2) / (2 * sigma ** 2))
        # Usable gaussian range
        g_x = max(0, -ul[0]), min(br[0], w) - ul[0]
        g_y = max(0, -ul[1]), min(br[1], h) - ul[1]
        # Image range
        img_x = max(0, ul[0]), min(br[0], w)
        img_y = max(0, ul[1]), min(br[1], h)
        g = torch.from_numpy(g)
        heatmap_pos[shape, img_y[0]:img_y[1], img_x[0]:img_x[1]] = g[g_y[0]:g_y
[1], g_x[0]:g_x[1]]
        heatmap_angle[0, a_y, a_x] = cos
        heatmap_angle[1, a_y, a_x] = sin
    return heatmap_pos, heatmap_angle
```

HRNet 输出的热图的通道数为 17,对应着人体的 17 个骨骼关键点,若应用于车位检测中,只需要保留 2 个通道,对应车位标记点的两种类型。与检测人体骨骼关键点相比,在检测车位的实际情况中,输入图像来自车载摄像机拼接而成的全景图,车位的大小是稳定的,不会发生剧烈的变化,所以可以适当地缩减网络的分支和深度,提升运行效率。

检测停车位,只检测车位的标记点是不够的,还需要得到车位的角度,因此需要对原有的网络进行修改,增加角度预测的分支。最终需要的角度是两个浮点数,分别为标记点方向的余弦值和正弦值。角度预测是一个回归任务,因此标记点的定位所使用的热图并不适用于角度预测,需要重新定义一个新的分支,专门用于预测车位标记点的角度。

通常情况下,车位的尺寸不会发生剧烈的变化,每个车位的标记点的距离相对固定,可以总结出,每一张全景图像中检测到的标记点是较为分散的,不会聚集在一处。所以在回归每一个标记点的角度时,可是使用更加低的分辨率来增加检测效率,同时能够保证网络的有效性。如图 7.18 为一种可行的网络。

输入 3×512×512
64×256×256
64×128×128
256×128×128
32×128×128
64×64×64
32×128×128
64×64×64
12×128×128
2×128×128
位置输出
12×64×64
6×32×32
2×16×16
角度输出

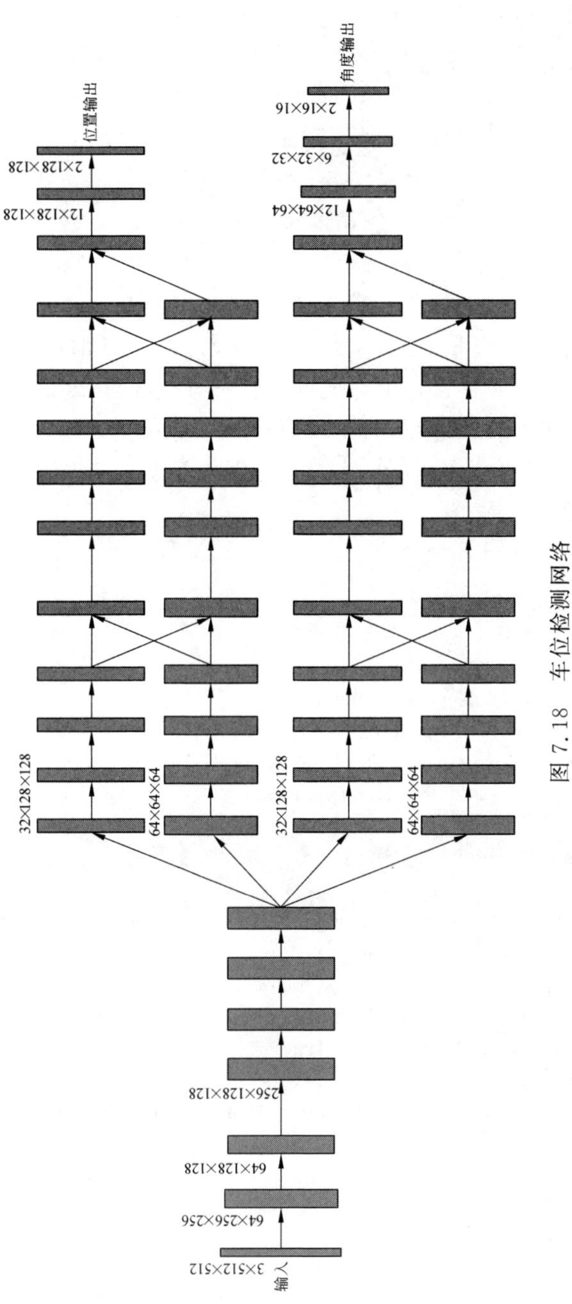

图 7.18　车位检测网络

输入图片为 512×512,经过两次卷积后将尺寸缩小至 1/4,然后经过一个多分辨率块提取图像的特征,标记点位置和角度的预测都使用此特征。网络的第一个分支用于预测标记点的位置,它的主体由两个多分辨率块组成,在得到两个不同分辨率的特征图后,低分辨率的特征图使用双线性上采样提高分辨率与高分辨率的特征图相加,所得的特征图再经过两次卷积降低通道数,最终得到 2×128×128 的热图,使用非极大值抑制和阈值筛选,即可得到标记点的坐标。第二个分支与第一个分支大体相似,在第一个多分辨率块的多分辨率卷积中,不仅融合了此分支中的不同分辨率的特征,还融合了第一个分支的特征,使角度预测分支能够结合标记点的位置信息。通过两个多分辨率块和双线性上采样融合后,输出结果为 32×128×128 的特征图,再经过三次卷积,同时降低通道数和分辨率,使最终输出为 2×16×16。两个通道分别对应标记点角度的余弦和正弦,分辨率为 16×16,每一个点都对应于原图像上的一块区域,若原图像某一区域存在一个标记点,则该标记点的角度记录在特征图的某一点上。例如,原图像(0∶32,0∶32)的区域中有一个标记点,该区域所对应的位置是(0,0),所以输出特征图的(0,0,0)和(1,0,0)分别表示该标记点的余弦值和正弦值。

网络实现的代码如下:

```
import torch
import torch.nn as nn
BN_MOMENTUM = 0.1

def conv3×3(in_planes, out_planes, stride=1):
    """3×3 convolution with padding"""
    return nn.Conv2d(in_planes, out_planes, kernel_size=3, stride=stride,
                     padding=1, bias=False)

class BasicBlock(nn.Module):
    expansion = 1
    def _init_(self, inplanes, planes, stride=1, downsample=None):
        super(BasicBlock, self)._init_()
        self.conv1 = conv3×3(inplanes, planes, stride)
        self.bn1 = nn.BatchNorm2d(planes, momentum=BN_MOMENTUM)
        self.relu = nn.ReLU(inplace=True)
        self.conv2 = conv3×3(planes, planes)
        self.bn2 = nn.BatchNorm2d(planes, momentum=BN_MOMENTUM)
        self.downsample = downsample
        self.stride = stride
    def forward(self, x):
        residual = x
        out = self.conv1(x)
        out = self.bn1(out)
        out = self.relu(out)
        out = self.conv2(out)
        out = self.bn2(out)
```

```
        if self.downsample is not None:
            residual = self.downsample(x)
        out += residual
        out = self.relu(out)
        return out
def upsample(inchannels, outchannels):
    return nn.Sequential(nn.Conv2d(inchannels, outchannels, 1, 1, 0, bias=False),
                         nn.BatchNorm2d(outchannels),
                         nn.Upsample(scale_factor=2, mode='nearest')
                         )
def downsample(inchannels, outchannels):
    return nn.Sequential(nn.Conv2d(inchannels, outchannels, 3, 2, 1, bias=False),
                         nn.BatchNorm2d(outchannels),
                         nn.ReLU(True)
                         )

def transition(inchannels, outchannels, kernel_size, stride, padding):
    return nn.Sequential(nn.Conv2d(inchannels, outchannels, kernel_size, stride, padding,
bias=False),
                  nn.BatchNorm2d(outchannels),
                  nn.ReLU(True))
class Bottleneck(nn.Module):
    expansion = 4

    def _init_(self, inplanes, planes, stride=1, downsample=None):
        super(Bottleneck, self)._init_()
        self.conv1 = nn.Conv2d(inplanes, planes, kernel_size=1, bias=False)
        self.bn1 = nn.BatchNorm2d(planes, momentum=BN_MOMENTUM)
        self.conv2 = nn.Conv2d(planes, planes, kernel_size=3, stride=stride,
                               padding=1, bias=False)
        self.bn2 = nn.BatchNorm2d(planes, momentum=BN_MOMENTUM)
        self.conv3 = nn.Conv2d(planes, planes * self.expansion, kernel_size=1,
                               bias=False)
        self.bn3 = nn.BatchNorm2d(planes * self.expansion,
                                  momentum=BN_MOMENTUM)
        self.relu = nn.ReLU(inplace=True)
        self.downsample = downsample
        self.stride = stride

    def forward(self, x):
        residual = x
        out = self.conv1(x)
        out = self.bn1(out)
        out = self.relu(out)
        out = self.conv2(out)
        out = self.bn2(out)
        out = self.relu(out)
```

```
        out = self.conv3(out)
        out = self.bn3(out)
        if self.downsample is not None:
            residual = self.downsample(x)
        out += residual
        out = self.relu(out)
        return out
class PSNet(nn.Module):
    def _init_(self):
        super(PSNet, self)._init_()
        self.conv1 = nn.Conv2d(3, 64, kernel_size=3, stride=2, padding=1, bias=False)
        self.bn1 = nn.BatchNorm2d(64, momentum=BN_MOMENTUM)
        self.conv2 = nn.Conv2d(64, 64, kernel_size=3, stride=2, padding=1,bias=False)
        self.bn2 = nn.BatchNorm2d(64, momentum=BN_MOMENTUM)
        self.relu = nn.ReLU(inplace=True)
        self.first_layer = self._make_layer(Bottleneck, 64, 64, 4)
        # pos net
    self.transition_pos_0_0 = transition(256, 32, 3, 1, 1)
    self.transition_pos_0_1 = transition(256, 64, 3, 2, 1)
    self.pos_0_0 = self._make_one_branch(BasicBlock, 4, 32, 32)
    self.pos_0_1 = self._make_one_branch(BasicBlock, 4, 64, 64)
    self.cur_pos_downsample_0_0 = downsample(32, 64)
    self.cur_pos_upsample_0_1 = upsample(64, 32)
    self.pos_1_0 = self._make_one_branch(BasicBlock, 4, 32, 32)
    self.pos_1_1 = self._make_one_branch(BasicBlock, 4, 64, 64)
    self.cur_pos_downsample_1_0 = downsample(32, 64)
    self.cur_pos_upsample_1_1 = upsample(64, 32)
    self.pos_f_0 = nn.Sequential(nn.Conv2d(32, 12, kernel_size=3, stride=1, padding=
1, bias=False),
                                 nn.BatchNorm2d(12, momentum=BN_MOMENTUM),
                                 nn.ReLU())
    self.pos_f_1 = nn.Sequential(nn.Conv2d(12, 2, kernel_size=3, stride=1, padding=
1, bias=False),
                                 nn.BatchNorm2d(2, momentum=BN_MOMENTUM),
                                 nn.ReLU())
    #angle net
    self.transition_angle_0_0 = transition(256, 32, 3, 1, 1)
    self.transition_angle_0_1 = transition(256, 64, 3, 2, 1)
    self.angle_0_0 = self._make_one_branch(BasicBlock, 4, 32, 32)
    self.angle_0_1 = self._make_one_branch(BasicBlock, 4, 64, 64)
    self.cur_angle_downsample_0_0 = downsample(32, 64)
    self.cur_angle_upsample_0_1 = upsample(64, 32)
    self.angle_1_0 = self._make_one_branch(BasicBlock, 4, 32, 32)
    self.angle_1_1 = self._make_one_branch(BasicBlock, 4, 64, 64)
    self.pos_0_0_2_angle_1_0 = nn.Sequential(nn.Conv2d(32, 32, kernel_size=3, stride=1,
padding=1, bias=False),
                                 nn.BatchNorm2d(32, momentum=BN_MOMENTUM),
```

```
                                nn.ReLU())
    self.pos_0_1_2_angle_1_1 = nn.Sequential(nn.Conv2d(64, 64, kernel_size=3, stride=1,
padding=1, bias=False),
                                nn.BatchNorm2d(64, momentum=BN_MOMENTUM),
                                nn.ReLU())
    self.cur_angle_downsample_1_0 = downsample(32, 64)
    self.cur_angle_upsample_1_1 = upsample(64, 32)
    self.angle_f_0 = nn.Sequential(nn.Conv2d(32, 12, kernel_size=3, stride=2, padding=1,
bias=False),
                                nn.BatchNorm2d(12, momentum=BN_MOMENTUM),
                                nn.Tanh())
    self.angle_f_1 = nn.Sequential(nn.Conv2d(12, 6, kernel_size=3, stride=2, padding=1,
bias=False),
                                nn.BatchNorm2d(6, momentum=BN_MOMENTUM),
                                nn.Tanh())
    self.angle_f_2 = nn.Sequential(nn.Conv2d(6, 2, kernel_size=3, stride=2, padding=1,
bias=False),
                                nn.BatchNorm2d(2, momentum=BN_MOMENTUM),
                                nn.Tanh())
        self.init_weights()
def _make_layer(self, block,inplanes, planes, blocks, stride=1):
    downsample = None
    if stride != 1 or inplanes != planes * block.expansion:
        downsample = nn.Sequential(
            nn.Conv2d(inplanes, planes * block.expansion, kernel_size = 1, stride =
stride, bias=False),
            nn.BatchNorm2d (planes * block.expansion, momentum = BN_
MOMENTUM),)
    layers = []
    layers.append(block(inplanes, planes, stride, downsample))
    inplanes = planes * block.expansion
    for i in range(1, blocks):
        layers.append(block(inplanes, planes))
    return nn.Sequential(*layers)
def _make_one_branch(self, block, num_blocks, inchannels, outchannels):
    downsample = None
    if inchannels != outchannels:
        downsample = nn.Sequential(
            nn.Conv2d(inchannels, outchannels, kernel_size=1, bias=False),
            nn.BatchNorm2d(outchannels, momentum=BN_MOMENTUM), )
    layers = []
    layers.append(block(inchannels, outchannels,stride=1, downsample=downsample))
    for i in range(1, num_blocks):
        layers.append(block(outchannels, outchannels))
    return nn.Sequential(*layers)
def forward(self, x):
    x = self.conv1(x)
```

```
        x = self.bn1(x)
        x = self.relu(x)
        x = self.conv2(x)
        x = self.bn2(x)
        x = self.relu(x)
        x = self.first_layer(x)
        y_list = []
        y_list.append(self.transition_pos_0_0(x))
        y_list.append(self.transition_pos_0_1(x))
        y_list.append(self.transition_angle_0_0(x))
        y_list.append(self.transition_angle_0_1(x))
        y_list[0] = self.pos_0_0(y_list[0])
        y_list[1] = self.pos_0_1(y_list[1])
        y_list[2] = self.angle_0_0(y_list[2])
        y_list[3] = self.angle_0_1(y_list[3])
        trans_list= []
        trans_list.append(self.cur_pos_downsample_0_0(y_list[0]))
        trans_list.append(self.cur_pos_upsample_0_1(y_list[1]))
        trans_list.append(self.cur_angle_downsample_0_0(y_list[2]))
        trans_list.append(self.cur_angle_upsample_0_1(y_list[3]))
        pos = y_list[0] + trans_list[1]
        angle = y_list[2] + trans_list[3]
        pos = self.pos_f_0(pos)
        pos = self.pos_f_1(pos)
        angle = self.angle_f_0(angle)
        angle = self.angle_f_1(angle)
        angle = self.angle_f_2(angle)
        return pos, angle
    def init_weights(self):
        for m in self.modules():
            if isinstance(m, nn.Conv2d):
                nn.init.normal_(m.weight, std=0.001)
                for name, _ in m.named_parameters():
                    if name in ['bias']:
                        nn.init.constant_(m.bias, 0)
            elif isinstance(m, nn.BatchNorm2d):
                nn.init.constant_(m.weight, 1)
                nn.init.constant_(m.bias, 0)
            elif isinstance(m, nn.ConvTranspose2d):
                nn.init.normal_(m.weight, std=0.001)
                for name, _ in m.named_parameters():
                    if name in ['bias']:
                        nn.init.constant_(m.bias, 0)
```

程序运行结果如图 7.19 所示，其中图 7.19(a)为来自 PS2.0 数据集的输入图像。图 7.19(b)为根据数据集的标签生成的高斯热图以及标记点所对应的角度的余弦值和正弦值，红色的热图表示 T 形车位标记点，绿色的热图表示 L 形标记点。图 7.19(c)为网络的检测结果。

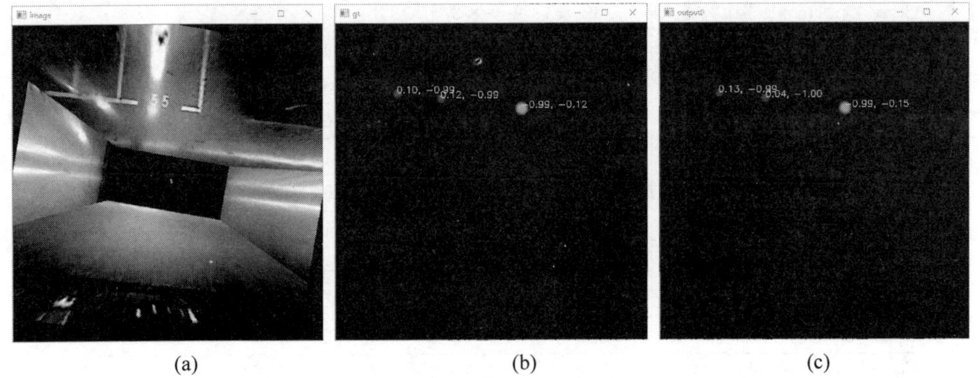

(a) (b) (c)

图 7.19 实验结果图(见文前彩图)

(a) 输入图像；(b) 真实值；(c) 检测结果

3. 损失函数

此网络对位置和角度分别使用不同的分支进行预测，两个分支的输出各自拥有一个损失函数。定位标记点的分支使用均方差损失函数，$\hat{y}_i$ 是某一处的预测值，y_i 是真实值。实际运算中，需要将 $2\times128\times128$ 的热图展开成为 1×32768 的一维列表。

$$\text{loss}_{\text{pos}}(\hat{y},y)=\frac{1}{n}\sum(\hat{y}_i-y_i)^2 \tag{7-7}$$

在得到标记点的位置后，根据位置信息在另一个分支中找到该位置对应的角度值，在这个过程中，除了存在标记点的位置，其他位置所预测的结果并不需要关心，因此在反向传播过程中，只需要计算标记点所对应的位置。Pytorch 中提供了这种方法，反向传播时，使用 gradient 参数。gradient 是一个与网络输出的结构相同的张量，把需要的位置设为 1，其余位置设为 0，就可以在反向传播过程中只计算值为 1 的部分。预测角度分支的损失函数定义为预测结果与标签的差值的平方，$\hat{y}$ 为预测结果，y 为标签。

$$\text{loss}_{\text{angle}}(\hat{y},y)=(\hat{y}-y)^2 \tag{7-8}$$

4. 基于回归标记点检测

标记点的定位除了使用热图进行高分辨率的预测外，也可以使用与预测角度相同的回归方式，在论文 *DMPR-PS：A Novel Approach for Parking-Slot Detection Using Directional Marking-Point Regression* 中提出的 DMPR 网络便是使用的这种方式，其网络如表 7.4 所示。

表 7.4 DMPR 网络的结构

Layer Type	Filters	Size/Stride	Output Size(C×H×W)	
Conv+norm+relu	32	3×3/1	32×512×512	
Conv+norm+relu	64	4×4/1	64×256×256	
Conv+norm+relu	32	1×1/1	32×256×256	×1
Conv+norm+relu	64	3×3/1	64×256×256	
Conv+norm+relu	128	4×4/2	128×128×128	
Conv+norm+relu	64	1×1/1	64×128×128	×1
Conv+norm+relu	128	3×3/1	128×128×128	
Conv+norm+relu	256	4×4/2	256×64×64	
Conv+norm+relu	128	1×1/1	128×64×64	×2
Conv+norm+relu	256	3×3/1	256×64×64	
Conv+norm+relu	512	4×4/2	512×32×32	
Conv+norm+relu	256	1×1/1	256×32×32	×2
Conv+norm+relu	512	3×3/1	512×32×32	
Conv+norm+relu	1024	4×4/2	1024×16×16	
Conv+norm+relu	512	1×1/1	512×16×16	×3
Conv+norm+relu	1024	3×3/1	1024×16×16	
Conv+activation	6	1×1/1	6×16×16	

DMPR 网络是一个全卷积神经网络，输入图像经过一系列的卷积、归一化、激活后，最终输出一个 6×16×16 的特征图。将原图像分成 16×16 的网格区域，6 个通道分别为该区域的 cx，cy，s，$\cos\theta$，$\sin\theta$ 和置信度 C。

置信度预测标记点落入该网格单元的概率。cx，cy 预测标记点的位置到网格边界之间的距离，s 预测标记点的类型，$\cos\theta$，$\sin\theta$ 预测标记点角度的余弦值和正弦值。与直接预测标记点的角度相比，这种方法更具鲁棒性。

在检测到标记点后，需要根据各个标记点的信息，推断出车位的位置和方向，推理过程包括两个步骤，分别为过滤标记点和标记点配对。在车载全景中，对于一个车位，一般情况下只能观察到两个标记点，这两个标记点之间的关系称为配对，推理停车位，就是寻找互相配对的标记点。

首先使用距离过滤标记点，在应用场景不变时，车位大小是在一定范围内的，两个标记点的距离过小或过大都不能配对，作为先验知识，使用两个距离范围作为标记点匹配的条件，分别对应垂直停车位和平行停车位。在检测过程中，两个标记点的距离符合匹配的条件，但它们的连线中，还可能存在标记点，这种情况实际上并不会存在，因此两个标记点连线中，是否存在第三个标记点也是两个标记点配对的必要条件。

如图 7.20 所示，构成车位入口线的标记点 A，B，两个标记点均可分为 5 种情况，如(1)～(5)所示，这 5 种标记点共有 16 种组合方式，符合实际情况中的车位入口线。因此，对于每组标记点对，首先通过比较形状和方向来确定这两个标记点是否属于5个标记点案例中的一个，然后确定两个标记点是否对应16种情况中的一种。如果条件满足，则可以认为这两个标记点互相匹配，构成了一个车位入口线，并由此确定对应的停车位。

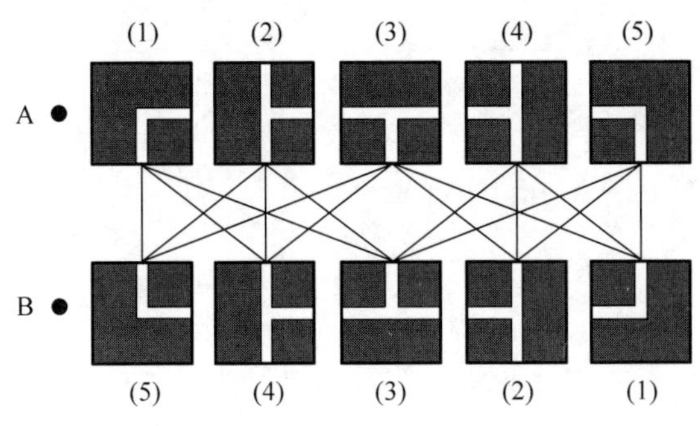

图7.20 标记点匹配方式

5. 数据集

以上两种方法都是基于ps2.0数据集，该数据集中的图像是由4台低成本鱼眼摄像机合成的环绕视图图像。考虑了各种停车槽类型，包括垂直停车槽、平行停车槽和倾斜停车槽。采集室外样本时，并且考虑了不同的光照条件和天气条件。该数据集中包含的典型图像样本如图7.21所示。

图7.21 数据样本（见文前彩图）

该数据集包含9827幅训练图像和2338幅测试图像。为了测试停车槽检测算法在不同特殊条件下的性能，还将测试图像分为6类，分别为室内车位、白天室外车位、室外雨天车位、室外阴影车位、路灯下的室外车位、室外倾斜车位。

在这个数据集中，车位标记点分为T形和L形两类，T形标记点的角度定义为T的下部分所指向的方向，顺时针旋转一定角度能与另一条边重合的边的方向定义为L形标记点的方向，如图7.22所示。

 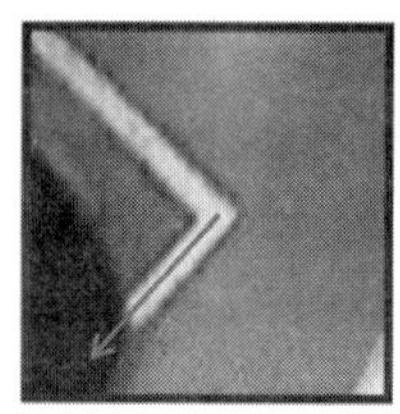

图 7.22 标记点方向(见文前彩图)

7.3.2 基于边界框的检测方式

在论文 *Vacant Parking Slot Detection in the Around View Image Based on Deep Learning* 中,提出了一种使用 YOLO v3 检测车位的方法,该方法使用边界框预测车位的标记点和一种自定义的车位头结构,然后利用几何线索匹配成对的标记点,确定停车槽的方向。最后,通过车位的类型、方位和成对标记点推断出两个不可见的顶点,得到完整的车位。图 7.23 为标记点和车位头,标记点的坐标为 $P_1(x,y)$,大小为 w_2,h_2。车位头的坐标为 $P(x,y)$,大小为 w_1,h_1。对于标记点来说,边界框的大小对检测结果的影响不大。

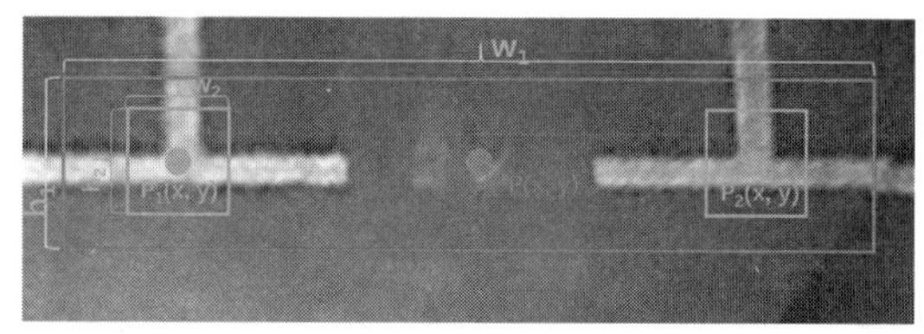

图 7.23 车位头与标记点(见文前彩图)

车位头是该论文中自定义的一种结构,取同一个车位的两个标记点,则两个标记点的中点为车位头的坐标点,两个标记点的横向距离的一半加上一个偏置为 w_1,两个标记点的纵向距离的一半加上一个偏置为 h_1。计算公式为

$$p(x,y)=\frac{p_1(x,y)+p_2(x,y)}{2} \tag{7-9}$$

$$w_1=\frac{|p_1(x)-p_2(x)|}{2}+\Delta w \tag{7-10}$$

$$h_1=\frac{|p_1(y)-p_2(y)|}{2}+\Delta h \tag{7-11}$$

式中: $p_1(x,y)$和 $p_2(x,y)$分别为两个标记点的坐标; $p(x)$,$p(y)$分别为标记点 p 的 x 坐标和 y 坐标; Δw 和 Δh 分别为宽和高的偏置。

在检测过程中,车位头和标记点是独立进行检测的,因此当检测到一个车位头时,其内部标记点的分布有 4 种情况,如图 7.24 所示。

当神经网络检测到标记点后,需要判断两个标记点是否属于同一个车位,即两个

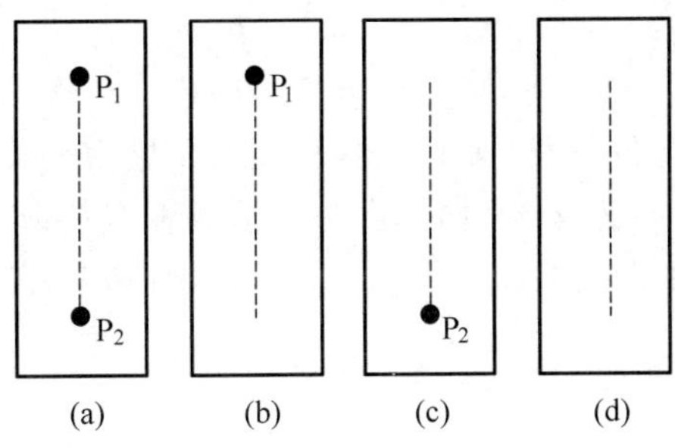

图 7.24 标记点分布情况

标记点的配对，在该论文中使用车位头与标记点的相对分布情况进行判断。在图 7.24(a)中，一个车位头中包含两个标记点，则这两个标记点配对，能够判断为同一个车位的标记点。如果一个车位头中只有一个标记点，如图 7.24(b)、(c)所示，但车位头的置信度高于 95%，则表明该位置存在一个车位，但只能检测到一个标记点，使用式(7-12)计算出另一个标记点的位置：

$$p'_i = \sim b_j (j \triangleq \min \| p_i - b_j \|) - (\Delta w, \Delta h) \tag{7-12}$$

式中：p_i 为车位头中已存在的标记点；b_j 为车位头的 4 个顶点。该公式表示一个车位头中若存在一个标记点，则选择车位头的 4 个顶点中距离这个标记点最近的顶点的对角线上的顶点的坐标，减去宽和高的偏置所得的坐标为计算所得的另一个标记点。

若是一个车位头中没有标记点，但此车位头的置信度高于 98%，仍然认为这个车位头的检测结果是正确的。计算车位头 4 个顶点区域的归一化平均强度(NAIV)，使用强度最高的一对顶点作为两个标记点的位置。这是因为标记点比地面明亮得多，标记点附近的像素趋向于有更大的强度。归一化平均强度计算方式为

$$\mathrm{NAIV}_i = \frac{1}{\mathrm{MAX}(I)} \left\{ \frac{1}{N} \sum_{x,y \in R_i} I(x,y) \right\} \tag{7-13}$$

式中：NAIV_i 表示以第 i 个顶点为中心的 10×10 个像素的区域 R_i 的归一化平均强度；$\mathrm{MAX}(I)$为图像 I 中的最大强度值；N 和(x,y)分别为区域 R_i 中像素的数量以及坐标。

如果车位头中有两个以上的标记点，则将距离对角线顶点最近的两个标记点作为两个配对的标记点。然后根据配对标记点与车位头的距离来确定车位类型。当车位头归类为直角车位时，若距离小于 t，视为垂直车位，否则为平行车位。如果车位的头被分类为一个钝角头或一个锐角头，则认为是一个倾斜车位。

在全景图中，往往只能观察到车位的一部分，距离车辆较远的部分会超出全景图的范围，因此需要根据车位的几何线索和先验知识来推断出完整的车位，当已知两个标记点和车位的类型时，可以计算另外两个不可见的标记点的坐标：

$$\boldsymbol{p}_3 = \begin{bmatrix} \cos\alpha_i & \sin\alpha_i \\ -\sin\alpha_i & \cos\alpha_i \end{bmatrix} \frac{\boldsymbol{p}_1 \boldsymbol{p}_2}{\| \boldsymbol{p}_1 \boldsymbol{p}_2 \|} d_i + \boldsymbol{p}_2 \tag{7-14}$$

$$\boldsymbol{P}_4 = \begin{bmatrix} \cos\alpha_i & \sin\alpha_i \\ -\sin\alpha_i & \cos\alpha_i \end{bmatrix} \frac{\boldsymbol{p}_1\boldsymbol{p}_2}{\|\boldsymbol{p}_1\boldsymbol{p}_2\|} d_i + \boldsymbol{p}_1 \tag{7-15}$$

式中：α_i 和 d_i 分别是车位的角度和高度，车位的角度由车位头的方向决定，车位的高度根据车位类型的不同选择不同的值，对于垂直停车位或平行停车位，$\alpha_i = \pm\alpha_1$，$d_i = d_1$ 或 d_2。对于锐角停车位，$\alpha_i = \pm\alpha_2$，$d_i = d_3$；对于钝角停车位，$\alpha_i = \pm\alpha_3$，$d_i = d_3$。

7.4 本章小结

随着深度学习的飞速发展，卷积神经网络已经被应用到各种计算机视觉任务中，随着 PS2.0 数据集的发布，越来越多基于卷积神经网络的车位检测方法被提出，与传统的视觉检测方法相比，基于神经网络的检测需要庞大的数据量用于训练网络参数，检测效果和鲁棒性与数据集中的数据类型有很大的关联。传统的检测方法基于人工选择的特征，不能应对多种复杂的使用场景，基于神经网络的检测方法通过数据训练网络，提取的特征更加抽象，当网络更加深、数据量足够多时，检测效果往往更好。

参考文献

[1] Jae Kyu Suhr，Ho Gi Jung. Full-automatic recognition of various parking slot markings using a hierarchical tree structure[J]. Optical Engineering，2013，52(3)：7203.

[2] Suhr J K，Jung H G. Sensor fusion-based vacant parking slot detection and tracking[J]. IEEE Transactions on Intelligent Transportation Systems，2013，15(1)：21-36.

[3] Suhr J K，Jung H G. Automatic parking space detection and tracking for underground and indoor environments[J]. IEEE Transactions on Industrial Electronics，2016，63(9)：5687-5698.

[4] Wang C，Zhang H，Yang M，et al. Automatic parking based on a bird's eye view vision system [J]. Advances in Mechanical Engineering，2014，847406.

[5] Lee S，Hyeon D，Park G，et al. Directional-DBSCAN：Parking-slot detection using a clustering method in around-view monitoring system[C]//IEEE Intelligent Vehicles Symposium (Ⅳ)，2016：349-354.

[6] Chen J Y，Hsu C M. A visual method tor the detection of available parking slots[C]//IEEE International Conference on Systems，Man，and Cybernetics (SMC)，2017：2980-2985.

[7] Li L，Zhang L，Li X，et al. Vision-based parking-slot detection：A benchmark and a learning-based approach[C]//IEEE International Conference on Multimedia and Expo (ICME)，2017：649-654.

[8] Zhang L，Huang J，Li X，et al. Vision-based parking-slot detection：A DCNN-based approach and a large-scale benchmark dataset[J]. IEEE Transactions on Image Processing，2018，27(11)：5350-5364.

[9] Huang J，Zhang L，Shen Y，et al. DMPR-PS：A novel approach for parking-slot detection using directional marking-point regression[C]//IEEE International Conference on Multimedia

and Expo (ICME),2019: 212-217.

[10] Redmon J,Farhadi A. YOLO9000: better, faster, stronger[C]//Proceedings of the IEEE Conference on Computer Vision and Pattern Recognition,2017: 7263-7271.

[11] Li W,Cao L,Yan L,et al. Vacant Parking Slot Detection in the Around View Image Based on Deep Learning[J]. Sensors,2020,20(7): 2138.

[12] Li W,Cao H,Liao J,et al. Parking slot detection on around-view images using DCNN[J]. Frontiers in Neurorobotics,2020,14.

[13] Redmon J, Farhadi A. Yolo v3: An incremental improvement[J]. arXiv preprint arXiv: 1804.02767,2018.

[14] 周飞燕,金林鹏,董军.卷积神经网络研究综述[J].计算机学报,2017,40(6): 1229-1251.

[15] 李彦冬,郝宗波,雷航.卷积神经网络研究综述[J].计算机应用,2016,36(9): 2508-2515.

[16] 孙志军,薛磊,许阳明,等.深度学习研究综述[J].计算机应用研究,2012,29(8): 2806-2810.

[17] Xiao F,Honma Y,Kono T. A simple algebraic interface capturing scheme using hyperbolic tangent function[J]. International Journal for Numerical Methods in Fluids,2005,48(9): 1023-1040.

[18] Finney D J. Probit analysis: a statistical treatment of the sigmoid response curve[M]. Cambridge: Cambridge University Press,1952.

[19] Li Y,Yuan Y. Convergence analysis of two-layer neural networks with relu activation[C]//Advances in neural information processing systems. 2017: 597-607.

[20] Sun M, Song Z, Jiang X, et al. Learning pooling for convolutional neural network[J]. Neurocomputing,2017,224: 96-104.

[21] Graham B. Fractional max-pooling[J]. arXiv preprint arXiv: 1412.6071,2014.

[22] Yu D, Wang H, Chen P, et al. Mixed pooling for convolutional neural networks[C]//International Conference on Rough Sets and Knowledge Technology. Springer,Cham,2014: 364-375.

[23] Albawi S,Mohammed T A, Al-Zawi S. Understanding of a convolutional neural network [C]//International Conference on Engineering and Technology (ICET),2017: 1-6.

[24] 刘万军,梁雪剑,曲海成.不同池化模型的卷积神经网络学习性能研究[J]. 2016,21(09): 1178-1190.

[25] Sun K,Zhao Y,Jiang B,et al. High-resolution representations for labeling pixels and regions [J]. arXiv preprint arXiv: 1904.04514,2019.

[26] He K,Zhang X,Ren S,et al. Deep residual learning for image recognition[C]//Proceedings of the IEEE Conference on Computer Vision and Pattern Recognition,2016: 770-778.

[27] Borgefors G. Hierarchical chamfer matching: A parametric edge matching algorithm[J]. IEEE Transactions on Pattern Analysis and Machine Intelligence,1988,10(6): 849-865.

[28] Lee S,Seo S W. Available parking slot recognition based on slot context analysis[J]. IET Intelligent Transport Systems,2016,10(9): 594-604.

[29] Lin T Y,Dollár P,Girshick R,et al. Feature pyramid networks for object detection[C]//Proceedings of the IEEE Conference on Computer Vision and Pattern Recognition, 2017: 2117-2125.

[30] Cai Z,Vasconcelos N. Cascade r-cnn: Delving into high quality object detection[C]//

Proceedings of the IEEE Conference on Computer Vision and Pattern Recognition, 2018: 6154-6162.

[31] Simonelli A, Bulo S R, Porzi L, et al. Disentangling monocular 3d object detection[C]// Proceedings of the IEEE International Conference on Computer Vision, 2019: 1991-1999.

[32] Vestri C, Bougnoux S, Bendahan R, et al. Evaluation of a vision-based parking assistance system[C]//Proc. 8th Int. IEEE Conf. Intell. Transp. Syst, 2005: 131-135.

[33] Ren S, He K, Girshick R, et al. Faster r-cnn: Towards real-time object detection with region proposal networks[J]. IEEE Transactions on Pattern Analysis and Machine Intelligence, 2016, 39(6): 1137-1149.